糸賀茂男◉編

# 常陸中世史論集

岩田書院

# はしがき

本書は「常陸中世史」を叙述するための「各論」の用意である。すなわち、全体史（通史）は個別所論を踏まえて構成される。この関係の熟成度を知ることは困難であるが、「各論」の産出に応じて永久に全体史はその叙述を繰り返す運命にある。

つまり、全体史（通史）としての「常陸中世史」は安易には固定しないし、総じて「茨城県史」も、否、「日本史」も同然である。しかし、より精緻な、かつ有益な叙述に出会うべく、私たちは歴史研究（個別所論作成）を続行し、相互に史実の探索と解釈を重ね、もって相乗的に叙述の質を高める宿命（使命）を負っている。

＊

さて、本書所収の「各論」はこの出版の動機と趣旨からして共通テーマはなく、むしろ論者の自由な自主投稿である。編者（糸賀）は巻末の紹介文（小森氏執筆）のごとき研究者歴を有し、この間交誼を得た仲間から個々に友情と学恩を与えられてきた。この度、後期高齢者となるも比較的健全な私とともに一書を為さん、との計画を立て、当面この企画に応じうる者が参画、「各論」をもって〝常陸中世史論〟の公開に踏み切った（編者が二〇二一年春の叙勲に際し旭日双光章を受章したのは、この動機の一端にすぎず、むしろ私と仲間たちとの好機を得た発意である）。

＊

思えば「常陸中世史」の映像（叙述）の形態は、現今では、

①　平将門と常陸平氏の展開（在地領主論）

②荘園・公領制の形成と実態（領主と国府）
③鎌倉幕府体制と常陸武家（北条氏の侵略）
④建武政権〈南北両勢力〉下の常陸（内乱の実情）
⑤佐竹氏の発展（守護職の保持）
⑥関東動乱の推移と常陸（上杉氏対策）
⑦鎌倉府と常陸武家（京都扶持衆と鎌倉奉公衆）
⑧戦国期の諸勢力（覇権争奪）
⑨佐竹氏の常陸統一（豊臣大名佐竹氏）
⑩宗教と文化（鹿島社と仏教各派）

などの観点で物語られている（『茨城県史 中世編』一九八六年）。この『茨城県史』の叙述は以後の自治体史編纂の基準となり、直接・間接的に県内各地域の歴史叙述のスタイルとして定着した。しかし、この定着は究極の映像（叙述）ではない。あくまでも〝暫定〟である。ここに歴史研究の科学としての恒久性（永続性）がある。つまり、「歴史とは、現在と過去のあいだの終わりのない対話なのです」（E・H・カー『歴史とは何か』、一九六二年、岩波新書）なる名言の出番である。研究も所論も実はこの「対話」の具現であり、「真実」を捉えつつも決して終息のない繰り返さるべき所為である。

＊

本書には計一〇本の「各論」を収録したが、共通テーマを設けないために「各論」の集合は一見脈絡を検出しにくい。しかしこれらの「各論」こそ、やはり〝暫定〟的「常陸中世史」の基本であり、啓蒙的であり、史的観察の「理念」と「思想」を内包している。そしてさらには「対話」の手法を各自が個性豊かに示して余りある。

今、本書出版に際しての編者の各論への所感は次のようである。

**糸賀茂男「茨城県史と中世古文書」**　南北朝内乱期の常陸国府と小田城の関係を「国府」機能の移転と解釈し、その証左たる文書の分析（特に発給主体の確認）を例示した。

**中根正人「鎌倉～南北朝期常陸野本氏の系譜と代替わり」**　南北朝期の武家軍忠状の好例ともされてきた発給者野本鶴寿丸の出自を含む「常陸野本氏」が下河辺氏流と確認された。このように常陸武家の系譜はその帰属未知なる氏族を残しつつ、その足跡解明が急務である。

**石橋一展「南北朝・室町期の佐竹氏の動向―義宣・義盛期を中心に―」**　佐竹貞義の常陸守護就任以後、義宣・義盛等守護家佐竹氏の対外的権力保持の背景に鎌倉府侍所出仕を確認する（当該研究史重視）。室町期佐竹氏関係史料の集成と内容分析の要を痛感する所論である。

**佐々木倫朗「和田昭為の佐竹氏出奔と復帰」**　戦国佐竹史論の広汎な展開・継続の中、氏の所論は多様で先導的である。そして本論は和田昭為の佐竹家臣としての去就を論じ、その「私縁」性に着目している。これこそ権力集団の人間性への着目であり、研究史上の陥穽ともいうべきシステム論偏重への警鐘か。

**小森正明「中世常陸国における貨幣経済についての覚書」**　貨幣（銭）流通を中世の常陸国での事例（売買・代銭納など）から説き、東国全体、そして日本全土へと見通しを立てようとする意欲ある論である。そこで常陸国関係中世史料から実態として「銭」の移動・保管を知る情報を分析提示し、特にその主体に注目する点がこの分野の新機軸である。

**西岡芳文「称名寺聖教『八千枚事』といわき長福寺開基小河佐竹氏」**　この新出史料の紹介は現地では「長福寺史」

であり、「常陸中世史」からは小河（川）佐竹氏への着目である。佐竹氏庶流は伝来系譜からは山入氏のみならず多くの分派が知られるが、残念ながらその個別関係史料の集成はない。つまり、残存の実態は不明である（「佐竹義篤譲状〈写〉」以外に佐竹氏に関わる土地相伝文書は知られない）。本論で言及する小河（川）三郎義綱（継）の陸奥入部も縁起所伝の域を出ないが、鎌倉期佐竹氏研究の貴重な端緒である。

**宮内教男「戦国期の常陸修験と徳川光圀の寺社改革」**　「修験道史研究」の独走を戒める好論である。一般の仏教史（寺社史を含む）とは志向を異にする感の深い従来の「修験道史研究」であるが、特に「戦国期の常陸修験」の実態を近世の水戸藩「開基帳」を通して把握するという手法は斬新である。つまり、寺家と武家の支配系統上の相関性の有無こそ中世史の叙述において必須条件である。

**寺﨑大貴「雨引山楽法寺に残る中世墨書紹介」**　本論は寺院資料の俯瞰報告である。特に中世墨書は偶発的に確認されがちであり、この楽法寺においても近年新情報が相次いでいる。真壁氏伝来の「真壁文書」では確認できない関係寺院の仏像胎内からのメッセージに驚く。しかも、「延命寺」なる古称、外護者真壁氏の当主名、及びその信仰内容など領主の地域支配の要諦の一部にも通底し、総じて真壁氏研究を支えて貴重である（西岡所論の常陸版でもある）。

**荒井美香・比毛君男「常陸の中世花崗岩製五輪塔編年と地域的特徴」**　積年の五輪塔研究（石造物研究の範疇）を踏まえつつ独自の調査・計測を通して得られたその編年（時代的変遷）と地域的特徴（形態、材質）の総括である。このデータはその精密度の高さからも県史研究上注目すべき報告であり、この報告がどのように「常陸中世史」の叙述に活かされるべきか、まさに「各論」の面目躍如である。

**川村満博「つくば市島名前野東遺跡出土の京都系かわらけの編年」**　茨城県内出土のいわゆる「京都系かわらけ（非ロクロ成形かわらけ）の編年」を非日常的（儀礼的）使用と見る立場からその「具」の意味を問うものである。論者の研究歴には常陸中世武家研究があり、特に「かわらけ」の使用・投棄(廃棄)時期を十三世紀後葉～十四世紀前葉とする判定の背景には多分に南北朝内乱がある点は見逃し得ない。この時期の「京都系かわらけ」の導入(現地生産か、京由来か、両説あり)と武家儀礼の関係が、十二世紀平泉由来なのか否か、すこぶる興味深く、出土地の史的評価(城館等武家拠点か)も新たな「中世的世界」確認の指標となる。

以上、あくまでも編者の「各論」の表層的読み取りであり、大いなる曲解を怖れる。しかし、「各論」が少なくとも「常陸中世史」叙述に直結・関連することは相違なく、いずれも得がたい論述である。

**山縣創明編「茨城県中世史文献目録1965–2023.3」**これは、はじめて一括公開する昭和四十年(一九六五)以降の研究史の全貌である。一七六〇件のデータを本書に収録するとページ数が増えてしまうため、QRコードを記し、そのデータを閲覧できるようにした。本書の「各論」とともに大いに参照して欲しい。

＊

この「論集」に結集した各位は、それぞれに自己の研究テーマを有しているが、私を編者とする企画はこれが最初で最後である。私が大学を終える(一九七二年)頃、『茨城県史』編纂事業はすでに始動しており、私自身、既刊の『茨城県史料　中世編Ⅰ・Ⅱ』を見ながら関係者の後続調査を見聞していた。これが、県内各自治体史(市町村史)編纂の起点であり、「県史」観点の形成過程となった。そして今、前述のように、その観点の是非が問われるべき時機が来た、と思う。本書がそのための試作になれば、それは私たちの望外の喜びである。

二〇二四年九月

糸賀　茂男

# 目次

はしがき……糸賀茂男 1
茨城県史と中世古文書……糸賀茂男 9
鎌倉〜南北朝期 常陸野本氏の系譜と代替わり……中根正人 31
南北朝・室町期の佐竹氏の動向—義宣・義盛期を中心に—……石橋一展 55
和田昭為の佐竹氏出奔と復帰……佐々木倫朗 85
中世常陸国における貨幣経済についての覚書……小森正明 109
称名寺聖教『八千枚事』といわき長福寺開基小河佐竹氏……西岡芳文 129

戦国期の常陸修験と徳川光圀の寺社改革……宮内教男　149
雨引山楽法寺に残る中世墨書紹介……寺﨑大貴　191
常陸の中世花崗岩製五輪塔編年と地域的特徴……荒井美香・比毛君男　213
つくば市島名前野東遺跡出土の京都系かわらけの編年……川村満博　247
茨城県中世史文献目録　1965-2023.3……山縣創明編　273
糸賀茂男さんのあゆみと仕事……小森正明　275
あとがき……「常陸中世史論集」編集事務局　282

# 茨城県史と中世古文書

糸賀　茂男

［凡例］　本稿は旧稿（『茨城県史研究』第八六号〈二〇〇二〉掲載「研究ノート」）の改訂版である。なお、旧稿本文を概ねそのまま（表現訂正あり）とし、その他の新たな訂正および追加の解説などはすべて後掲の【補註】で示した。本文中の○数字傍註はその後掲補註表示番号である。

## 一　はじめに

未完結ながら、『茨城県史料 中世編』（Ⅰ～Ⅵ）によって、中世常陸国関係の古文書が多く活字紹介されたことの意義は大きい。特に県内所在の古文書群が悉皆に近い状態で調査され、本史料編に網羅された点は、県史の中世研究に資する上から注目される。そして本書Ⅳ・Ⅴ・Ⅵが青森・秋田・山形・岩手・宮城・福島・栃木・群馬・埼玉各県に所在する茨城県（常陸・下総）関係中世古文書を収録している現状からは、列島規模での採訪成果が期待されたが、これは未完のままである。加えて、古記録・金石文・聖教等の収録を望む時、中世関係の茨城県史料編纂の作業はまさに中途といわざるを得ない。①

しかし、関係史料収集の中途で刊行された『茨城県史 中世編』（昭和六十一年）における歴史叙述は、極めて壮大な県域の中世史の世界であり、執筆者の労苦を諒とするものである。

この茨城県史編纂事業とともに県内市町村史編纂事業の経過も見逃せず、自治体毎に中世史料集の編纂が進んでいる。現行行政単位が必ずしも中世段階のそれと重ならない状況に苦慮し、かつ工夫した史料集、あるいは可能な限り史料の写真掲載を主とした史料集、さらに詳細な解説を付した史料集等々、出色の成果もみうけられる。

一点毎の史料の解釈は歴史叙述の進捗を左右する。しかし、残存する史料（古文書）はその残り方が、原本（正文）・案文・写本と区々であり、内容的にも脈絡がつけられるものばかりではない。極論すれば、写本であっても中世史料としての価値が貴重といえる研究状況は否定できない。

それだけに、県市町村単位にこの編纂事業を通して公開されている多数の中世古文書の中には、写真・活字でその存在と内容が確認されはするものの、受給関係の内実（人物比定・その立場）や文言の意味がわからず、従って史料解釈が不可能で、結果として叙述の材料になし得ない中世古文書も多数あることに留意すべきである[2]。

ここではその稀な例を通して、中世古文書収録時の留意点とし、同時に中世茨城県史研究の一層の展開を期したい。

## 二 「遠江権守某奉書」について

この古文書は『真壁長岡古宇田文書』（桜川市所蔵、平成十一年に茨城県指定文化財となる）の一点である。『真壁町史料 中世編Ⅱ』（昭和六十一年発刊）では一九号文書として「遠江権守某奉書案」として紹介したが、その後の検討を経て原本と判定した（糸賀も右書の編者の一人としてこの理解に立つ）ものである。本文書の釈文は左の通りである（写真1参照）。

常陸国真壁郡正税事、
先度催促之処、延引何様子細候乎、
若尚及遅々者、可遣使者候也、
仍執達如件
延元三年十一月九日
遠江権守（花押）
長岡了弥御房

右書（『真壁町史料』）の史料綱文は「長岡了弥（妙幹）、南朝方より真壁郡の正税納付を督促される」とある。この綱文は、本文に「正税」「延元」等の文言があることから、〝南朝方〟に立つ常陸国府発給文書の意である。右書中に収めた文書群のうち、南朝年号を用いた古文書は本文書を含めて計六点（延元元年、同二年、同三年、興国元年〈三点〉）で、これらの史料から、この時期、長岡妙幹が惣領（本宗家真壁幹重〈法超〉・同高幹）とともに〝南朝方〟に立っていた（か）ことがわかる（やがて両氏とも〝北朝方〟に立つ）。

さらに本文書発給の背景として、〝南朝方〟北畠親房の

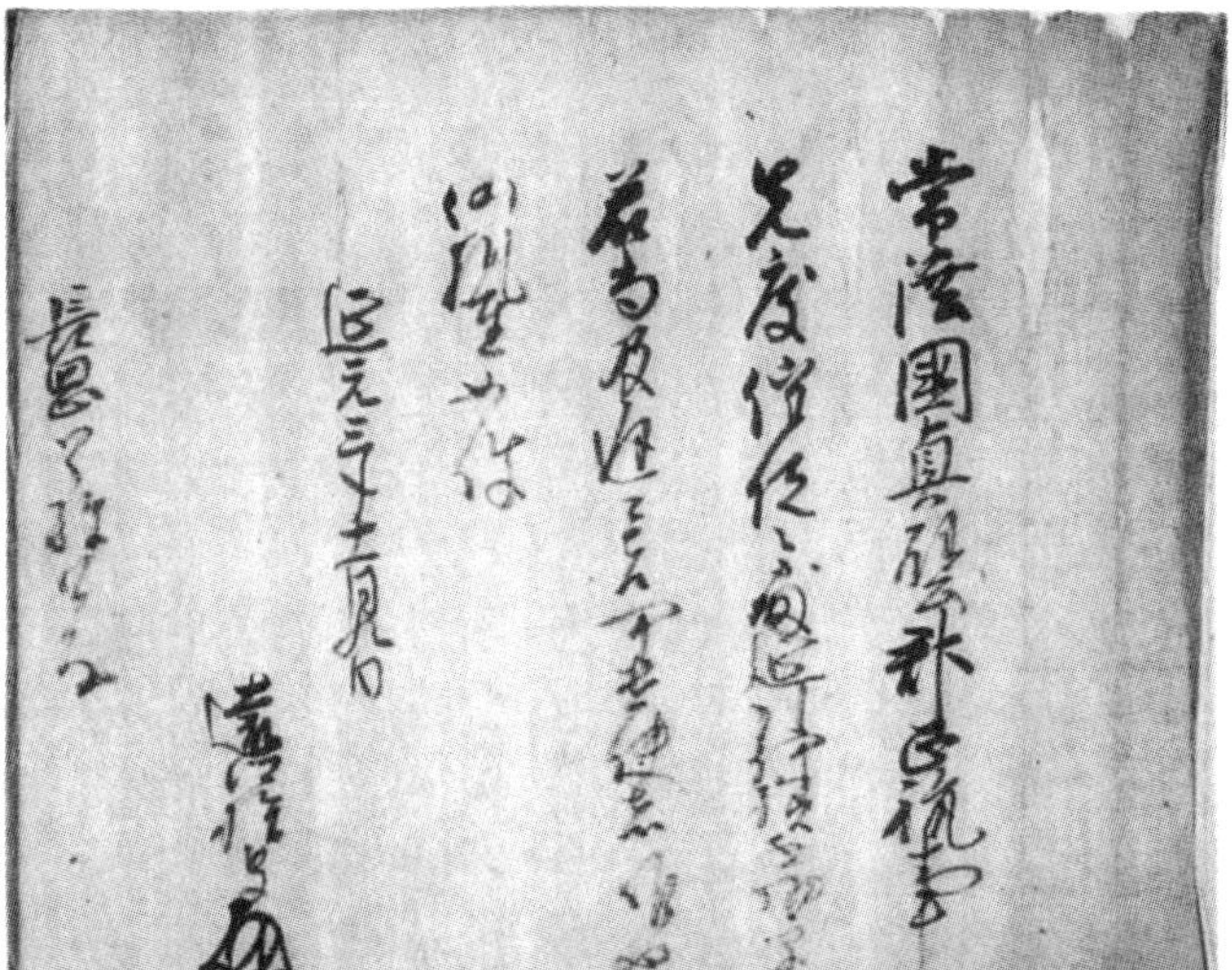

写真１　遠江権守某奉書（真壁長岡古宇田文書・桜川市所蔵）

常陸入国〈延元三年〈一三三八〉九月二十九日付結城親朝宛て北畠親房御教書〈白河結城家文書〉〉があり、そして親房による常陸国府(石岡)への直接・間接的関与が通説的理解となっている。そこでこの政情理解を踏まえて次のような解釈が生まれる。

(前略)例えば、延元三年(一三三八)十一月九日遠江権守某奉書(真壁長岡古宇田文書)は、長岡妙幹(真壁氏族)に対して真壁郡正税が督促されている。目的は不明であるが、南朝勢力が徴収しようとするのは正税であり、常陸国府へは南朝からの指令下達もあり、長岡氏へその旨趣を伝えた遠江権守は在庁の人物であろう。ちなみに延元元年(一三三六)八月三日百済家成譲状案(税所文書)があるが、「延元」を使用する百済家成の立場(南党支持か)が注目される。そして、南朝より正税の督促を受けた長岡妙幹の場合、惣領真壁高幹とともに南党であった。③(後略)

(糸賀「中世国府の盛衰と大掾氏」〈『常府石岡の歴史』所収、平成九年、石岡市教育委員会〉)

本文書の「遠江権守」を百済氏に比定する意図はないが、この人物を百済氏のような立場の常陸国衙在庁官人と推定し、本文書を広義の南北朝期常陸国府文書④として位置付けた次第である。

ただこの内乱期の常陸国衙行政を〝南朝方〟一色で理解することはむしろ困難であり、間もなく在庁の雄族大掾氏・税所氏の〝北朝方〟への傾斜は明瞭であって、在庁の分裂は不可避であった⑤。それでもこのように〝南朝方〟に立つ在庁勢力(か)から現実に「正税」催促が管内武家に対して行われる実態が注目される⑥。

しかし私のこのような不用意な考証はその後、立ち所に否定された。つまり、真壁長岡古宇田文書中の「遠江権守某奉書」はすでに『大日本史料　第六編之五』(明治三十九年発刊)に収録され、その実名「貞兼」への比定も行われている。しかもこの「貞兼」は北畠親房等南朝方首脳の侍臣であることも明白で、その立場についてはほとんど考証の余地なき状況であることが判明した(従って『真壁町史料　中世編Ⅱ』所収の本文書名は「遠江権守貞兼奉書」と改められるべきである）。

この点を謙虚に反省しつつ、改めてこの時期の関連文書（〝南朝方〟による常陸国での発給文書）への注目が必要になった。思えば、興良親王（護良親王息、後醍醐天皇猶子）、北畠親房および子息顕家・顕信、同じく春日顕国（顕時）、中御門実寛等、南朝方諸将が確かに国内に駐留した史実は軽視できない。しかもこの間、小田・関両城を拠点とした北畠親房によって陸奥白河の結城親朝宛に発給され続けた救援催促を主眼とする夥しい奉書・書状群（横井金男『北畠親房文書輯考』〈大日本百科全書刊行会版、昭和十七年〉参照）はつとに著名で注目度が高い（『白河市史五　古代・中世　資料編2』参照）が、茨城県史の観点からは、併せて国内諸武家・諸寺社等にむけて発給された〝南朝方〟の文書への注目が必要なのである（実例は極少であるが）。

事実、この注目は『茨城県史　中世編』でも一応の整理と解釈がみられるが、本書に先行する諸研究（たとえば、吉田一徳『常陸南北朝史研究』〈昭和二十八年〉、同「常陸中将源信世と中郡城について」〈『日本歴史』一七五、昭和三十七年〉、同「常陸中将源信世とその古文書についての新考察」〈『郷土文化』二、昭和三十六年〉などが特に注目される）が極めて重要であり、これを踏まえて改めて南北朝内乱期の茨城県史研究に立ち向う必要を痛感する。たとえば、〝南朝方〟発給文書と常陸国府発給文書の関係は、今後慎重にその位置付けをする必要がある（『茨城県史　中世編』が親房の意を奉じたとする「遠江権守貞兼」の発給文書の位置付けも然りである）。

このような経緯を踏まえてその先行研究の一端に触れておきたい。

## 三　北畠氏発給文書について

『茨城県史料 中世編Ⅱ』所収「吉田薬王院文書」の中に「北畠顕信御教書写」（一九号文書）がある（写真3）。まずその本文を引用する。

（北畠顕信）
（花押影）

常陸国吉田郡内吉田郷地頭分田地十三町（北条）家時跡事、於天下静謐御祈禱、能々可被致精誠也、先以為憑神力、所被預置供僧・神官等也、静謐之後可有御寄進于社家也、可被存其旨之由、依常陸中将殿仰執達如件

延元四年三月廿三日　　遠江権守貞□（兼ヵ）奉

本文書は、吉田郷内の一三町の田地（北条家時跡。吉田一徳氏等の先行研究が宍戸氏とするのは不可）が吉田社の供僧・神官等に寄進された（正しくは予約）時のものであり、いわば社領寄進状である。「常陸中将殿」とはいかにも時宜による呼称であるが、延元四年（一三三九）に吉野より常陸入りした北畠顕信（顕家の弟、延元三年七月に従三位近衛中将兼陸奥介鎮守府将軍となる）を指すという理解である。顕信は小田城の北畠親房と春日顕国等とともに常陸国衙に依拠しつつ、吉田社などに天下静謐の祈禱を行わせ、その後に寄進を約している[7]（『茨城県史 中世編』）。

ところで、『茨城県史料』では本文書の「袖花押影」に対して「北畠顕信」と註し、奉者を「遠江権守貞兼」と判読している。この「貞兼」こそ、「真壁長岡古宇田文書」中の「遠江権守」でもあるが、本文書には貞兼の花押はなく、年次と文言で〝南朝方〟発給文書を確認するのみである。

「吉田薬王院文書」中には、本文書とともに同年同月同日付の「北畠親房御教書写」（一八号）が収録されている（写

真2）。釈文は左の通り。

（北畠親房）
（花押影）

常陸国吉田郡内吉田郷地頭分田地十三町（北條）家時跡、為天下静謐御祈禱、所被預置吉田社供僧・神官中也、存其旨可令

専精誠之状、所仰如件

延元四年三月廿三日　　越後権守秀仲奉

これも親房の花押影の紹介（その形態影写）はないが、奉者を越後権守秀仲とする親房発給文書事例は、「白河結城家文書」（白河市歴史民俗資料館・白河集古苑発行『重要文化財指定記念中世結城家文書』〈平成八年〉参照）などで完璧に確認可能である。

この二点の北畠氏発給文書から、その奉者として「越後権守秀仲」「遠江権守貞兼」が検出され、「遠江権守」の例としては、他に「真壁長岡古宇田文書」の場合が同例として注目され、かつその自署（花押）については中世常陸国関係古文書中の初例（現在では唯一の例）かと思われる。ここではこの奉者への言及はしないが、北畠氏侍者（従者）による文書発給事務の実態解明の必要を提起しておきたい。

さて、以上三点の北畠氏発給文書（「真壁長岡古宇田文書」と「吉田薬王院文書」）については、すでに『大日本史料　第六編之五』（明治三十九年発行）に収録されている。その収録釈文は次の通りである。

(1)常陸国衙、長岡妙幹ニ真壁郡ノ正税ヲ徴ス、〔真壁長岡文書〕

（本文略す）

延元三年十一月九日　　遠江権守（貞兼）（花押）

長岡了珍（妙幹）御房

○コノ後、遠江権守ガ、常陸中将ノ旨ヲ奉ジテ、地ヲ常陸吉田社ニ預クルコト、明年三月二十三日ノ條ニ見ユ、
参看スベシ、

(2)二十三日、壬午　親房、常陸中将ト共ニ、常陸吉田郷ノ地ヲ同国吉田社ニ預ケ、天下ノ静謐ヲ祈ル、

〔吉田薬王院所蔵文書〕　一　○楓軒文書纂八十四所収　（写真2・写真3）

（花押）（親房）

（本文略す）

延元四年三月廿三日　越後権守秀仲奉

（後掲の「関家文書」の袖花押（写真4）と比較されたい。ただし写真2・3の袖花押影・本文はともに楓軒の我流標写。）

（本文略す）

延元四年三月廿三日　遠江権守貞□（兼カ）奉

○常陸中将ハ、未ダ其人ヲ詳カニセズ、二月二十二日ノ条ニ春日中将アリ、又、去年十一月六〔九〕日ノ條ニ、遠江権守貞兼常陸国衙ノ旨ヲ奉ジテ、長岡妙幹ニ同国真壁郡ノ正税ヲ徴セシコトアリ、並ニ参看スベシ、

〔真壁長岡文書〕もすでに近世後期において数種類の写本が知られ（『真壁町史料 中世編Ⅱ』解説参照）、『楓軒文書

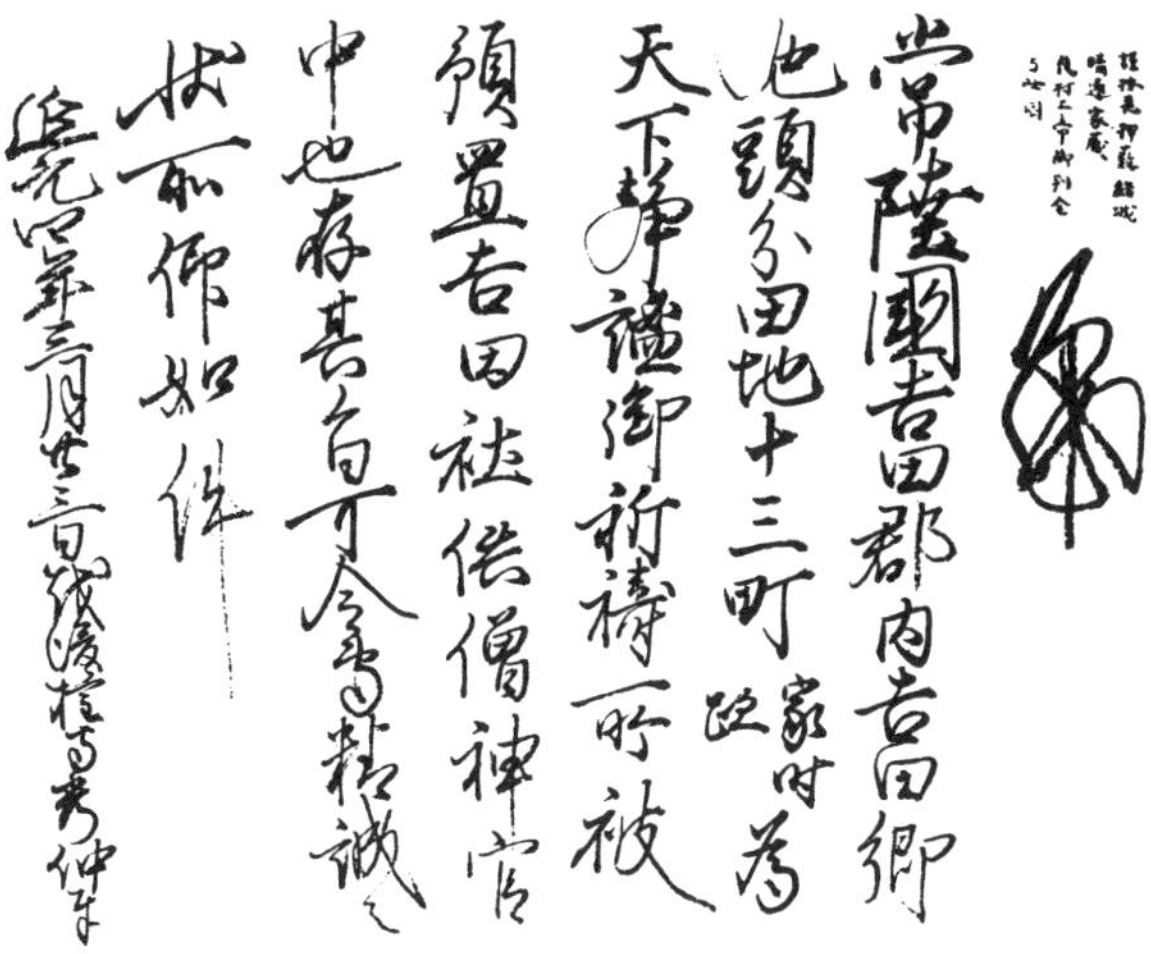

写真２　北畠親房御教書写（国立公文書館内閣文庫発行影印本『楓軒文書纂』より）

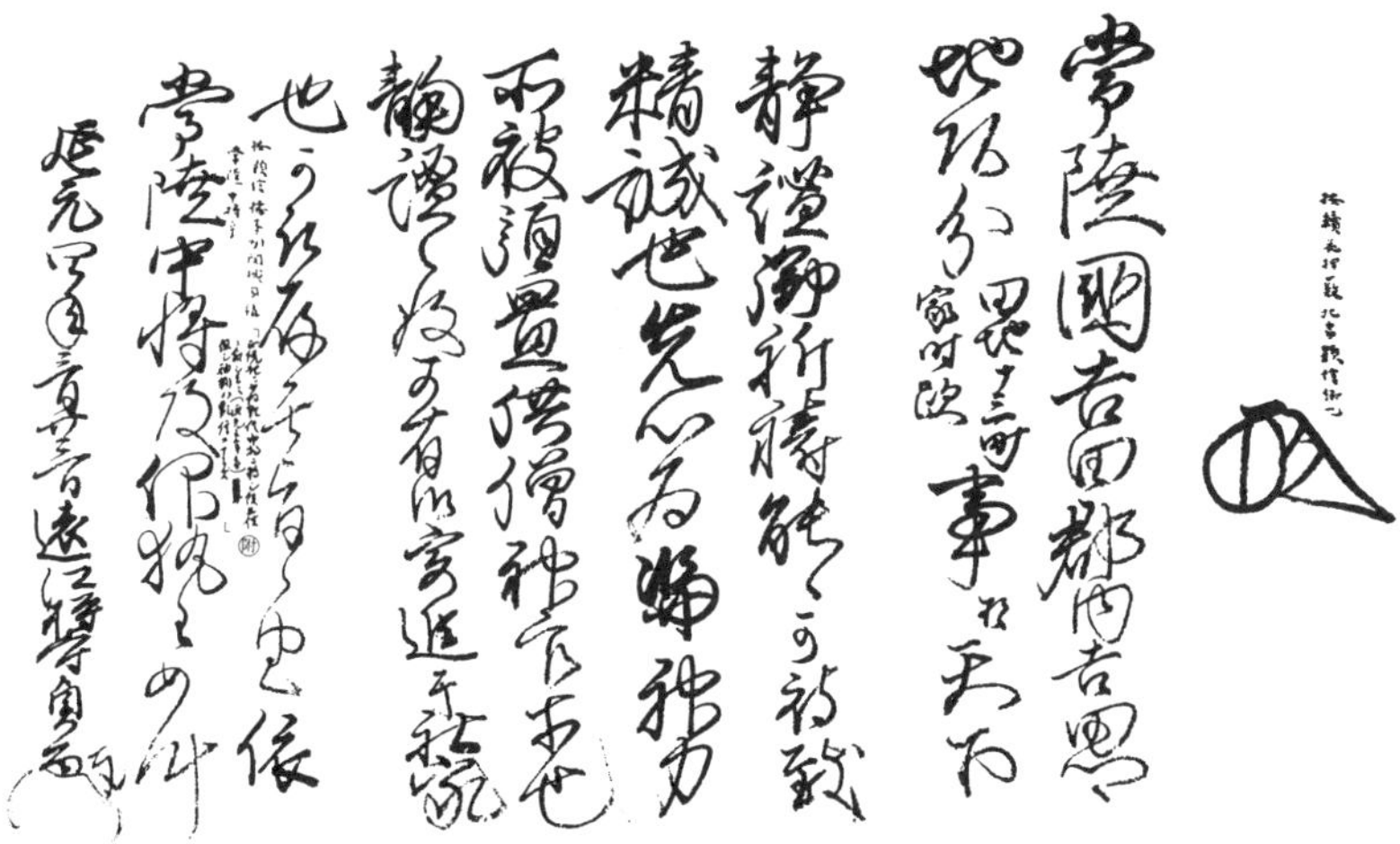

写真３　北畠顕信御教書写（国立公文書館内閣文庫発行影印本『楓軒文書纂』より）

纂』（近世後期成立）とともに『大日本史料』編纂にとっては比較的容易に利用された史料集（古文書集）であった。編者は三点の古文書に対して写本編者の註なども斟酌して釈文を作成したはずである。総じてその認識（理解）は、

(ア)三点とも〝南朝方〟発給文書である。

(イ)北畠親房・北畠顕信父子が常陸国衙機能に依拠しつつ、社領寄進を行った。

(ウ)いずれも奉者を介して旨趣を伝達する形式、いわゆる「御教書」である（『茨城県史料 中世編Ⅱ』では二点ともに「御教書」とするが、「真壁長岡文書」は未収録のためその判断は不明）。

(エ)「真壁長岡文書」は遠江権守の奉書形式から、常陸国衙による直接的正税催促とする。

の如くである。(エ)について『茨城県史 中世編』では「北畠親房によるきびしい催促」としている（一九一頁）が、妥当な解釈と思われる。⑧

こうして三点の古文書を解釈してみる時、北畠氏による常陸国内での国政体現の実態は、さらにその現実が浮き彫りになる感が深い。もはや『真壁町史料 中世編Ⅱ』に収録した「遠江権守某奉書」なる古文書の取り扱いが極めて消極的であったことを認めざるを得ない。そしてまた、『大日本史料 第六編之五』所載を確認しつつも、北畠顕信奉者貞兼（あり得ない）への言及を見落した点は明らかに編纂上の失態である。⑨

以上の猛省に立ちながら、改めて想起すべき古文書一点（関家文書）がある（写真4参照）。その文言は、

宛行　手野金剛丸跡下野国
　田嶋村兼氏跡除神講田事、
　　左衛門尉頼村、

（花押）

右以人所令補任也、早守
先例可令知行之状如件、故以下
　延元々年七月廿九日　左兵衛尉貞兼奉

である。この袖花押と、前述した「吉田薬王院文書」中の袖花押（写真3）は、完全に同一花押である。⑩ ただし、『茨城県史料 中世編Ⅱ』所収「北畠顕信御教書写」に関してその袖花押が北畠顕信の自署であるという根拠は不明である。(※1) ちなみに北畠顕信の花押は、

等の如くであり（『国史大辞典』吉川弘文館）、かかる武家様花押を両用したかどうか検討の要があろう。⑪

　しかし、仮りにこれが北畠顕信花押（前記写本編纂者の知見か）(※2)とすれば、奉者「左兵衛尉貞兼」は「遠江権守貞兼」と同一人となり、「遠江権守」の前官が「左兵衛尉」ということになる（いずれも南朝での任官）。また、北畠顕信自身、延元三年七月に「従三位」に叙され、「近衛中将」

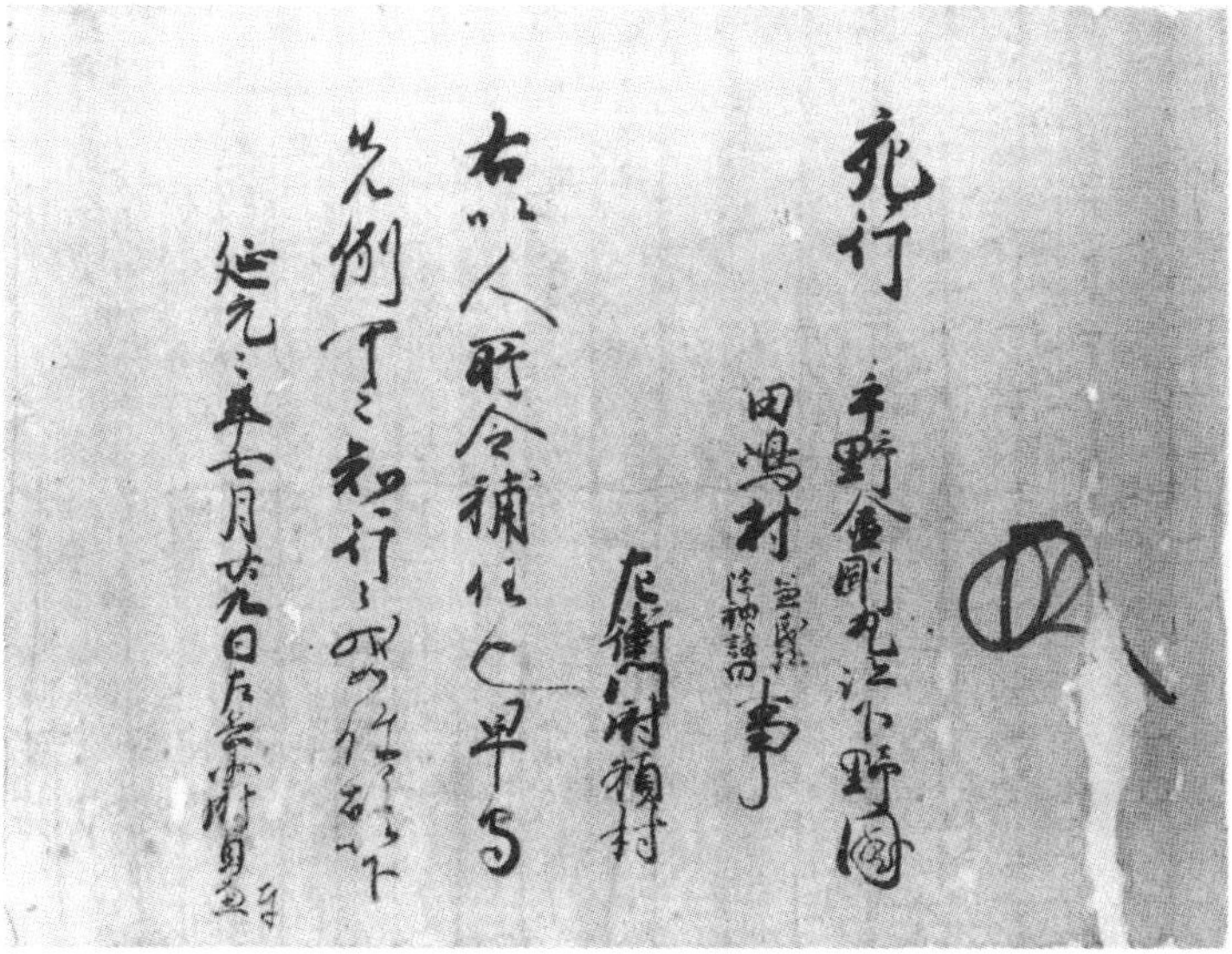

**写真4　某宛行状（北畠顕信御教書ヵ）**（関家文書『筑波町史 史料集 第八篇』より）

に任官した(『国史大辞典』)経緯から、延元元年七月発給の本文書を何と命名すべきか問題は残る。「宛行」「補任」「知行」などの文言からは「知行宛行状」「某職〈地頭職か〉補任状」であり、「以下」の文言からは「袖判下文」でもある。いずれにしても、奉者貞兼発給の形式を持つにも拘らず、文書自体は袖花押自署主体(北畠顕信か)の直状である。

本文書の関家(つくば市北太田所在。江戸期を通して太田村名主の家系)への伝来は不明であるが、同家には他に、文和二年(一三五三)三月二十六日付蓮妙譲状(富崎郷・賀茂郷・信太庄下条浮嶋郷半分など霞ヶ浦沿岸の地が四郎兵衛尉貞広に譲られている)・応永十三年(一四〇六)十二月八日付小田孝朝袖判下文(富崎左衛門次郎貞俊に南野庄富崎郷内の田地八段が宛行われる)など注目すべき中世古文書が残る(『筑波町史 史料集 第八篇』所収)。手野金剛丸(小田氏族か)・下野国田嶋村⑫・兼氏・左衛門尉頼村⑬等の関係はいずれも不明であるが、新出の北畠顕信(カ)発給文書である可能性を期待しつつ改めて紹介する次第である。⑭

(※1・2) 茨城県史研究上、かかる問題に対する最新の解釈は『茨城県史 中世編』であるので、これによれば右のような理解が生まれよう。しかし、やはり後味は悪い。紙幅の関係上、専論は別稿⑮に委ねることにするが、見逃し得ない点のみを付け加えておく。それは『大日本史料 第六編之五』所引の『楓軒文書纂』所収〔吉田薬王院所蔵文書〕のうち、前掲写真3の本文傍註である(この注は『大日本史料』にはみえない)。

注(甲)……編者小宮山楓軒の註で「按顕信拠本州関城因称常陸中将乎」とある。

注(乙)……別人(某氏)の注〈小宮山加注のかなり後に付記〉では「正統記ニ少将顕信中将ニ転シ従三位ニ叙シ云々(延元三年条)、▨▨(二字程抹消)但シ袖判ハ顕信ニアラズ」とある。

この注(乙)との関係の有無はわからないが、前述吉田一徳氏の一連の研究は、すでにこの袖花押を文言中の「常陸中将」自身の署判（古文書学的にもそれが妥当とする）と見、第三者となる北畠顕信（延元四年のこの時、顕信は常陸国には不在）の加判を全くあり得ぬこととして否定している。けだし卓見といえる。[16]

ここで、未見の顕信花押を是とする『茨城県史料　中世編Ⅱ』所収吉田薬王院文書の理解は再考せねばならない。『大日本史料　第六編之五』もその人物比定を避けて『楓軒文書纂』の花押影をそのまま転載（？）するにとどめた経緯がわかる。この時、小宮山楓軒の不安なる注記はやはり保留されているのである。ちなみに吉田一徳氏は再三の論考（前掲）を通じて、写真3の文書中の「常陸中将（すなわち袖花押の加判主体）」を春日顕国（顕時）の甥（兄信経の子）源信世[17]と論証している。つまり、注目すべきこの論証の中では、信世の常陸国司在任説、あるいは右兵衛佐→近衛中将昇叙説を解説しつつ、叔父春日顕国にも比定されがちな「常陸中将」の実像を析出している。しかし源信世の花押実例の提示はなく、あり得べき「常陸中将」の人物比定（文書発給上の該当人物の比定）なのである。

このように論証の方向はかなり正鵠を得ているわけであるが、源信世花押（加判）の実例（官途＋花押、官途＋実名＋花押、実名＋花押）が欲しいところである。[18]その意味でこの関家文書はみごとな原本でもあり、仮りに源信世発給文書とすれば、その原本は本文書が茨城県内では唯一の遺例となる。また吉田氏等がこの信世発給文書として注目する「鹿島社文書」（『茨城県史料　中世編Ⅰ』所収塙不二丸氏所蔵文書三〇号文書、源右兵衛佐某願文案の正文か。所在不明。また『新編常陸国誌』所収「鹿島文書」では「右兵衛佐源朝臣（北畠顕信）花押」とある）がある（写真5参照）が、『楓軒文書纂』では北畠顕時（春日顕時）花押との比較（か）がみられる（右兵衛佐花押の起筆部分が気になるが、写真3・4と同一（系）とみておく。楓軒の模写誤差の範囲か）。こうして同一人物の発給文書が三例得られる。『楓軒文書纂』、『大日本史料』、吉田一徳氏説、『茨城県史料　中世編Ⅱ』それぞれに不統一な中世古文書の解釈を今後の研究が何としても解消しなくてはなるまい。[19]

## 四　おわりに

現在も進行中の自治体史編纂においては、史料編編集、特に「中世編」の場合、その悉皆調査（対象地域での発掘および関係史料の列島規模での収集）に懸命となる。結果として種々の史料がその成果として入手できるわけであるが、その中のかなりの史料群が歴史叙述（いわゆる通史編での叙述）に活かせないで苦慮する。その体験からこの稿を起してみたが、積年の宿題はやはり困難な課題である。

「真壁長岡古宇田文書」中の「遠江権守」が「貞兼」（氏姓未詳、源信世家司か）なる人物であることは何とかこの寸考に付して話題となし得た。しかし、その取り扱いについてはひたすら反省あるのみである。また、「吉田薬王院文書」中の袖花押付文書の原本を惜しむこと切なる思いである。同時にまた「関家文書」中の忘れ得なかった花押が、『大日本史料　第六編之五』『楓軒文書纂』所収の花押影によって源信世花押に一致（か）したことでその解釈・利用は急速に新展開をみせることになった。これもまた、〝南朝方〟勢力の常陸国など当該地での具体的な政治工作[20]である。この勢力による既存国府を介しない[21]対在地掌握の現実をより積極的に思考する古文書の解釈を痛感するが、如何であろうか。

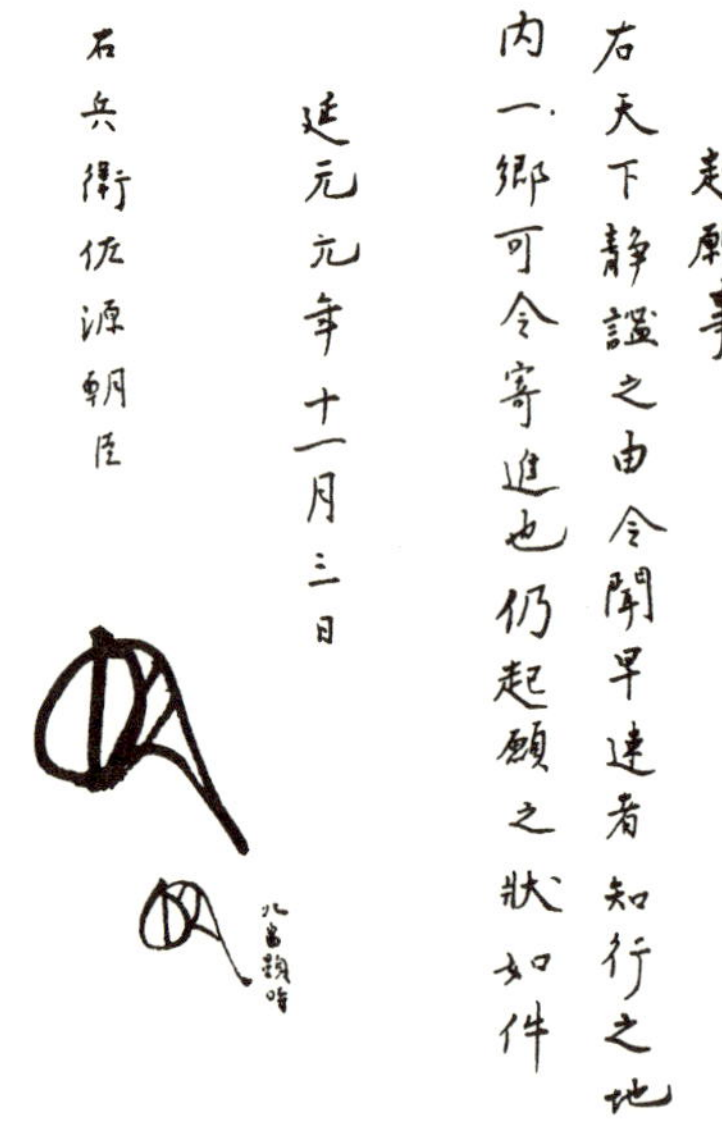
起願事
右天下静謐之由令聞早速者知行之地
内一郷可令寄進也仍起願之状如件
延元元年十一月三日
右兵衛佐源朝臣

写真５　右兵衛佐源朝臣某（源信世ヵ）願文写（国立公文書館内閣文庫発行影印本『楓軒文書纂』より）

このような試行錯誤を経て、史料集の中で眠っている多くの古文書に、改めて活躍（利用・活用）の場を与える努力が必要なのである。

〔追記〕本稿を準備中に吉田一徳氏の一連の論考を点検し、大幅に当初の思案を変更した如く、この時期の常陸国府文書、南朝発給文書に対する新たな史料論を重要な課題として意識する結果となった(22)。そして、拙稿作成においては、宮内庁書陵部図書課の小森正明氏に終始御教示を得た。記して感謝する次第である。（平成十四年二月）

【補註】

① この未完の事実は、茨城県中世史研究にとって甚だ不便であり残念である。加えて編年目録も無く、「家別け」の不便をも感じつつ、所期の目的の未到達を嘆くばかりである（『通史編』との史料的対比が困難）。

② 近年の列島規模史料集の編集（遺文シリーズ、東京堂書店刊）が『大日本古文書』『大日本史料』収録の枠を超えて精緻に公開されている現状は限りなく好ましい。

③ この言及は本文書解釈上の一般的理解であり、『大日本史料　第六編之五』以来、『茨城県史　中世編』などもほぼこのような理解に留まっている。なお、本文中「正税」について、当初私は「正税」に名を借りた南朝の〝食料（兵粮）〟確保策の一環と考えた。戦時不可欠の条件であるからである（松本一夫『中世武士の勤務評定』戎光祥選書ソレイユ、戎光祥出版、二〇一九年参照）。

しかし、この徴税（課税）策は建武元年（一三三四）正月以来、後醍醐天皇の新政進捗に伴い発令された諸政策（新銭造鋳、新紙幣発行、新内裏造営、など）実現のための徴税（財源確保）計画（諸国地頭・御家人への二〇分一得分進納および「正税」賦課)であり、その具体的施行の一例(小田国府からの)と受け止めるに至った(その実例である本文書の残存〈他には未確認〉は稀少例であり、しかも長岡氏の否定的対応が読み取れる)。

④ 小森正明「中世常陸国衙の一断面—税所氏の基礎的考察を中心として—」(『書陵部紀要』四〇、一九八八年)では「国務文書」と捉え、「税所文書」「常陸総社文書」に代表される国府系氏族・機関・寺社等保管(作成・受給)文書を、その呼称の上から歴史学的定立を主張する。

⑤「税所文書」中の税所虎鬼丸軍忠状(建武五年八月付)・税所幹治軍忠状(康永三年正月付)(いずれも『茨城県史料 中世編Ⅱ』所収)を見る限り、本文文言および使用元号、さらに奥証判主体から大掾氏・税所氏の〝北朝方〟行動は明白である。加えて税所幹治の拠点認識は「府中石岡城」であり、伝統的国府における〝軍事拠点〟化を自ら明言し、国府行政の空洞化を示している。

⑥ ここで私は以上のごときたどたどしい行論を大いに反省し、伊藤喜良氏の驚くべき思案に啓発された(伊藤喜良『東国の南北朝動乱—北畠親房と国人—』、吉川弘文館、二〇〇一年、一一五頁)。義良親王氏の文脈を抄出すると、「(前略)鎌倉幕府に対抗するために親房は与えられた権限を積極的に活用し始める。義良親王に代わって興良親王を奉じ仮の「陸奥国府」を小田城に置き、多賀城の奪回をめざすとともに、できうるならば東国での鎌倉府軍を壊滅させようとしたとみなすことができる(後略)。」の如くである。

後醍醐天皇による親房への東国行政の全面的委任(いわゆる「勅裁を差し置く」)をふまえての伊藤氏の見解である。多賀城内の「陸奥国府」の機能移転は、「常陸国府」の場合もあり得るわけで、事実、「府中石岡城」と自認される場は「国府」ではなく、明らかに足利党(北朝)の「軍事拠点」である。では、「国府」はどこか。それが「小田城内」の「小田国府」(「石岡国府」に対する)ではないか。南北朝期常陸国府文書(親房在留期間に限定)の曖昧な発給拠点(従前、「石岡国府」と捉えてきた）を南朝においては一元的に「小田国府」と定めることで、北畠親房の小田入部、そして以後数年間の行政的展開（文書発給）が氷解する。南朝は列島規模で国府を勢力拠点にする原則を有する。「小田国府」の設立は天皇と親房の権限で可能であり、「陸奥国府」移転も然りであろう。ただし、白河結城親朝などに宛てた多くの北畠親房書状・御教書が小田城・関城から発信された、との認識は従前通りであるが、私の旧稿以来の「国府発信文書」（いわゆる「国務文書」）は決して「石岡国府」ではなく「小田国府」からの発給・発信である。つまり、総じて親房の居留地は「小田城（館）内」の「国府」空間であり、これは「多賀国府」と同義である。

とするならば、私の旧稿で扱った一連の「貞兼奉書」（年代的には前後するが）はすべて「小田国府」発給文書として解釈可能となる。この観点は新論を用意すべきであるが、今は旧論を据え置くことにより発想の経緯が鮮明と考えこのように「補註」扱いにした。

ちなみに、当時（十四世紀）小田城の一画からは本来小田城には、以下のような不要な遺構が検出されている（『史跡小田城跡―第50次調査〈本丸跡確認調査Ⅴ〉概要報告』、つくば市教育委員会、二〇〇五年）。

> （前略）注目したいのが第4面の遺構群で、全体的な遺物の出土状況からも小田城では、華やかであった時期と想定される。遺構7・10・11は東西溝で、改修されており土地利用において南北の境となっていたことは想像に難くない。この境は第1・2面には継承されないが、この付近一帯が空閑地となっており、この境が南へ移ったとも解釈できる。また、遺構7からは多量の瓦片が出土しており、城館出土のものとして注目される。この瓦は、武家屋敷の一部に葺いたとも考えられるが、軒瓦以外の平瓦や道具瓦の出土、また供給地と想定される三村山清冷院極楽寺が近在することを勘案すれば、館には珍しい瓦葺きの仏堂が館内に存在したと想定することもできよう。（中略）下層面の第4面では、黄褐色土で整地（4b面）を行った後に、砂利を大規模に敷くなど（4a面）の大規模整地が行われたことも判明した。

第4面は、他の遺構面に比べて年代幅が長く、また南北朝・室町時代は小田氏にとっても華やかな時代でもあることから、今後細分化を含めて再考が必要である。

以上のように、現在の遺構面を部分的に修正しつつ、細分化を基本とした時期設定か必要となる。また、今後は整地層及び遺構からの出土遺物の検討と合わせて、城主である小田氏の歴史からの画期の設定、これと出土遺物や遺構面との相互の検討によって、小田城の実態に迫れるよう努力していく所存である。

これによると、「空閑地」「(瓦葺)仏堂」「砂利敷整地土」などが想定され、これらは「小田城の華やかであった時期」「南北朝・室町時代(の)小田氏にとって(も)華やかな時代」との所見が提起されている。この所見をもって「国府」に結び付ける用意はないが、城館跡の異質性は注目に値する(「砂利敷整地土」などは国府正庁の南庭を思わせる)。

「小田国府」を史料的・遺構的に立証する術はないが、当時の政情からは、かなり現実味を覚える想定である。「小田国府」に留住する興良親王(護良親王息、後醍醐天皇猶子)・北畠親房(従一位)、配下国司及び関係の南朝吏僚による常陸南朝行政府は、確かに「石岡国府」に対峙して機能したと考える(その国司層の全体構成は不明。しかし陸奥国と併せて常陸・下野国府の「太守」は義良親王・興良親王、しかも北畠親房の総覧のもとで「介」以下の仮設的配置がなされ、あるいは「将軍府」としての機能も稼働したのではないか)。

さらに加えるべきこの地の特殊性がある。すでに鎌倉期に「南野荘小田」と確認できる(『筑波町史史料集 第八篇』所収「広智座像膝下墨書銘〈永仁六年、土浦市東城寺祖師堂蔵〉)背景がある。転じて筑波山から霞ヶ浦(信太流海)にかけて西北・東南方向一帯には信太荘・南荘(牧)・田中荘・村田荘・同下郷(下妻荘)・関荘などの皇室領荘園(いわゆる八条院領)が間断なく連なり、広汎な一帯を形成している(個々の立荘には差こそあれ、これほどの連鎖は稀有である)。しかもこれらの荘々は、他所の荘領と併せて大覚寺統皇室領として照慶門院憙子内親王(亀山天皇皇女、後醍醐天皇叔母)経由

（「照慶門院御領目録〈嘉元四年六月十二日〉」、『御料地誌稿』、『鎌倉遺文』二二六六一号）で後醍醐天皇所管に帰した。「南野荘小田」は、これら大覚寺統皇室領（当時有名無実とはいえ）のほぼ中間点に位置し、後醍醐天皇（南朝）にとっては有縁の地である。国府移転には格好の史的背景であり、仮設とはいえ、陸奥・常陸・下野各国府の機能を一元的に集約したとみる観点は、あながち荒唐無稽ではない。

⑦　この解釈が成り立つ余地はなく、延元三年（一三三八）九月以来、顕信は吉野在留の身であり、親房とともに常陸吉田社への土地寄進はあり得ず、加えて「遠江権守貞兼」は顕信の家司ではない。貞兼が奉じた「常陸中将」は当然顕信とは別人である。

⑧　しかし、改めて「小田国府」（石岡国府ではない）を視野に入れるとき、その国府を統括する親房の立場からは、配下の国司に厳命を下した、といえよう。

⑨　すでに「北畠顕信」の常陸国司任官は否定された。次いで、奉者貞兼の仕える国司（「常陸中将」）の実像を明らかにするのみである。以下の論述に留意されたい。

⑩　ここでは（延元元年七月時点）貞兼は「左兵衛尉」（従七位上か従六位下相当）であり、そして延元三年十一月には「遠江権守」（従五位下相当）と昇叙している。

⑪　もはやその検討は不要である。顕信の花押とは全く別人のものである。

⑫　足利市田島か（他に真岡市・佐野市にも田島がある）。

⑬　あるいは本文書所有者関氏か（系譜不明）。

⑭　北畠顕信発給文書については、寺崎理香「南北朝の動乱と佐竹氏」（『佐竹一族の中世』、高志書院、二〇一七年）参照。同論中の「2　北畠親房・顕信の常陸経営と佐竹氏」では貞兼奉書への言及なし、かつ「常陸中将」なる人名比定をする

も結論は得られていない。なお、同論でも引用し、「北畠顕信袖判御教書(写)」として知られる『大日本史料 第六編之五』『南北朝遺文 第二巻〈関東編〉一一四一号』文書の袖花押は、明らかに「源信世」の加判である。

⑮ 本稿(含補註)をもって問題把握のための続稿(論)とする。

⑯ 「第三者」の意は、当該文書発給とは無縁、ということである。

⑰ 村上源氏流中院氏族系譜上、春日顕国・源信世の関係は次頁の如くである。

なお、『大日本史料 第六編之八』所収の諸記録により、源信世の履歴の一端(誅殺)が判明する(興国五年・康永三年〈一三四四〉三月八日、常陸大宝城陥リ春日顕国擒セラレ尋デ殺サル)。

(1) 『鶴岡社務記録』

三月八日、夜城追落而生捕数輩、内顕国甥兵衛佐信世、為村田阿波守被生捕、/九日、顕国於常州被誅、

(2) 『常楽記』

康永三年三月八日、春日侍従顕邦(国)朝臣、甥右兵衛佐、同時生捕則誅了、

(3) 「島津文書」(抄)足利尊氏書状

東国もはやかすかのしじう(春日侍従)うたれ(討)候て、せいひつ(静謐)候、…

(4) 「師守記」(四月二十四日、幕府、春日顕国等ノ首級ヲ六条河原ニ梟ス)

四月二十四日癸未、伝聞、今日春日侍従顕国、前右兵衛佐等首、被懸六条河原云々、

この源信世最期の史料的確認に対して、そもそもの常陸国(「小田国府」)入部はいつか。旧稿で紹介した史料からは、少なくとも延元元年(一三三六)四月(か)とみておく。すなわち、義良親王・北畠親房・結城宗広・春日顕国等の第二度東下に参加、右兵衛佐(後に近衛中将任官)・常陸介任官、の立場である。しかしその後、信世が北畠顕家に供奉して西下、再

**村上源氏流中院氏族系図**　岡野友彦『北畠親房―大日本は神国なり―』（ミネルヴァ書房、二〇〇九）所収「村上源氏系図⑴」に糸賀が〈信雅以下、顕家・顕信〉を加筆。

- 村上天皇
  - 為平親王
  - 具平親王
    - 源師房（土御門右大臣）
      - 俊房（堀川左大臣）
      - 顕房（六条右大臣）
        - 雅実（久我太政大臣）
          - 雅定（中院入道右府）
            - ‖ 雅通（久我内大臣）
              - 通親（土御門内大臣）
                - 通宗
                - 堀川通具
                - 久我通光
                - 土御門定通
                  - 顕定
                - （中院）通方
                  - 通氏
                  - 中院通成
                    - 通頼
                      - 通重
                        - 通顕
                  - 北畠雅家
                    - 師親
                      - 師重
                        - **親房**
                          - **顕家**
                          - **顕信**
                  - 土御門顕方
        - 信雅
          - ……（中院）顕行
            - 信経
              - **信世**
            - **顕国**
              - 顕尚
            - 顕経

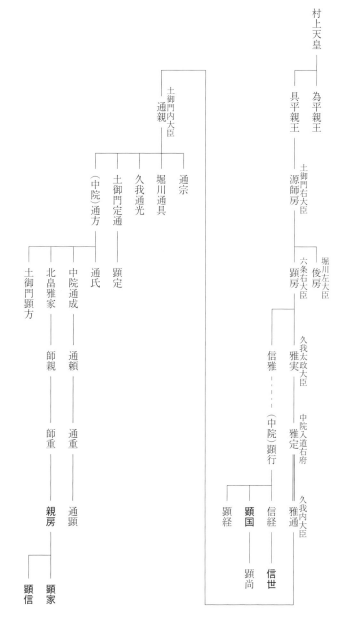

度の東下は延元三年九月、北畠親房等による海路の東下で常陸国府(「小田国府」)入りを果たした、との推測もある(中根正人「春日顕国—東国に散った村上源氏の血流—」『南北朝武将列伝・南朝編』戎光祥出版、二〇二一年)。

⑱ 旧稿で扱った「貞兼奉書」、すなわち「源信世御教書(か)」の実例は、今のところ他見しない。加えて信世の常陸国府(『小田国府』)での国司としての立場(常陸介か)も史料的確認を得ない。鋭い吉田論考に照射しつつの私の解釈である。

⑲ 旧稿およびこの「補註」を通して、北畠顕信発給文書ではなく、源(中院)信世(春日顕国の甥)発給の現実がかなりの精度で浮上したと思われる。これは内乱期の常陸における新局面であり、南朝による地方行政機構の再考を促進する視座と考える。

⑳ 国府機能の移転とは、内乱期の南朝による施策の最大特徴である。陸奥(多賀)国府・常陸(石岡)国府の外、あるいは下野(栃木)国府も「小田国府(小田城内)」に集約されたか(旧稿写真4の関文書は、明らかに下野国内への所領宛行が「小田国府」駐在の国司(常陸介兼下野介〈か〉)源信世)によるものである(ちなみに常陸・下野両国は延元元年〈一三三六〉三月に陸奥国に加えて北畠顕家所管となった(『保暦間記』)。この南朝による東国経営策により国司配置が行われ、源信世の両国兼任の「介」任官があった、と見ておく。後醍醐天皇(在京)による新政の中での対足利尊氏策としての地方行政改変計画は、想像を超えて急速に進展したものと思われる。

㉑ ⑥で示した「小田国府」論が成立するかどうか、内乱期の「石岡国府」への疑念(北畠親房等の小田城直行譚の意味は、決して小田高知〈治久〉による後醍醐天皇新政への与党的親近の故ではなかろう)こそ、旧稿以来の新たな課題である。

㉒ 旧稿もこの「補註」も、内乱の全過程に言及することを一切省き、ひたすら「某氏貞兼奉書」の発令主体(源信世)確定に専念した。南北朝内乱史研究へのささやかな問題提起ではあるが、茨城県史上の重要視座の指摘と自らは感得する。

# 鎌倉～南北朝期 常陸野本氏の系譜と代替わり

中根正人

## はじめに

鎌倉後期から南北朝期にかけ、常陸地域での活動がみえる野本氏は、元々は武蔵国比企郡野本(埼玉県東松山市)を名字の地とした、利仁流藤原氏の流れを汲む。この野本氏について、まずは先行研究を確認する。

福島正義氏は、野本氏を斎藤と称した魚名流藤原氏の末裔とし、基員の代に武蔵野本に入ったが、それは祖である藤原利仁が武蔵守となって各地に営所を開き、子孫が居住していたという縁故や、利仁が野本館に居住したという所伝が背景にあったとする。また野本氏が常陸大枝郷(茨城県小美玉市)の地頭となった背景として、野本時員が下河辺政義の実子であり、実家から地頭職を譲られたようなものであると述べている[1]。

菊池紳一氏は、南北朝末期の上杉憲英寄進状[2]にみえる寄進地「押垂郷」について検討する中で、野本氏の動向を考察し、時員が在京御家人であったことを指摘すると共に、その子行時の子孫が常陸大枝郷の地頭職を継承したとし、その活動が南北朝期まで辿れる一方、武蔵での動向はみえなくなると述べている[3]。

落合義明氏は、利仁流藤原氏と武蔵国の関係を取り上げる中で、野本氏の武蔵入国の背景やその拠点について検討し、下河辺政義の子時員が野本氏の養子となり、彼が平氏に仕えると共に、武蔵の河越・比企氏らとの緊密な関係の下で武蔵比企郡に入部したと述べている。(4)

山野龍太郎氏は、比企氏の実像を明らかにするに当たり、野本・押垂《おしだり》氏の考察を行う中で、野本氏の出自が越前斎藤氏であり、基員が東国へ下向し、武蔵の御家人となったが、背景には、越前に勢力を伸ばした比企氏との関係があり、比企氏との縁戚関係を利用して野本氏と下河辺氏の連携がなされたこと、比企氏の乱後、同族の押垂氏が武蔵に残り、野本氏は常陸へ拠点を移すなど、個々の状況に適応しながら、乱による動揺を乗り越えたことを述べている。(5)また比企氏の乱後、その影響を受けた野本氏が、佐介流北条氏(佐介氏)に接近して姻戚を含む関係を築き、政治的地位を向上させた一方で、本貫地野本郷を、その姻戚を通じて佐介氏に奪われ進止権を失い、鎌倉後期には下河辺氏を頼り、常陸へ活動の場を求めたとし、比企氏→佐介氏へと立場を「転向」させた野本氏の事例を、政変で苦境に陥った武士が、姻戚や主従関係を媒介に北条氏一門の庇護を求めた実例と評価している。(6)

今野慶信氏は、下河辺氏一族について検討した中で野本氏に触れ、『尊卑分脈』の記述から、政義の室(淡路局)が野本基員の女子であり、その間に生まれた子時員が基員の養子となったこと、淡路局の房号から、彼女が将軍家の女房であった可能性があることを指摘している。(7)

先行研究が述べるように、鎌倉期の野本氏は、下河辺氏(益戸氏)が勢力を伸ばした常陸中南部での活動がみえ、その実態を明らかにすることは、当該期の常陸地域を考える上で必要な作業といえる。筆者は先に、下河辺政義に始まる益戸氏について、その系譜関係や動向を明らかにしてきた。(8)本稿では、先学の指摘と旧稿の検討を踏まえつつ、改めて常陸野本氏の系譜関係を見直すと共に、その動静を明らかにしていくこととしたい。

## 一　野本時重覆勘状案にみる野本氏の系譜関係

野本氏の系譜を考えるに当たり、正和五年（一三一六）の鹿島社との相論で、野本時重が出した覆勘状案に記されている、常陸国大枝郷の伝領過程からみていくこととする。

〔史料1〕(9)

野本藤四郎時重謹言上

欲早被覆勘先御沙汰、召返率〔卒〕余御下知、被究淵底、依無俣〔誤〕蒙御成敗、常陸国大枝郷給主鹿島大禰宜能親新田押領由、就致非拠偽訴、不被尋新田当知行仁、被収公時重知行分本郷条、難堪子細条々、（中略）

一　新田押領不実事

右当郷者、高祖父益戸四郎左衛門尉政義（後者義光）、為勲功之賞、去治承七年令拝領畢、領◦（家）職者亦為鹿島社領、令備進有限供料米之許也、而義光、嘉禄元年譲後家（号淡路局）之間、一円知行無相違時、不知案内代官、嘉禎三年社家与地頭令和与、守彼状相互致其沙汰畢、而淡路局、以当郷地頭職、去文応元年分譲孫子并曾孫等之刻、於栗俣村（合点有）者、譲野本能登前司時光処、悉為新田之間、任和与状、弁新田所当半分於社家、於下地者時光一円進止之間、社家敢不申子細、以岩瀬村（合点有）者、譲孫女尼浄妙畢、是又為新田之間（合点有）、云下地（合点有）、云所務、社家不相綺之地也、至于本郷（合点有）者、譲給野本四郎左衛門入道行心（時重祖父）之間、是皆為本田之処（合点有）、雖令中分下地、守和与状、剰所弁有限本所当也、三ケ村各別知行之旨趣如此、就中嘉禎三年和与者、本主一人管領時、以本田分雖令和与中分、文応元年分譲孫子等之後、面々帯案〔安〕堵御下文之上者、可令各別之条勿論也、而能親（中臣）供料米無沙汰之由、及濫訴之刻、所載和与状御

公事等、能親対拝之条無謂之旨、時重言上之処、為塞彼自科、御公事者為新田、（以下欠）
仰栗俣村当領主能登四郎左衛門尉貞光時光子息、被召出社家（合点有）返抄時、栗俣村為新田之条、又以可令露顕哉、凡於時重知行分者、雖為段歩、載于和与状新田無之上者、争不被尋問新旧当知行之仁哉、次時重知行分新田、和与以後令開発者、不可弁所当、自本又無新田者、何時重知行之内、可有新々田哉之由、有御沙汰云々、（後略）

史料1は案文で欠紙もあり不明な部分が多いが、ここから野本氏の系譜関係を確認する。相論の舞台となった大枝郷は、治承七年（寿永二年〈一一八三〉）、時重の高祖父益戸四郎左衛門尉政義（下河辺政義）が、恩賞として貰った荘園（領家は鹿島社）である。志田義広の乱を始め[10]、関東での戦いでの勲功を賞したものであろう。その後、嘉禄元年（一二二五）に政義の後家淡路局に譲られ、更に文応元年（一二六〇）、淡路局が自らの孫と曾孫に分譲するに当たり、栗俣村を野本能登前司時光に、岩瀬村を孫女の尼浄妙に、そして本郷は時重の祖父四郎左衛門入道行心にそれぞれ譲られたという。また史料1の後半では、現在の栗俣村の領主は時光の子貞光であると記されている。

これを整理すると、推定を含むが系図1のようになる。なお、①②は、史料1に名前がみえない人物である。

**系図1**

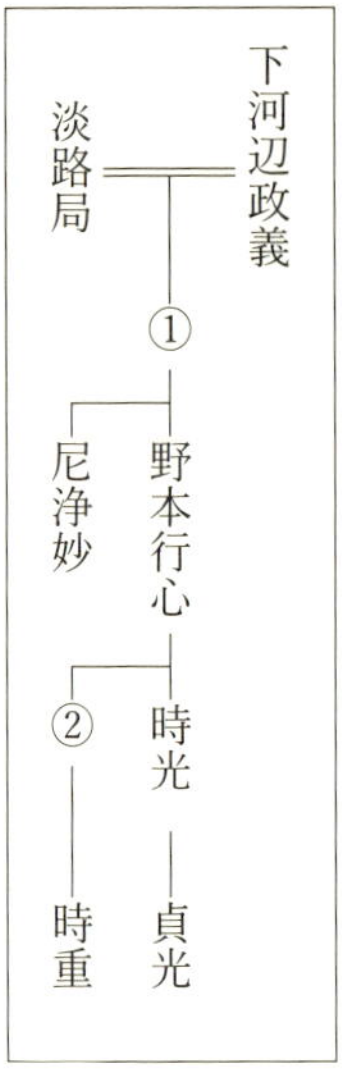


淡路局の譲与先は「孫子并曾孫等」とあり、名前の出てきた時光・行心・浄妙の誰かは一世代下となる。浄妙は

「孫女」とあり、孫であろう。行心・時光と淡路局の関係は明示されていないが、行心が時重の祖父であること、彼と同時期の栗俣村の領主が時光の子貞光であることから、行心と時光では、時光が一世代下と思われる。

史料1から、下河辺政義が獲得した大枝郷の所領は、淡路局を経て、野本氏の所領として一族に分割されたことがいえる。一方で、この所領は鹿島社との係争地であり、鎌倉中期以来、たびたびの訴訟が展開されており、野本氏や益戸氏はその中で反論と和解を繰り返しながら、所領を維持し続けていた。

## 二　他の史料からみる鎌倉期の常陸野本氏

史料1から明らかにした事項を踏まえ、ここでは他の史料から、常陸野本氏の代替わりをみていきたい。

### 1　野本時員

政義と淡路局の子で、野本氏に入った人物（系図1①）が時員である。彼について、落合氏は『山槐記』治承四年（一一八〇）三月四日条の「藤時員中宮」の記載から、中宮徳子を給所として滝口になったとし、また延慶本『平家物語』の「宮太滝口時員ト云侍」、「越前三位仕給ケル宮太滝口時員ト云侍」という記述と、野本基員が越前河口庄（福井県あわら市・坂井市）の地頭職にあり、同地の近隣に「宮太」の地名がある点から、時員が平通盛（教盛の子、清盛の甥）の越前守段階で彼に仕えるようになったと述べている。

しかし、そうであれば、治承四年以前に元服済の時員の生年の下限は一一六〇年前後、彼を産んだ淡路局の生年の下限は一一四〇年頃となり、文応元年（一二六〇）に孫や曾孫に大枝郷を分譲した時の彼女は百二十歳代ということになってしまう。また、時員は佐介北条時盛の六波羅探題在職中(貞応三年〈一二二四〉~仁治三年〈一二四二〉)に能登守に任じられたが[14]、その時点で七十歳代ということになってしまうことを考えるならば、『山槐記』や『平家物語』にみえる、平安末期に京都で活動した「時員」は、野本時員とは別人とみるべきだろう。

また時員の活動とされるものとして、次の史料がある。

〔史料2〕[15]

以武蔵国稲毛本庄、被相博肥前国高来西郷事、此地者平家没官領也、後白河院御時、将軍家令賜御畢、仰付地頭時員法師、所令進御室御年貢也、而今件御年貢者、為東郷地頭行員之沙汰、相加西郷分、任本数可進済也、至于西郷者、依可為前大僧正御坊領、領家地頭可為一向不輸之状、依仰下知如件、

承久三年八月卅日

陸奥守平(花押)

史料2は、武蔵国稲毛本庄(神奈川県川崎市)と肥前国高来西郷(長崎県諫早市)の地頭職の相博について記された関東下知状である[16]。これによれば、高来郷は後白河院の時代に源頼朝から与えられた平家没官領であり、時員法師が地頭として、年貢を御室(仁和寺)に納めていたこと、承久三年(一二二一)時点では、東郷の地頭である行員が、西郷分も合わせて年貢を納めていること、今回の相博により、西郷は前大僧正慈円の坊領となり、不輸地とする旨が述べられている。

この「時員法師」を野本時員、「東郷地頭行員」を野本行員とこれまで比定されてきたが[17]、時員は後掲史料3から、貞応~寛喜年間(一二二二~三二)時点で出家しておらず、また下河辺政義や淡路局の活動時期から、この頃の時員に

孫があるとは考え難い。「時員法師」「東郷地頭行員」についても、野本時員・行員とは別人であろう。

　これらを踏まえ、時員の出自を見直してみると、『尊卑分脈』では野本基員の子に時員がみえ、「実ハ継孫、武蔵国下河辺左衛門尉政義子也」と注記があり、彼が基員の孫であったとわかる。祖父が基員、父が下河辺政義ならば、母の淡路局は基員の女となり(19)、時員は母方の実家に入ったのであった。父政義の生年は不明だが、従兄弟の小山朝政と同世代ならば、一一五〇年代頃とみられる。時員の生年も、後述する活動時期から考えて、一一八〇～九〇年代であろうか(20)。この点、政義は河越重頼の女を室とし、源義経とは相婿の関係にあったため、義経と源頼朝が対立し、重頼が連座する形で頼朝に粛清された際、巻き込まれて所領を没収されたという(21)。この事や、今野氏が指摘する、淡路局が将軍家の女房であった可能性を考えるならば、政義と淡路局の婚姻は、政義の復帰後に為されたと思われ、そうであれば、時員の誕生も一一八〇年代末から一一九〇年代前半頃となるだろう(22)。

　さて、成長した時員は(23)、ある時期より佐介氏に従い在京していた(24)。同氏との関係について山野氏は、比企氏の乱による動揺を抑えるため、当時勾当として将軍実朝に近侍していた佐介北条時盛と基員の孫娘（時員の系図上の姪）の婚姻を介して接近して関係を構築し、野本氏の立場を維持したと述べている(25)。

　また、次の史料から時員が摂津守護の立場にあったことが確認できる。

〔史料3〕(26)

一、故修理亮殿在京之御時、野本四郎左衛門尉之郎等、四方田左衛門尉依自馬引落之咎、雖給下手人、猶貽欝訴不請取之間、野本四郎左衛門尉、彼下手人行斬罪、然而四方田左衛門尉猶依令憤申、野本四郎左衛門尉被召摂津国守護之上、被召預其身於肥田八郎左衛門尉畢、

　史料3は、梵舜本『新編追加』侍所編悪口狼藉条の「依狼藉科被召所領事」の傍例として収録された記事である。

修理亮殿(北条時氏)の六波羅探題在職期(貞応三年〈一二二四〉~寛喜二年〈一二三〇〉の間)に、野本時員の郎等が、四方田左衛門尉を馬から引き落とす事件を起こした。四方田は郎等の引き渡しを求めたが、時員はこれを無視し、郎等を勝手に処刑した。怒った四方田が幕府に訴えた結果、時員は守護を解任され、肥田八郎左衛門尉の下に預けられたという。この時の時員の立場については、摂津守護とみる佐藤進一氏(27)と、摂津守護佐介時盛の「守護代行」とする伊藤邦彦氏(28)の二つの見方があるが、いずれにせよ、時員が守護の役割を担っており、この事件で改替させられたと考えられる。

その後、時員はある時期に赦免されて復帰し、また前述の通り能登守に任官した。これは佐介時盛が六波羅南方として活動していた時期に、彼の内挙により任官したとされ(29)、山野氏は時盛の特別な配慮を受けた任官であるとみている(30)。これ以降の明確な彼の活動は確認できず、一二四〇年代の死去とみられる。

時員の子供については、時秀・行時・時成・貞頼などの名が系図上にみえ(31)、また史料1から、行心と尼浄妙が在った。この内、時秀が太郎(32)、行時が次郎・左兵衛佐と(33)、名乗りが史料上確認できる。彼らの活動は概ね嘉禎~建長年間(一二三五~五七)に確認でき、遅くとも一二二〇年代前半までには生まれていたとみられる。

## 2 野本行心

史料1で、淡路局から大枝郷本郷を与えられた行心は、「四郎左衛門入道」と名乗っていた。出家しているが、時員の名乗りと一致しており、子であることは間違いない。彼については、下って永仁六年(一二九八)の大枝郷を巡る鹿島大禰宜家との相論相手としてみえ、この時期まで活動していたことが確認できる。

〔史料4(34)〕

鹿島大禰宜朝親与野本四郎左衛門尉（ママ）法師（法名行心）相論、当社領大枝郷事、右訴陳之趣、子細雖多、所詮当郷下地者、嘉禎三年以和与之儀、令中分之由所見也、而相語不知案内代官、令和与之間、弁所当於社家、於下地者、一円可令領知之旨、行心雖申之、就和与状、自嘉禎年中相互知行、経年序之上者、今更難及違乱、然則任彼状可致沙汰也、次狼籍事、於守護方有其沙汰云々、其上者不及異儀者、依鎌倉殿仰下知如件、

永仁六年二月三日　　陸奥守平朝臣（花押）

相模守平朝臣（花押）

史料4は、鹿島社大禰宜中臣朝親と野本行心の間の相論に係る関東下知状であり、朝親と行心の間で、嘉禎三年（一二三七）の和与の約定を今後も守ることが求められたものである。嘉禎三年の和与については、史料1にも「嘉禎三年社家与地頭令和与」とみえ、鹿島社と野本氏等の相論の中で重要なものであったと考えられる。

さて、この行心は系図上の誰に当たるであろうか[35]。下河辺氏の系図では、行時の子に時光らを記しており[36]、この通りとすれば行時＝行心だが、彼の名乗りは「次郎」である。一方で、野本氏の系図では、貞頼の項に「左衛門尉、四郎」とみえる[37]。この点、山野氏は、寛元二年（一二四四）八月の「鶴岡馬場之儀」の流鏑馬十二番で「伯耆前司」（葛西清親）の的立を担当した「能登四郎左衛門尉」を彼と比定している[38]。貞頼の実名は確認できないが[39]、この人物が後に出家し行心を名乗ったと考えられ、また名乗りから、彼が時員の嫡子であったとみられる。

さて、史料1のとおり、行心は文応元年（一二六〇）に祖母淡路局から常陸の所領の一部を譲与された。この時の譲与により、野本氏が常陸と関係を持ったといえるだろう。山野氏は、野本氏の常陸進出を、本貫地を失った鎌倉後期のこととするが[40]、既に鎌倉中期の譲与を以て、行心ら時員流の系統が常陸に進出していたと考えられる。

行心の活動は、永仁六年が終見である。父や自身の活動時期を考えるならば、この時点で高齢であったと思われ、その後まもなく没したのではないだろうか。

### 3　野本時重と時光・貞光父子

十四世紀に入り、正和元年(一三一二)、大枝郷内の本郷とみられる所領を巡り、鹿島大禰宜家に訴えられた人物として、史料1を提出した野本時重の名がみえる。

〔史料5〕[41]

鹿島社大禰宜能親代長円申常陸国大枝□〔郷〕［　］以下事、
右当郷地頭野本藤四郎時重、嘉元二年以来対捍之□〔由〕、長円□〔申〕之処、如時重代行覚陳状者、嘉元々・二分者、依旱魃皆損之間、不能弁済、同三・□〔四〕両年分者致弁、所帯請取也、徳治二年分者、雖持向、不請取云々、爰如長円重申状者嘉元々・二分事者、□〔不〕可申子細、徳治二年以後分者、或帯返抄、或不請取由、載陳状上者、且遂結解、且就承伏之□〔状カ〕、可預裁許之旨載之、者□〔遂〕結解、彼是可令究済、但去年六月廿三日落居之処、延引之間、今日所被施行、者依鎌倉殿仰下知如件、

正和元年五月九日

相模守平朝臣(花押)

陸奥守平朝臣

史料5は、中臣能親の代理長円が訴えた「常陸国大枝□〔郷〕［　］以下事」に対する幕府の裁定を記した関東下知状である。能親は史料4の朝親の子であろう。彼の代理長円が、野本時重が嘉元二年(一三〇四)以来年貢を対捍していることを訴えたところ、時重からは、嘉元元年・二年分は旱魃で全損して弁済できないこと、同三年・四年の分は納入

し、請取状を得ていること、徳治二年（一三〇七）分については、持参したところ請取られなかったと反論したという。

ここから、時重が少なくとも嘉元年間の時点で、祖父行心の持っていた分の所領を継承し、地頭の立場にあったとみられる。彼の父（系図1②）については、史料から活動を確認できないが、史料1において時重が、時光との関係に何ら言及していないことを考えるならば、時光—時重という親子関係とは考え難く、時重の父は時光の兄弟にあたるとみられる。また、行心の活動時期と合わせて考えるならば、時重の父は行心に先んじて没したか、史料4から嘉元元年までの間に行心が没したことで家督を相続したがすぐに没したか、のいずれかであろう。

一方、淡路局から栗俣村を譲られた時光及びその子貞光は、史料1から時光が能登前司、貞光が能登四郎左衛門尉を名乗っており、時員—行心の系譜に連なることは間違いない。時光の具体的な活動は史料1以外でみえないが、貞光については、次の史料から正中年間の活動が確認できる。

〔史料6〕(42)

常陸国大枝郷給主能親与地頭野本四郎左衛門尉貞光井和泉三郎左衛門尉顕助等相論、鹿島社不開御殿仁慈門造営事、丹塗格子之外者、悉可為給主役之由、元亨三年八月晦日注進之間、依被急遷宮、任注申之旨、加催促、可造畢、於理非者、追可有其沙汰之由、雖被仰下、遷宮于今遅引、而当郷者地頭・給主折中之地也、任先規両方可勤仕之旨、云度々御教書、云木田見・大王・藤井・田子共等之例炳焉之由、能親所申有其謂、爰国奉行人成敗雖区、下地平均課役可随分限之条、相叶理致、然者地頭・給主共可造進之旨、加催促、急速可被終其功之状、依仰執達如件、

正中二年六月六日　散　位（花押）

前長門介（花押）

左衛門尉（花押）
前加賀守（花押）

山河判官入道殿
小田常陸太郎左衛門尉殿
大瀬次郎左衛門尉殿
下郷掃部丞殿

史料6は中臣能親と野本貞光・志筑益戸顕助の間で起こった「鹿島社不開御殿仁慈門造営」に関する相論の史料である。鎌倉末期段階でも、貞光が大枝郷の権益を保持し、鹿島社からの訴訟に反論していたことがいえよう。

以上、鎌倉期の常陸野本氏の系譜について、ここまでの成果をまとめると、系図2のようになるだろう。

**系図2**

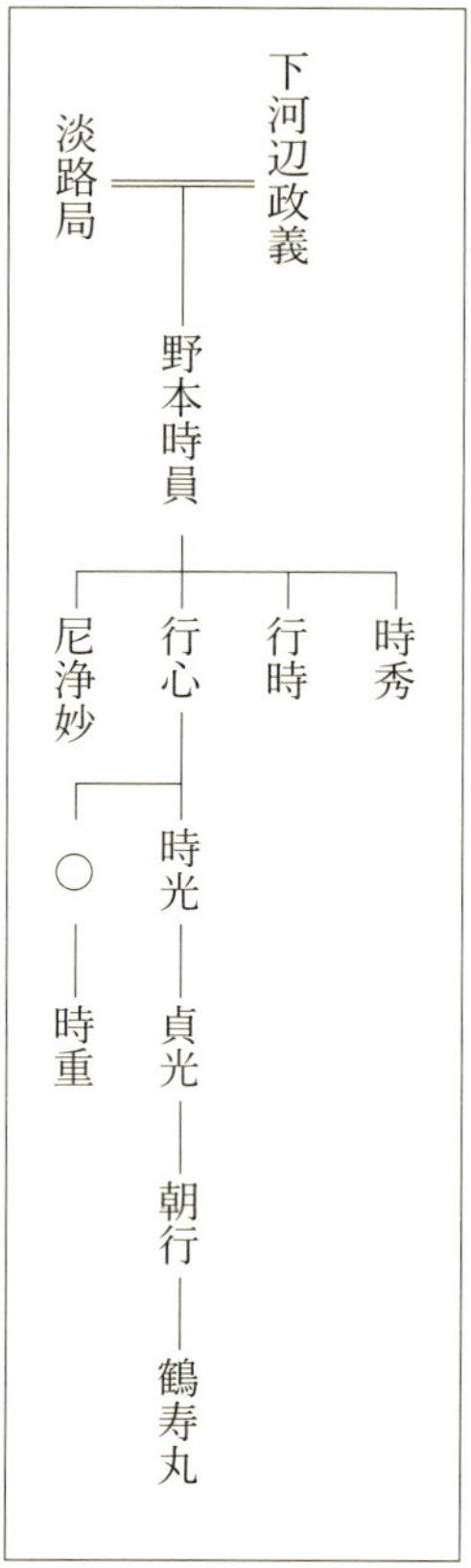

## 三　南北朝期の野本氏

### 1　野本朝行と鶴寿丸

南北朝期の常陸野本氏の当主とみられるのは、朝行である。彼の活動初見は、建武元年（一三三四）九月、足利尊氏による賀茂両社行幸の随兵としてであった。行幸の随兵次第には「野本能登四郎朝行」と名前がみえる(43)。「能登四郎」の名乗りから、時光―貞光の系統で、貞光の子に当たると考えられる。

さて、常陸野本氏は、依然として大枝郷に権益を有しており、また鹿島社との争いも継続していた(44)。

〔史料7〕

一、大枝郷栗俣・岩瀬・本郷三ケ村

右、嘉禎年中折中之地也、而本郷并栗俣村地頭野本能登四郎左衛門尉跡、社家分下地押二領之一、神祭物抑二留之一、次本郷一分地頭益戸下野守、子細同前、次岩瀬村地頭大期（胡）上総入道跡、同前、然間社家当知行、最狭小也、(45)

史料7は、建武元年十二月に鹿島社大禰宜中臣高親が出した注文の抜粋であるが、大枝郷の内、「本郷并栗俣村」が野本能登四郎左衛門尉（貞光）の跡職で、社家分が押領され、神祭物が抑留されていると述べている。ここから、栗俣村の貞光と本郷の時重という二系統に分かれていた所領が、ある段階で貞光の系統に一本化したことが想定される。詳細は不明だが、時重に跡継ぎがいなかったことが考えられようか。また、本郷の一分や岩瀬村についても、志筑益戸顕助や大胡氏らが地頭で、所領の押領をしていると高親は述べている。大胡氏の跡職については、元弘の変に際して大胡氏が幕府方に与し、所領を没収されたためとみられる(46)。同地は、史料1で淡路局から孫の尼浄妙に譲与されているが、彼女かその後継者が大胡氏と関係を有し、所領が渡ったことが想定できよう。

さて、朝行の活動については、子の鶴寿丸が建武四年に提出した軍忠状に詳しい。

〔史料8〕(47)

目安

野本能登四郎朝行今者死去子息鶴寿丸申軍忠事、

右、朝行為当家一流之跡、自祇候　将軍家以来、或捨所領、或軽命、致無弐忠節事、無其隠之上者、始而雖不能挙功、粗注進之、

一、去建武二年十二月八日、将軍鎌倉御立之間、朝行御共、(中略)

一、小山城合戦事、将軍鎮西御下向之後者、前国司(北畠顕家)方軍勢等令蜂起、人民無安思、然而当城者為一陣之間、御方仁存御志一族等、馳籠彼城、連々尽合戦忠者也、去年建武三十一月三日、横田・毛原合戦之時、分取頸一、入大将見参畢、加之、郎等大淵彦九郎入道被疵之間、所被付着到也、此次第一族等令見知畢、仍大将并小山常犬丸(朝氏)祖母証判状在之、亦桃井駿河守殿(直常)着到、同給之畢、

一、今年建武四三月十日、小田宮内権大輔春久(治)并益戸虎法師丸(国行)等、為張本率数輩凶徒等、出向常州府中之間、朝行代官岩瀬彦太郎信経、致合戦之忠節之処、切落御敵一人畢、而益戸常陸介広政馳合、所令見知也、随而佐竹刑部大輔(義篤)一見状分明也、

一、同年七月八日、常州関城合戦之時、鶴寿丸代官等数輩馳向之内、金崎右衛(門脱)五郎・堺又太郎・肥田七郎・新妻又次郎等、山河判官・結城犬鶴丸(朝祐)等手勢相共懸先、追越絹河、至于関郡盤(般)若原并城際責寄、致忠節之間、新妻又次郎胤重令討死畢、将又、一族庶子野本五郎高宣以下若党四人、同所令討死也、此等次弟(第)、山河判官・小山常犬丸

代官等、令見知畢、仍桃井駿河守殿一見状分明也、

一、下総国神崎庄内多賀郷合戦事、当郷者朝行所領也、而千葉下総守《貞胤》一族等、為先帝御方、令乱入之間、千葉余三清胤、朝行代官等相共為御方、連日致合戦之間、若党等数輩被疵畢、其上、差置代官多賀七郎行胤・小栗左衛門次郎重高・多賀七郎三郎等於千葉大隅守《胤貞》留守大嶋城畢、亦常州大枝郷栗俣村等、同朝行知行分也、而前国司勢并小田勢等、率大勢責来之間、朝行代官等焼払在所、妻子交山林畢、是併非奉公之一分哉、

以前条々、如斯、朝行存日、将軍御帰洛之時、最前馳参可懸御目之処、相待合戦静謐之刻、今年三月廿七日、令他界畢、鶴寿丸亦為彼跡、則可令参洛処、未幻《幼》少之上、可召具若党等合戦最中之間、所及遅々也、以此旨、為被載御注進、粗目安如件、

建武四年八月　日

「一見了《小山朝郷》（花押）」

この軍忠状から、主に関東における野本氏の活動を追っていくこととする。朝行は、建武二年十二月の尊氏挙兵に従軍し、京都での合戦や、その敗走に従った。ところが、尊氏が播磨室津（兵庫県たつの市）から九州へ海路で転進する際に、急な方針転換の情報を得られず、兵庫城（神戸市）に置いていかれた。孤立した朝行は、京都を経由して常陸へ戻ろうとし、途中で三河において野伏に襲撃されたり、遠江井伊谷（静岡県浜松市）の南朝方との合戦に参加したりしながら、帰国した（以上の動きは（中略）部分の記述）。

帰国後も、北畠顕家南下の際の防衛戦などに参陣して戦功を積み重ねた朝行だが、その最中の建武四年三月二十七日に没した。合戦で負傷し、それが悪化して没した可能性がある。既に三月初めには出陣も困難な状況であったとみられ、同月の常陸府中での合戦に際しては、被官の岩瀬信経が代官として参陣している。

また、この軍忠状からは、下総の神崎庄多賀郷（千葉県成田市）にも所領があること、同地を南朝方の千葉貞胤が攻撃した際に、北朝方の千葉清胤と共に朝行の代官である多賀行胤・小栗重高・多賀七郎三郎等が応戦して撃退し[48]、その後は北朝方として尊氏に従う千葉胤貞の大島城（千葉県多古町）に入ったという。また大枝郷についても、南朝方の大掾高幹や小田治久が攻撃してきた際に、代官らが在所を焼き、妻子を山林に隠して抵抗したことが記されている。記載順を考えるならば、朝行没後の動きであろうか。

南北朝内乱の最初期において、野本朝行は尊氏に従い転戦し、兵庫ではぐれた後も、常陸に戻り、自らの所領を守るため、南朝方の諸勢力と戦い続け、その生涯を終えることとなったのであった。

## 2　鶴寿丸とその後の野本氏

さて、朝行の跡を継いだのは嫡子の鶴寿丸であるが、幼少の彼の代わりに、一族や被官が各地の戦いに参加したとみられる。史料8によれば、建武四年（一三三七）七月の関城攻めでは、代官が参陣して戦功を立てたが、一族の野本高宣らが討死したという。北朝方の勢力として、野本氏は朝行没後も南朝方と精力的に戦っていたとみられる。しかし、これ以降の鶴寿丸及び野本氏については、史料上明確ではない。この点、次の史料をみていきたい。

〔史料9〕[49]

（端裏書）「益戸徳犬丸請文　貞治五　三　々　常陸大掾入道取進之」

去二月二日御教書并九月廿日御催役之状、潤九月十五日到来、謹拝見仕候畢、

抑鹿嶋大禰宜高親申常陸国南郡大枝郷半分并供米事、為彼所譜代相伝之上、永仁六年地下令中分之後、更々如此

供料米未雖不致其沙汰、所詮以別儀、可致弁沙汰候、以此旨可有御披露候、恐惶謹言、

貞治四年十月廿五日　　徳犬丸代義綱（裏花押）

進上　御奉行所

史料9は、貞治四年（一三六五）に益戸徳犬丸の代理某義綱が、大枝郷を巡る中臣高親の訴えに対し、同地が「譜代相伝」であること、永仁六年（一二九八）の中分以降、高親が言うような供料米の沙汰などは存在していない旨を述べた請文である。この相論では、大掾浄永が徳犬丸の他、志筑益戸国行・大胡秀能からの請文を取りまとめて提出しているが[50]、請文を提出した三者は、史料7において、中臣高親が大枝郷からの神物を抑留していると主張した各家に連なると考えられる。この内、志筑益戸国行は顕助の子であることから「益戸下野守」に、大胡秀能は同族の「大胡上総入道」に、それぞれ連なると考えられ、残る益戸徳犬丸は、「野本能登四郎左衛門尉」に連なる人物とみられる。また、史料9の文中にみえる「永仁六年地下令中分」は、史料4を指すとみられ、世代を考えるならば、徳犬丸は野本鶴寿丸の後継者と思われるとともに、彼の段階で、野本から益戸へ名字を改めた可能性が想定できる。

これ以降、常陸野本氏とみられる人物の活動は、大枝郷の権益を巡る相論そのものを含め、確認できない。史料的制約によるところが大きいが、室町期の関東における戦乱、或いは享徳の乱を経て戦国期に突入した後も、常陸野本氏とみられる人々の痕跡を追うことができない。

以上、南北朝期の野本氏について史料からみてきた。北朝方として朝行が精力的に活動していたが、戦乱の中で若くして没し、家督は子の鶴寿丸が相続した。幼い彼を被官が盛り立てつつ活動し、野本氏の所領の維持を図ったとみられるが、鶴寿丸の後継者とみられる徳犬丸の活動を最後に、常陸野本氏の足跡は不明となるのであった。

## おわりに

本稿では、常陸野本氏の系譜関係について、史料を基に見直しを行った。従来言われてきた、高倉期の滝口であった「時員」や、肥前高来西郷の地頭であった「時員法師」について、活動時期などから野本時員とは別人とし、一一八〇年代末頃に、下河辺政義と野本基員女の間に生まれ、祖父基員の養子となって野本氏を継いだとみた。

時員は摂津守護を務めたり、在京したりしながら活動し、その子行心、孫時光らが、祖母である淡路局から、常陸国内にあった下河辺氏の所領を譲渡されることで、常陸野本氏の活動は始まった。その活動は、概ね鎌倉後期〜南北朝前期という期間に限られるが、鹿島社との相論などにおいて、時光―貞光の系統と、某―時重の二系統が活動し、同族の志筑益戸氏らと共に鹿島社の主張に反論し、所領の維持を図っていたことを確認した。

南北朝期に入ると、貞光の子朝行が足利尊氏に従って戦功を挙げ、尊氏と逸れた後は常陸において北朝方として戦い、所領の維持を図ったが、朝行が戦乱の中で没し、幼少の嫡子鶴寿丸が家督を相続したことで、活動が不安定なものとなり、常陸や下総の所領のその後を含め、子孫の足跡を追うことはできなくなるのであった。

常陸野本氏については、史料的制約もあり、鹿島社との相論を除くと、在地での活動については不明な点も多く残されている。この点を含め、引き続き野本氏や他の常陸の諸勢力について、史料に即して検討を積み上げていくことで、当該期の実態を解明できればと考えつつ、本稿を閉じることとしたい。

註

（1）『東松山市の歴史 上巻』第四章第四節（福島正義氏執筆、東松山市、一九八二年）。
（2）「尊経閣文庫所蔵『旧武家手鑑』」上杉憲英寄進状（『南北朝遺文関東編 第六巻』四二四九、以下『南関○』と略す）。
（3）菊池紳一「尊経閣文庫蔵『上杉憲英寄進状』について」（同『加賀前田家と尊経閣文庫』第三部第二章、勉誠出版、二〇一五年、初出は『埼玉地方史』三五、一九九六年）。
（4）落合義明「利仁流藤原氏と武蔵国」（同『中世東国武士と本拠』第一部第一章、同成社、二〇二〇年、初出は『歴史評論』七二七、二〇一〇年）。
（5）山野龍太郎「野本氏と押垂氏の周辺―比企氏と連携した利仁流藤原氏一族―」（『埼玉地方史』七八、二〇二〇年）。
（6）山野龍太郎「武蔵国の野本氏と佐介流北条氏―比企氏の乱による政治的余波の一考察―」（『埼玉地方史』八六、二〇二二年）。
（7）今野慶信「御家人下河辺氏・幸島氏について」（『野田市史研究』一二、二〇〇一年）。
（8）拙稿「九州で戦った常陸武士―小河益戸行政―」（『國學院雑誌』一二一―三、二〇二〇年）、同「鎌倉後期〜南北朝期小河益戸氏の動向と系譜関係」（『鎌倉』一二八・一二九、二〇二〇年）、同「中世後期志筑益戸氏の系譜と代替わり」（『国史学』二三一、二〇二〇年）。
（9）「塙不二丸氏所蔵文書」野本時重覆勘状案（『鹿島神宮文書Ⅱ』二三、以下『鹿島○』と略す）。
（10）『吾妻鑑』元暦元年四月二十三日条。志田義広の乱との関係については、網野善彦「常陸国」（『網野善彦著作集 第四巻』岩波書店、二〇〇九年、初出は『茨城県史研究』一一、二三、二四、一九六八年、一九七二年）を参照。ただし、志田義広の乱の勃発時期については、『吾妻鑑』の記事がある養和元年（一一八一）ではなく、寿永二年（一一八三）の出来事とする石井進氏の指摘があり(石井進「志太義広の蜂起は果して養和元年の事実か」『石井進著作集 第五巻』岩波書店、二〇〇五年、初出は『歴史の窓』一一、一九六二年)、それが通説とされてきたが、近年、養和元年の出来事でよいとする菱沼一憲氏の説が出された(同「総論 章立てと先行研究・人物史」同編著『源範頼』戎光祥出版、二〇一四年、同「野木宮の合戦再考—内乱における「合力」—」『地方史研究』三七九、二〇一六年)。乱が養和元年のことであれば、政義の勲功は、菱沼氏の指摘するように、志田義広の乱に限らず、他の合戦と合わせてのものと考えられる。

(11)『山槐記』治承四年三月四日条(『続史料大成 山槐記 三』三三一〜三八頁)。

(12)「延慶本『平家物語 第五本』」「越前三位通盛被討給事」(『延慶本平家物語 本文篇 下』二七一〜二七三頁)、「通盛北方ニ合初ル事付同北方ノ身投給事」(同二七四〜二八七頁)。

(13)「国立公文書館所蔵『三箇御願料所等指事』」後鳥羽上皇院宣案(『鎌倉遺文補遺 第一巻』補四九五、補四九六)。

(14)『吾妻鏡』建長二年十二月九日条。

(15)「川崎市市民ミュージアム所蔵文書」関東下知状(『埼玉県史料叢書 十一』一五)。

(16)高来西郷については、外山幹夫「肥前国高来東郷・高来西郷と高来一揆」(同『中世長崎の基礎的研究』第二部第一章、思文閣出版、二〇一一年、初出は『県立長崎シーボルト大学国際情報学部紀要』創刊号、一九九八年)、稲毛本庄については、石井進「稲毛荘のすがた」(『川崎市史 通史編1』第三編第一章第二節、川崎市、一九九三年)を参照。

(17)『尊卑分脈』時長孫(『尊卑分脈 第二篇』三二四頁)。行員は時秀の子としてみえる。

(18)註(3)(4)(6)(7)に同じ。また、瀬野精一郎「鎮西における東国御家人」(同『鎮西御家人の研究』第三章第二節、吉川弘文館、一九七五年、初出は『日本歴史』一六七、一六八、一九六二年)では、時員と行員を兄弟とみているが、その根拠は明確ではない。

(19) 山野氏は註(5)論文で、河越重頼女＝淡路局とみているが、註(17)で「継孫」と注記されていることを考えるならば、二人を別人とする今野氏の理解(註(7)に同じ)が妥当と思われる。

(20) 祖父基員は、貞永元年(一二三二)九月十八日に九十三歳で没したとされ、逆算すると保延六年(一一四〇)生まれであり、淡路局の生年も、概ね一一六〇年代以降と推定できる。

(21) 『吾妻鑑』文治元年十一月十二日条。

(22) 『吾妻鏡』建久四年(一一九三)十月十日条には、野本基員が鎌倉御所で子を元服させたという記事がある。これが時員を指す可能性もあるが、政義と淡路局の婚姻時期を前述の通りとすると、元服には幼すぎると思われる。

(23) 石井進氏は、野本基員・時員が、比企能員と同じ「員」の字を持つこと、能員の女と笠原親景の間の子時基が基員の養子となったことから、野本氏と比企氏・笠原氏の間に密接な関係があったと述べている。石井進「比企一族と信濃、そして北陸道」(『石井進著作集 第五巻』岩波書店、二〇〇五年、初出は黒坂周平先生の喜寿を祝う会編『信濃の歴史と文化の研究』同会、一九九〇年)を参照。ここからみて、時員の元服は、比企氏の乱以前のことと考えられようか。

(24) 註(14)に同じ。

(25) 註(6)に同じ。なお山野氏は、「野津本『北条系図・大友系図』」(『皇學館大学史料編纂所所蔵福富家文書』六頁)から、時盛の長男時景の母を基員孫とみて婚姻時期を推定するが、『駿河伊達系図』(『静岡市史 古代中世史料』三〇二頁)では、時景の母を伊佐為宗の女子としており、時景の母を野本氏と確定することはできない。佐介氏と伊佐氏の関係については、佐々木紀一「伊達氏始祖愚考」(『米沢史学』三〇、二〇一四年)を参照。

(26) 「梵舜本『新編追加』侍所編悪口狼藉条 四」(『中世法制史料集 第一巻』参考資料七五)。

(27) 佐藤進一「畿内」(同『増訂鎌倉幕府守護制度の研究―諸国守護沿革考証編―』第一章、東京大学出版会、一九七一年)。
(28)伊藤邦彦「摂津」(同『鎌倉幕府守護の基礎的研究【国別考証編】』第六章、岩田書院、二〇一〇年)。
(29)註(14)に同じ。佐介時盛は仁治三年(一二四二)五月に六波羅探題南方の職務を離れ、翌月に出家しており、時員の任官はこれ以前のことだろう。
(30)註(6)に同じ。
(31)野本基員の流れは註(17)、下河辺政義の流れは『尊卑分脈』藤成孫(『尊卑分脈 第二篇』四〇四頁)にみえる。
(32)『吾妻鏡』嘉禎二年八月四日条。彼について、註(17)では「太郎、先父」とあり、父に先立って没したか。
(33)『吾妻鏡』建長二年十二月九日条、同三年正月二十日条、七月四日条。
(34)「羽生大禰宜家文書」関東下知状(『鹿島Ⅱ』四七)。
(35)菊池氏は註(3)論文で、史料1・4・6・7から、「行心と貞光は同一人と推定される」とする。しかし、両者の活動時期は全く異なり、また史料1の記載方法からみても同一人物とは考えられない。
(36)註(31)に同じ。
(37)註(17)に同じ。
(38)『吾妻鏡』寛元二年八月十六日条。註(5)を参照。なお、同条の流鏑馬一番の的立を担当した「能登前司」を時員とみるならば、彼の終見がこの時となる可能性がある。
(39)候補として、天福二年(一二三四)正月、「鴨御祖社功人所望輩」の注進交名に「申左右兵衛尉」として現れる「藤原貞頼」がある(「三条家本『大嘗会部類記 巻卅一』紙背文書」関東交人注文『鎌倉遺文 第七巻』四五九四)。同一人物であるならば、これ以降のある時期に左衛門尉に転じたと考えられる。

(40)　註(6)に同じ。
(41)　「静嘉堂文庫所蔵『鹿島大禰宜家文書』」関東下知状写(『鹿島Ⅱ』補一〇)。
(42)　「羽生大禰宜家文書」散位某他三名連署奉書(『鹿島Ⅱ』四八)。
(43)　「国立公文書館所蔵朽木文書」足利尊氏随兵次第写(『南関一』一五一)。
(44)　元徳三年(一三三一)と比定できる、関白鷹司冬教の御教書では、「常陸国大枝郷三ケ村地頭等押領事」に関する大禰宜高親の申状を受け、道理に基づいた沙汰を行うことを、執権赤橋守時に求めている(「羽生大禰宜家文書」鷹司冬教御教書『鹿島Ⅱ』一五)。先の史料6以降も、大枝郷を巡り鹿島社と益戸・野本氏らは争っていた。
(45)　「塙不二丸氏所蔵文書」大禰宜中臣高親社領并神祭物等注進状案(『南関一』一九二)。
(46)　久保田順一「新田義貞の鎌倉攻めと没落」(同『中世前期上野の地域社会』第一部第七章、岩田書院、二〇〇九年、初出は『群馬文化』二二二、一九九〇年)。
(47)　「熊谷家文書」野本鶴寿丸軍忠状(『南関一』七四四)。
(48)　代官の三人の内、多賀行胤・同七郎三郎は、その名字から在地の人物と思われる。「胤」の字を持つことを考えると、神崎千葉氏の庶流か。小栗重高は、「重」の一字を持っており、常陸小栗氏の一族の可能性がある。ただし、それぞれの系図から、彼らの存在は確認できない。また、共に戦った千葉余三清胤についても、詳細は不明である。
(49)　「塙不二丸氏所蔵文書」益戸徳犬丸代某重綱請文(『南関五』三二九五)。
(50)　「塙不二丸氏所蔵文書」益戸国行請文(『南関五』三二八六)、「鹿島神宮文書」大胡秀能請文(『南関五』三二八一)、「塙不二丸氏所蔵文書」大掾浄永請文(『南関五』三三〇〇)。

# 南北朝・室町期の佐竹氏の動向
## ―義宣・義盛期を中心に―

石橋　一展

## はじめに

本稿は南北朝・室町期の常陸佐竹氏の動向について、特にその当主が義宣及び義盛であった時期を中心に考察するものである。以下、先行研究を整理しつつ、本稿の具体的な課題を提示する。

南北朝・室町期の佐竹氏研究を俯瞰した際、もっとも多く目につく主題は【佐竹の乱以降、室町から戦国期前半に係る時期の佐竹氏の権力形態を読み解くもの】であり、比較的早い段階からその研究成果が存在する。所領の構造や押領の実態から権力構造を読み解くものが代表的であり、封建制や惣領制の枠組みの中で佐竹氏の動向を考察し、義憲(のち義人、本稿では義憲に統一)期の佐竹氏においては、庶子の分立の様子をもとに、「拡大し過ぎた佐竹氏の惣領制機構」が「内部的矛盾」により「重大な危機」に陥ったと評価する福島正義氏の研究(1)や、佐竹の乱時における違乱地から佐竹氏領の構造を検討し、同氏の一門や宿老が、乱を通じて佐竹宗家の所領を押領しているとした志田諄一氏の研究(2)などが挙げられる。また自治体史等もこれらの論調で語られたものが一定数存在する(3)。

次に挙げられるものは、【佐竹の乱の過程やその中心人物である佐竹義憲に焦点をあてたもの】である。義憲は家督継承後、八幡宮の再興、鹿島社との関係を再構築し、守護遵行の方法にやや変化が見られること、佐竹氏は内乱の中で小野崎氏の庶家や小貫氏に直轄領を与え、直臣層の力を強化したことなどを指摘した日暮冬樹氏の研究や、(4)同じく佐竹の乱の過程における各派の上部権力との関係などを読み解きつつ、同乱を克服することで佐竹氏が戦国期の権力を獲得するに至ったとした佐々木倫朗氏の研究、(5)乱の前半部分を考察し、義憲と山入氏をそれぞれ支援する鎌倉府・幕府の北関東を巡る抗争を見出した山川千博氏の研究、(6)義憲の花押変遷や立場変容について再考した本間志奈氏の研究(7)などが該当しよう。

次に挙げるべきは、【佐竹氏の守護としての職務や、その補任過程に関するもの】である。松本一夫氏は、佐竹氏は守護であるものの、常陸大掾氏の勢力圏には影響を及ぼし難く、大掾氏は応永期まで遵行権を有したとしている。(8)これらの議論は、常陸国全体における遵行を考察した中根正人氏の研究も概ね継承している。(9)ただし両氏とも南郡小河郷の事例のように、奉行人や国人(大掾氏を含む)による遵行が立ち行かなくなったとき、佐竹氏にその命令が下されることも指摘している。守護補任に関しては、応永期における佐竹義憲と山入与義・祐義親子の守護を巡る抗争について、その補任権が最終的に幕府にあったとする杉山一弥氏と、(10)幕府の影響力も考慮すべきとする佐々木倫朗氏の研究(11)がそれぞれ存在する。

また県史編纂の過程で示された新田英治氏による佐竹氏各当主らの発給文書や花押型の整理も、中世後期の佐竹氏研究の基礎というべきものである。(12)なお、南北朝動乱に関するものとしては、瓜連《うりづら》合戦等について考察し、この時代からの宗家と庶子の軋轢を見出した寺崎里香氏の研究がある。(13)

近年では高橋修編著『佐竹一族の中世』(14)、佐々木倫朗編著『常陸佐竹氏』(15)、日本史史料研究会監修/佐々木倫朗・千葉篤志編著『戦国佐竹氏研究の最前線』(16)など、中世佐竹氏に関する書籍の上梓が相次ぎ、佐竹氏研究は活況を呈している。しかしこれらの書籍の中味を見ると南北朝期・室町期、とくに義憲が当主となる応永中期より前の研究は僅少であることに気づく。

そのような意味で、次に掲げる直近の二編は極めて貴重である。谷口雄太氏は東国武家の在鎌倉事例を収集し、その実態について考察する中で、佐竹氏についても、本家・山入氏共に在鎌倉をしていたことや、菩提寺については佐竹義盛のみ鎌倉にある（多福寺）ことなどを指摘した[17]。また飛田英世氏は義宣の姻族の動向や小田氏の乱を中心に当該期佐竹氏の在り方を考察した[18]。

一方、なお課題も指摘できよう。飛田氏の研究について、佐竹義宣（義香）を中心に扱ったものは管見の限りこれまでなく、内容は多岐に渡っていて大変充実しているが、鎌倉府との関係性については論じ残した課題があるように思う。たとえば鎌倉府の評定衆頭人（『喜連川判鑑』[19]）となった佐竹義憲が、ほぼ一貫して鎌倉公方と近しい関係にあったように、鎌倉府との関係はその武家の社会的立場を形容し得るものである。義宣についても、木下聡氏より、鎌倉府の侍所頭人であったという提起が成されている[20]。当時の佐竹氏を論ずる上で、この問題をどうとらえるかは非常に重要であろう。

次代の義盛についても、谷口氏の成果は特筆すべきものであるが、同研究の主題は佐竹氏そのものでないこともあり、義盛期の全体解明には至っていない。義盛が当主であった時期に、佐竹氏は「関東之八家」に選出されたり[21]、上杉氏から龍保丸を養子に迎えたりするなどの重要な政治的画期を迎えながら、実は義盛本人の発給文書はただの一点も発見されていない。よって、同時期について関係史料の確認と考察が急務であろう。

以上のような問題関心・視点から、本稿においては考察の余地を残す南北朝・室町期における佐竹義宣・義盛期の佐竹氏の動向を整理することを目的とする。その際、鎌倉府との関係性や関係史料の「発掘」に努めるものとする。

## 一　佐竹義宣と鎌倉府

### 1　守護としての活動

まず義宣の動向を簡単に追ってみよう。『佐竹家譜』[22]によれば、義宣は康応元年（一三八九）七月十四日に四十四歳で死去しているから、生まれは貞和二年（一三四六）であろう。文和四年（一三五五）につづき、康安二年（一三六二）にも父佐竹義篤から譲状を受け、これに署判している。これが管見のかぎり唯一の確認できる花押である（図1）[23]。当時は十七歳、左馬助義香と名乗っていた。義宣が署判をした譲状が出てすぐに義篤が死去するので、康安二年に本格的に当主＝守護としての活動を始めたのであろう。

次に義宣・義盛の発給・受給文書を掲げる。（なお、本稿（表を含む）で使用する史料は以下の通り。『南北朝遺文　関東編』〈「南関」史料番号〉、『室町遺文　関東編』〈「室関」史料番号〉[24]）。

一見して僅少であることが見て取れる。前代の義篤の受発給文書が一〇点程度あったことと比べても、その差は顕著である。繰り返しになるが、義盛の発給文書は管見のかぎり発見されていない。ただ、義篤の文書は、山城守護としてのものや当主としてのもの、また義盛の次代である義憲のものは佐竹の乱にかかる当主としての発給文書が多いことに比して、義宣の受発給文書及び義盛の受給文書は、内容からすべて常陸守護としてのものと考えられそうである。

図1　佐竹義宣（義香）花押

しかし、必ずしも鎌倉府に従順な守護であったわけではなく、すでに松本一夫氏も指摘しているが、鎌倉府の奉行人である二階堂氏の所領である久慈西郡内寺田村を押領している[25]。また飛田氏は、小田氏の乱における義宣の態度から、佐竹氏と鎌倉府との微妙な関係を読み取っている。

一方、円覚寺の再興に関係して[26]、南郡小河郷が同寺に寄進されることに対し、本主である小河益戸氏が鎌倉府の遵行に頑強に抵抗した際には[27]、最終的に佐竹氏にその任務が課されるなど、その軍事力を期待されてもいた。表1No.1、表2No.2などはその関連のものである、受発給文書から見ても、義宣、そして義盛も、守護として鎌倉府と距離はあったとされつつも、一定の信頼を勝ち得ていたことが改めて確認される。

## 2　侍所頭人就任の可能性

次に義宣が侍所に就任した可能性について考察する。

侍所とは、鎌倉の警護や謀叛人の捕縛や処罰、検断沙汰を取り仕切る役所であり、義宣の父義篤は幕府の侍所頭人に就任していた時期もあった[28]。鎌倉府ではその実態は詳らかではないが、高坂氏重や千葉満胤・兼胤・胤直などが就任したことがわかっている[29]。義宣が鎌倉府侍所頭人であった可能性を提起したのは、先述のとおり木下氏である。氏は以下の史料をその根拠としたのであった。

〔史料1〕左馬助某奉禁制（「円覚寺文書」南関四〇〇三）

　禁制

　　金陸寺

右、於当寺領、軍勢并甲乙人等不可致濫妨狼藉、若有違犯之輩者、可被処罪科之状、依仰下知如件、

| 内容 | 所蔵元 | 刊本 | 備考 |
|---|---|---|---|
| 鎌倉府の御教書を受けて小河郷を円覚寺寺家雑掌に沙汰付ることを承諾。 | 古簡雑纂 | 南関3857 | 南関3835、3836 |

| 内容 | 所蔵元 | 刊本 | 備考 |
|---|---|---|---|
| 高兄弟との合戦に関する感状。 | 千秋文庫所蔵佐竹古文書 | 南関1966 | 南関1951に対応するか |
| 円覚寺領小河郷内益戸常陸入道跡について同名常陸三郎の押領をやめさせ、下地の沙汰付をするよう指示。 | 常陸正宗寺文書 | 南関4180 | |
| 石河左近将監に、吉田郡平戸郷内平戸掃部助・同左衛門大夫入道等跡、島田村を沙汰付けるよう指示。 | 彰考館所蔵「石川氏文書」 | 室関85 | |
| 石河左近将監に、吉田郡平戸郷島田村内平戸中務少輔跡を沙汰付けるよう指示。 | 彰考館所蔵「石川氏文書」 | 室関712 | 室関711（足利満兼御教書）を受ける |

康暦二年（一三八〇）十月二日　　左馬助（花押）

史料1は、第一次小山義政の乱(30)終了後、鎌倉公方足利氏満が武蔵に滞在中、同国の金陸寺に出されたものである。金陸寺はすでに廃寺であり(31)、武蔵国内のどこに所在したか不明であるが、小山義政の乱時に氏満が在陣した村岡付近にあった可能性も指摘されている(32)。「依仰下知件」との書止め文言を見ると、当時の鎌倉公方足利氏満の命令を奉じたものであろう。この時期討伐軍の大将も各地で禁制を発給しているが、書止め文言は「状如件」であり、左馬助が大将ではないことは明らかである(33)。

その他、当該期の東国にて禁制発給の可能性はあるのは守護である。木下氏も指摘しているとおり、武蔵守護は関東管領である上杉憲方（かつ、この合戦の大将）であるが、同人は安房守であり、近親者や被官に「左馬助」であるものはいない。それ故、木下氏は「鎌倉府内で探せば佐竹義宣くらい」であり、父義篤が幕府侍所頭人であった由緒にも触れつつ、その権限を持つ者は侍所頭人であろうとしたのであった。

**表１　佐竹義宣 発給文書**

| No. | 西暦 | 和暦 | 月日 | 文書名 | 署判 | 書止文言 | 宛所 |
|---|---|---|---|---|---|---|---|
| 1 | 1377 | 永和３年 | ８月３日 | 佐竹義宣請文写 | 前伊予守義宣判 | 恐惶謹言 | — |

**表２　佐竹義宣・義盛 受給文書**

| No. | 西暦 | 和暦 | 月日 | 文書名 | 署判 | 書止文言 | 宛所 |
|---|---|---|---|---|---|---|---|
| 1 | 1351 | 観応２年 | ２月５日 | 足利直義感状 | 花押 | 状□件 | 佐竹左近将監殿 |
| 2 | 1383 | 永徳３年 | 12月25日 | 足利氏満御教書 | 花押 | 状如件 | 佐竹伊予守殿 |
| 3 | 1395 | 応永２年 | ３月28日 | 上杉禅助奉書写 | 沙弥（花押影） | 依仰執達如件 | 佐竹左馬助殿 |
| 4 | 1401 | 応永８年 | ４月４日 | 上杉禅助施行状写 | 沙弥（花押影） | 依仰執達如件 | 佐竹右馬頭入道殿 |

ただし、義宣は応安六年（一三七三）段階で伊予守（「国立公文書館所蔵花営三代記」南関三六八四）、永和二年（一三七六）段階では伊予前司である（「国立公文書館所蔵花営三代記」南関三八三九）。康暦二年に左馬助に戻るとは考えにくいのではなかろうか。

この「左馬助」について、『大日本史料』は、「頼印大僧正行状絵詞」[34]に「彦部左馬助」がいることをもって同人の可能性を指摘しており[35]、佐藤博信氏はこれに加えて、奉書型禁制であることをもって侍所のものとなし難いと判断している[36]。

「頼印大僧正行状絵詞」に登場する人物には実際に一次史料に見える者も多く、一定の信憑性があると思われるが、彦部氏の系譜も記載される「高階系図」[37]に「左馬助」は見当たらない。系図が一門全てを網羅しているとは限らず、系図に記載されない一流も存在しよう。ただ、そういった人物が果たして禁制を発給するに至るかは不明であり、「左馬助」＝彦部氏説も可能性に留まると言わざるを得ない。

なお、佐藤氏は鎌倉公方や上杉氏の家臣を扱った別の研究の中で、公方の右筆清氏や上杉氏の右筆力石氏が、主人の命令を受け「依仰下知如件」の書止め文言を持つ禁制を発給している事実を指摘している(38)。この点、同時代の右筆の動向としては、前述の「頼印大僧正行状絵詞」の中で、嘉慶二年(一三八八)段階の足利氏満の御教書について「清式部入道是清執筆云」とあり、実際の活動が知れる。佐藤氏によると、公方の側近である御所奉行はどの家も右筆を務めた可能性があるという。この点については、鎌倉府奉行人の総体的な解明を企図し全奉行人の検出を行った植田真平氏も、右筆は「奉行人全般と同義」としている(39)。

しかし佐藤氏が例示した御教書は禁制ではなく、現在のところ、同時代において奉行人による禁制発給の徴証は見出せないうえ、左馬助を名乗る奉行人も見当たらない。また、佐藤氏が挙げた「右筆の禁制発給」事例はすべて戦国期のものである。周知のとおり、公方が軍勢を催促し、集まった軍団を公方が指名した大将が率いるといった南北朝・室町期の体制と、戦国期における古河公方の軍事体制の状況は異なる。

よって、南北朝・室町期の奉行人たる右筆が御教書を執筆したり奉書を発給したりしていることをもって、戦国期における「右筆の禁制発給」を、南北朝・室町期に遡らせて考えることも慎重を期すべきであろう。

一方、幕府侍所の研究をした松井直人氏は、幕府侍所頭人の権限の一つとして禁制の発給を挙げ、十四世紀後半から見られること、その多くは将軍の意を奉ずる形式となっていたこと、十五世紀前半に奉書文言がない形式も見えることから、侍所独自に発給するようになったこと、などを指摘している(40)。

したがって、奉書式禁制は、侍所頭人が発給する禁制としては最も適合的な書式であり、奉行人＝右筆による発給でない場合、これに代わり有力な候補となるのが侍所頭人なのである。実際に、義宣の父義篤も京都において、一条以北の大宮郷雑役田に対する刈取を禁止する奉書式禁制を発給している(「山城大徳寺文書」南関二六三五)。

ところで、東国における同時期の奉書式禁制を検索すると、某左馬助のもの以外に次のものが挙げられる。史料1の検証は一度差し置き、こちらを見てみよう。

〔史料2〕前伊予守某奉禁制（「下総香取神宮所蔵本所古文書」[41] 南関四三〇八）

禁制

下総国香取社々領事

右於当所、軍勢并甲乙人等、不可致濫妨狼藉、若有違犯之輩者、可被処罪科之状、依仰下知如件、

至徳三年（一三八六）六月廿三日

前伊予守

（花押）

史料2は小山若犬丸の乱の際に出されたものである。場所を個別に指定しておらず、香取社領全体に渡って効力を発揮するような書きぶりとなっている。香取社領は織幡・小野・丁古など、香取社周辺に広がる、いわゆる香取一二郷が該当しよう[42]。氏満が乱の鎮圧のために鎌倉を発向したのは至徳三年七月二日であるから（「京都大学総合博物館所蔵烟田文書」南関四三二〇）、鎌倉にいる氏満に対して香取社が禁制を申請し、同じく在倉していた「前伊予守」が発給したと想定できるであろう。

この「前伊予守」の名乗りを考えれば、先の史料1よりも、こちらの方が義宣の官途と適合的である。他に当該期東国武士や香取社関係者の中に「前伊予守」は義宣以外には見えず、同人である蓋然性は高いのではなかろうか。繰り返しになるが、こちらも当時の幕府侍所頭人が採用していた奉書式の禁制である。またこの書式は佐藤氏が指摘した右筆による禁制のそれでもあるが、史料1の左馬助同様、当該期の公方や上杉氏の奉行人等で同官途を名乗る人物

が見出せなかった。

義宣の直近の官途は「伊予守」(「千秋文庫所蔵佐竹古文書」南関四一九八)であるが、すでに永和二年には「伊予前司」と呼称され(「国立公文書館所蔵花営三代記」南関三八三九)、翌三年の文書にも「前伊予守」と自称しているから(「古簡雑纂」南関三八五七)、書き手によって若干の表記ゆれがあると思われる。また、花押は左馬助義香段階(図1)とは異なる花押型(後掲写真2参照)であるが、義香段階の花押同様、足利様の形状であることは疑いなく、父義篤は三回、義孫義憲が二回改判していることを考えても、義香の改判を想定することはさほど困難でもなかろう。

これらから、図らずも木下氏の説のとおり、佐竹義宣の侍所頭人への就任が想定される。義宣は幕府侍所頭人であった父義篤の由緒を受け継ぎ、鎌倉府侍所頭人の地位にあったのではなかろうか。そうなると、史料2は、管見の限り初めての義宣発給文書の原本となる。

こう考えると、飛田氏が小田氏の乱時の義宣が討伐軍を派遣しなかったり、自ら出陣しなかったりしたことなどをもって「お茶を濁すような態度」を評価している背景がより整合的に理解できはしないだろうか。その理由に諸説はあるものの、足利氏満はこの合戦に出陣していない。したがって義宣自身も鎌倉にあって、その警固を行っていた可能性があろう。そう考えると、当時、義宣の行動は、守護としてのものよりも侍所頭人としてのもののほうが比重を占めていたと言える。

## 二　佐竹義盛の動向

### 1　侍所頭人就任の可能性

次に義宣の嫡子義盛の動向について考察する。

義盛は応永十四年（一四〇七）に四十三歳で死去するから、逆算すると貞治四年（一三六五）の生まれである。康応元年（一三八九）の義宣死去をもって、二十五歳でその家督を継承したと考えられる(43)。

前節では義宣の侍所就任を想定したわけであるが、この考えを前提とすると、幕府の侍所頭人がいわゆる四職を中心に持ちまわることや、後に鎌倉府侍所頭人になる千葉氏がその職を三代に渡り務めたことから、義盛も義宣からその地位を継承した可能性があろう。これを考える上で重要なのは、史料1の「左馬助」は何者であろうか、ということである。左馬助は、（前）伊予守＝義宣たりえず、他家に侍所頭人に就任する左馬助は想定できない。それでは、義盛の可能性はないだろうか。当時の義盛は数えで十六歳である。

ここで史料1及び史料2の写真を掲げる(44)。一見してわかる通り、両史料の筆跡は、一部崩し方が類似する部分はあるものの、基本的には異なっていると評価できるであろう。同一の家から出されたものと考えるのには無理があるとも思える。しかし、史料1を義盛が発給したと想定する場合、義宣は別個に活動していた可能性が高いから、むしろ右筆を共有していなかったとも考えられよう。

さらに写真から知り得る情報では、本文と花押が、同墨か異墨か、という点が挙げられる。というのも、もし署名と花押が同墨であれば、文書自体を署判者が書いた可能性が高く、それはこの花押の主が奉行人であることを示すこ

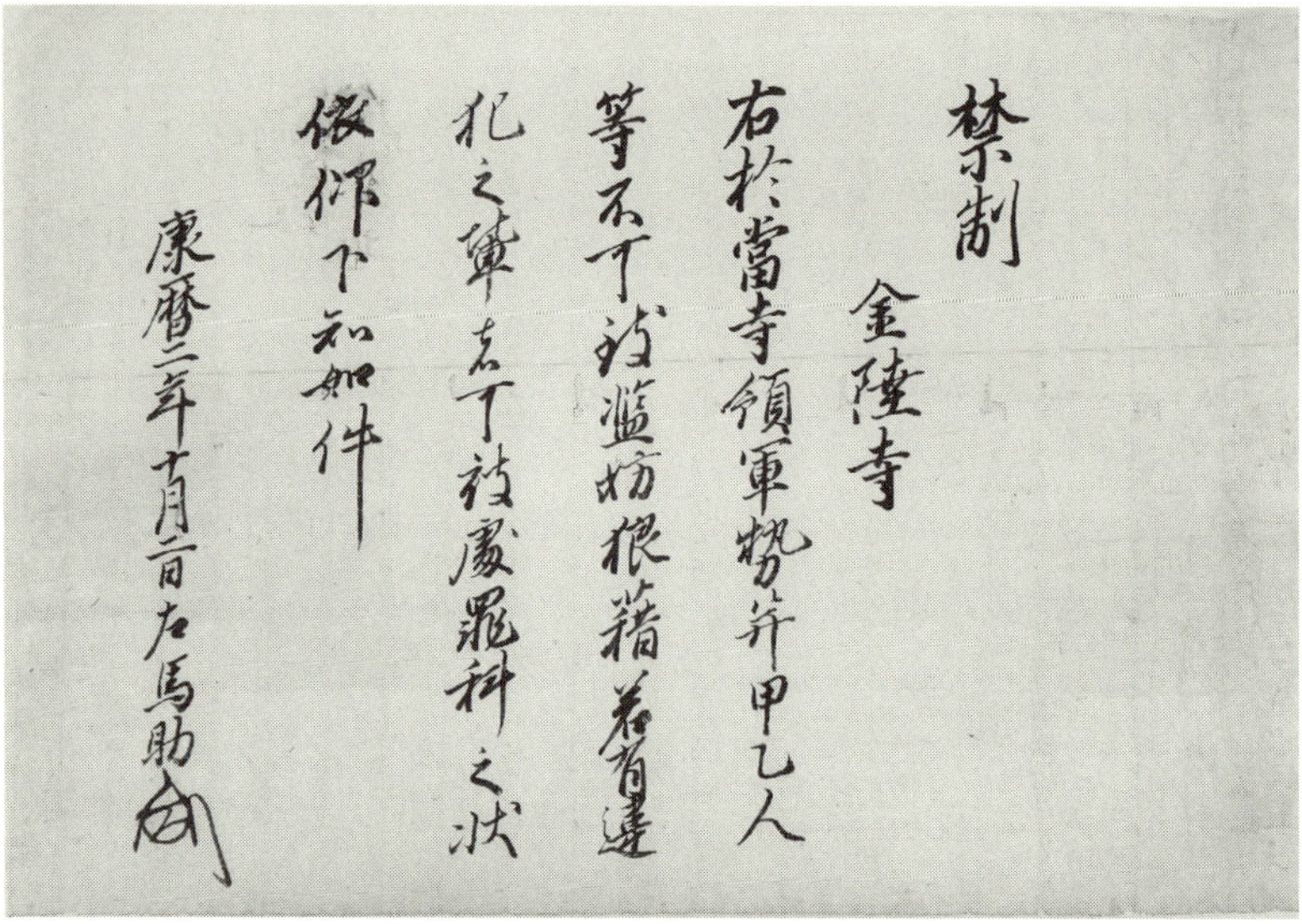

禁制 金陸寺
右於當寺領軍勢幷甲乙人
等不可致濫妨狼藉若有違
犯之輩者可被處罪科之状
依仰下知如件
康暦二年十月日 左馬助

写真１　左馬助某奉禁制（史料１）

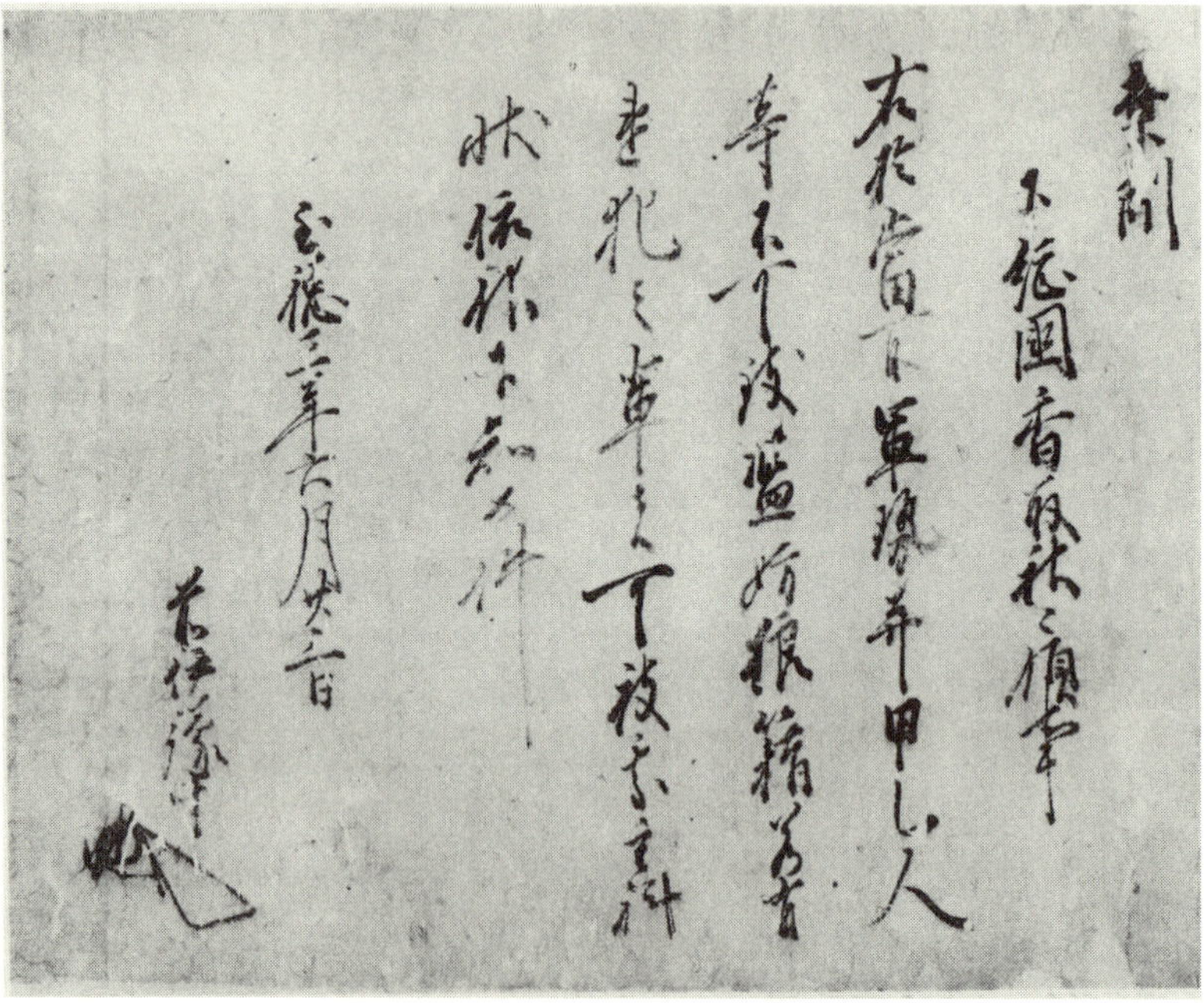

写真２　前伊予守某奉禁制（史料２）

とになるからである。左馬助＝奉行人説の復権である。この点、史料1は筆者が実見したところ、署名と花押では墨の濃淡に差があることは認められるものの、この差が墨の付け足しによって生じるものなのか、あるいは異墨なのか、ということについては、極めて判断が難しい。本来なら史料2も実見したいところであるが、現状それは叶わない。よって、現段階では本稿の問題関心に引き付け、左馬助＝佐竹義盛説の可能性を探っていきたい。

義盛は、応永二年段階では「左馬助」と呼ばれている。同官途は父義宣が家督継承時に十七歳で名乗ったものであり、史料1段階の義宣の年齢と近い。元服後のある時期から応永二年まで「左馬助」であった可能性が想起されよう。よって、史料2が出た時期も義盛は左馬助を名乗っていたと考えられるのである。ただ、史料1の人物が義盛であっても、当時、父を押しのけて侍所頭人であったとは考え難い。仮に佐竹氏が史料1段階から侍所頭人の家であったとしたら、頭人は義宣であろう。しかし、千葉氏の場合、千葉家当主胤直と弟胤賢が共に「侍所」と称されたり（「鎌倉大草紙」[45]）、所司代がその軍事行動を担ったりした事例は認められるから（「伝灯鈔」[46]）、何らかの事情で禁制を発給できなかった義宣に代わり、嫡男である左馬助義盛が禁制発給を行ったと考えることは充分に可能である。幕府侍所の所司代は頭人の家人が就任することが基本の形であるから、この時の義盛の立場は奉行人、寄人のような立場であろうか[47]。

以上、極めて状況証拠に頼った議論であるが、佐竹義宣の侍所就任を想定した場合、その子義盛も侍所に所属して、状況によってはその代官として活動したと評価できよう。

その場合、史料1は管見のかぎり唯一の義盛発給文書となる。

義盛がその後、侍所頭人になったかは不明であるが、他の就任は見られないため、その可能性はあろう。

## 2 佐竹義盛期の佐竹氏—義盛の後継者について

つぎに、侍所以外における義盛の動向について可能な限り検証してみよう。史料の少なさゆえ、もとより全体像の解明には至らないが、義盛の時期は、①その代替わりに際して記されたとされ、少なくとも成立が永正十四年まで遡る「康応記録」が存在する、(48) ②いわゆる「関東之八家」に選出される、③他の佐竹氏当主が常陸に菩提寺を有する中、鎌倉多福寺を菩提寺とする、④嫡男の不在により上杉氏から養子を迎える、など、極めて画期的なものであった。そのため、少しでもこれらに関する実態を明らかにすることが必要とされよう。とくに大きな出来事としては、何といっても上杉氏からの養子竜保丸の受け入れである。これをきっかけに佐竹の乱が発生すると評されていることを考えると、この竜保丸入嗣がその後百年の佐竹氏の動向を決定づけたと言ってよい。

しかし、この歴史的背景やその入嗣が決定した時期については、明確にわかってはいない。このため、系図や軍記等の記述が批判なく用いられてきたことも多い。よってこれまで用いられなかった史料も積極的に活用しながら、その背景について考察していきたい。

まず、義盛の守護としての動向を簡単に探りたい。受給文書二点(表2№3・4)を見ると、どちらも鎌倉公方の命令を奉じた関東管領上杉朝宗の奉書で、石河左近将監へ吉田郡内の所領における遵行命令を受けているものである。一次史料で追えるのはこれしかないが、父義宣の後継者として常陸守護としての動向が明確にわかる。

さて、既述の谷口氏の研究により、義盛はこのような守護としての動向の傍ら、鎌倉名越に多福寺を建立し、ここを菩提としたことがわかっている。またほぼ同時期に出家したことが想定され、一次史料から見る限り、応永二年段階に「左馬助」(「彰考館所蔵「石川氏文書」」室関八五)、同八年段階で「右馬頭入道」(「彰考館所蔵「石川氏文書」」室関七一二)であり、続く同十一年段階では「右馬権頭入道常盛」(「佐竹文書」乾、室関九一八)である。また『佐竹家譜』

にも義盛が応永六年に出家し、「右馬頭入道常盛」を称したとあり、谷口氏はこの説を採りつつも、その背景を公方氏満の死去にあったと評した。しかし、近時、以下のような史料が確認された。

〔史料3〕千手観音堂板碑銘(49)

大同元年王至千応永五年八月十日当五百九十二〔年抜カ〕也
聖主天中天
迦陵頻伽声
碑文殊師利〔菩〕菩薩
別当様　何師〔マ、律カ〕　勅何
千手寺
惣戒師釈辺架
大檀那　源沙弥(佐竹義盛)　常盛
證誠師大梵王
当別何阿闍何々
哀愍衆生者
大工録大輔平助安
我寺令救礼
小工平五郎何安
銀治興三良
応永五年戊寅十一月二十八日入仏　執筆筆資尊何
結行何―

史料3は、これまであまり注目されてはこなかったが、常陸国久慈郡金砂郷の千手寺に納められた板碑の銘文(写)である。これを見ると、応永五年段階ですでに出家していたことが確定する(50)。記録類以外で義盛の法名や出家の時期が明確になったこと、また何よりも義盛が発給(作成)した史料が確認できた意義は大きい。

これにより、出家の時期を応永六年とする『佐竹家譜』の記事は誤りであることがわかり、出家は応永五年十一月にまで遡ることが明らかになった。また、多福寺建立に見られるような鎌倉に軸足を置いた政治行動の一方で、義盛が本国常陸にも充分な差配を行っていたことがわかる点も貴重であろう。公方氏満の死去は応永五年十一月四日なので、[51]氏満の死去が出家の背景とする谷口説はむしろ補強された形になる。

　義盛の出家時の年齢は三十五歳である。祖父義篤の出家が早くても四十代後半であることや、[52]父義宣が四十四歳で死去するまで出家の形跡が見られないことを考えると、出家時期の早さが際立つ。足利氏満との繋がりが義盛の鎌倉府内での社会的地位を示唆していると言ってよい。それは、先に想定した鎌倉府侍所頭人就任や、この後における「関東之八家」選出と不可分の関係にあったのである。

　ただ、着実に鎌倉府内の地位を固めつつあった義盛にも一点の不安材料が存在した。嫡男の不在である。現状知り得る限り、義盛の子女は、寛正三年（一四六二）に五十八歳で死去したと言われる女子しかいない。この人物は『続群書類従』所収の「佐竹系図」[53]に「法名妙幸」「義憲室」「法号天徳寺甚山妙幸」と見え、あるいは「小瀬氏家蔵佐竹系図　全」[54]に「嫡女子一人」「甚山」などと出ている。没年から計算すると誕生は応永十二年、つまり義盛出家後、四十一歳の時の子である。

　さて、これまで義盛の出家の時期やその過程、子女について見てきたが、ここに一つ疑問が出来する。義盛は明確な後継者を定めないまま出家し、そして死去したのであろうか。そしてこれは上杉竜保丸入嗣と深くかかわる問題なのではなかろうか。なぜなら、佐竹の乱勃発のきっかけとして「義盛が後継者を決めずに没した」、「山入氏が義盛の弟義有を擁立しようとした」などの説は、近年の論考でも健在であるからである。[55]

　ではそもそも義有が義盛の後継者として擬せられたのであろうか。義有とは義盛の弟であり、「康応記録」には「義成弟男御曹子　後ニ粟ヲナノル、刑部大輔義有与云」とあり、前述の『続群書類従』所収「佐竹系図」にも「粟刑部大輔」とある。

ここから、義有は義宣の子息のうち、義盛以外の唯一の男子として「義成」を名乗っていたものの、その後に義有と名を変え、那珂西郡内にある粟を領していたことがわかる。これは義篤の子息等が所領を分与され別名字を名乗っていく様子と類似していよう。あるいは義成が義有を名乗り、粟を領し始めたのは義盛の宗家継承と同時期と見なせようか。

義盛の死去時、義有は存命であれば三十代後半か四十代に入ったばかりの年齢であったことになる。この点、嫡子のいない義盛の後継としては適任と言え、山入氏が擁立したとする先行研究にも頷ける。しかし周知のとおり、義有の動向は一次史料に全く見えず、右のとおり系図・記録類における記述がわずかにあるばかりで、佐竹の乱における動きも全く不明である。これは、擁立主体と言われる山入氏が応永後期の史料に盛んに登場するのとは対照的である。また、実際に幕府が常陸守護に推挙するのも山入氏である。(56)これはいったいどういうことなのであろうか。次の史料を見たい。

〔史料4〕正宗寺書上（抜粋、傍線引用者）(57)

末山　久慈郡随留村大沢山瑞龍院

一　此寺人王九十代後光厳院、康安元年辛丑、佐竹十代義篤建立、而増井村正宗寺第二世月山大和尚為開山也、

（中略）

末山　久慈郡馬場村梅香山少林院

一　此寺人王百二代五小松院応永二年乙亥、佐竹十三代義盛之実子、為義有御菩提建立、而月山大和尚為開山也、

これは、義盛の大叔父にあたる月山周枢が住持を務めた正宗寺に纏わる史料で、抜粋ではあるが末寺を羅列した部

分にあたる。この史料二つ目の一つ書きをもとにすると、応永二年の段階で、すでに義盛の弟である義有が死去していることがわかる。義盛が死去するのはこの十二年後になるから、義有がその後継者候補となったとするのは現実的ではない。史料4の性格上、この記述を全般的に信用することはできないかもしれないが、義有が義盛の死去より前に没していたとすれば、動向が追えないことも整合的に理解できよう。

もうひとつ、史料4で興味深い記述がある。箇所としては先の義有の部分と同じ部分であるが、そもそもこの項目は義有の菩提として久慈郡馬場村に正宗寺末寺の少林院が建立されたことに関するものである。(58) そしてその建立主体には「佐竹十三代義盛之実子」という記述があるのである。

先述のとおり、系図上ただ一人の子女である妙幸＝甚山はこの時誕生していなかったのだから、史料4を信ずれば全く別の実子の存在が確認されたことになる。これについても今まで指摘されてこなかったが、義盛の年齢を考えれば、四十一歳までまったく子供もいなかったと考えることはむしろ不自然で、実子が存在したことも想定できよう。ただ、系図にも登場せず、史料4にも名前ではなく「実子」とのみ記されるのは、仮にその存在が確認されたとしても、応永二年以降、早世した人物に違いない。(59)

しかし、この人物が嫡男であり、早世を免れていればその後の佐竹氏の行く末はまったく変わっていたであろうことを想定すれば、応永二年時の「義盛之実子」の意味は決して軽くなかろう。この実子の存在を考えると、義盛は死去するまで自らの後継者について決して無計画であったわけではなく、この実子の死去や嫡女の誕生により、上杉氏との交渉を含めて何らかの計画を持っていた可能性も否定できないのである。

### 3　佐竹山入氏登場の背景

次に、佐竹山入氏のことについて考えたい。義盛の養子招聘に対し、佐竹本家と対立したとされる佐竹山入氏は、竜保丸の入嗣段階から他の庶流と結託して、軍事行動を伴う反駁をしたのであろうか。

山入氏が稲木氏や額田氏・長倉氏などと共謀して、義憲の入嗣に反対し、応永十五年の入部の際は合戦が起きた、というのは『佐竹家譜』や『佐竹系譜事績略』(60)などに記されるもので、当時合戦が起こったことは、一次史料からはうかがい得ない。実際に佐竹氏の庶子の軍事行動が確実にわかるのは、応永二十四年の二月七日に起きた稲木城での合戦まで下る（「彰考館所蔵「石川氏文書」」室関一六五四）(61)。これは佐竹氏の一門稲木氏が、鎌倉府に攻撃されたものである。鎌倉府はその後同年四月十五日には、瓜連の長倉常陸介を降伏させ（「飯野家文書」室関一六一四）、さらに四月二十四日には、山県三河入道の城と先の稲木城を攻撃している（「彰考館所蔵「石川氏文書」」室関一六五四、「飯野家文書」室関一六一四）。時期的に上杉禅秀の乱に関係すると思われ、稲木・長倉・山県各氏が乱に与同した可能性は高い。ただしその原因は、これまで言われてきたような守護佐竹義盛の後継をめぐる合戦が原因であったかの確証はない。『鎌倉大草紙』などを見ると、山入氏も禅秀方として登場するが、この乱より前から本家と後継者問題で合戦していた証拠はないのは、稲木氏等と同じである。

すでに佐々木倫朗氏や杉山一弥氏が指摘するとおり、佐竹氏において初めて具体的に常陸守護のことが取り沙汰されていることが史料上確認できるのは、『満済准后日記』(62)応永二十五年の十月十二日項である。佐竹山入氏が同問題の関係者として初登場するのもここである。

つまり、応永十四年の竜保丸による佐竹本家継承から、約十年間、幕府が介入した守護問題が出るまで、常陸守護・当主をめぐる抗争は史料に見えないのである。そして、反義憲派の旗頭と目される佐竹山入氏もこの間まったく姿を現さない。このことは、これまで義憲の家督継承時に佐竹山入氏が一門と共に反対し軍事行動をとったとの定説を、再考する必要があることを示唆している。

これは応永二十八年足利持氏の書状からもうかがえる。持氏は「佐竹左馬助与庶子等確執事」について「任仰含之旨、相触面々」と二階堂盛秀に命じている(「喜連川文書「御書案留書」上」室関一九二九)。義憲と庶子等の「確執」は「仰含」ものであって、軍事的な処置を伴う段階との認識は持氏にもなかったのである。佐竹山入氏と鎌倉府・佐竹義憲との軍事的な対立が証明できるのは、応永二十九年十月である。これは鎌倉府から仕掛けたもので、佐竹与義は攻撃を受けたうえ自害しており(『喜連川判鑑』)[63]、これが翌年の常陸での合戦に繋がる。佐竹山入氏はこの時まで佐竹本家と武力抗争を行っていなかった可能性すらあるのである。これは与義が殺害された時は在鎌倉していたことからも想起できよう。守護＝当主問題はあくまで政治問題に過ぎず、鎌倉で攻撃されることを想定していないからこそ、与義は在鎌倉が可能だったのではないか。

ではなぜ、宗家と対峙してきた稲木や長倉を差し置いて、佐竹山入氏が守護候補に挙がるのであろうか。幕府がその背景を明示している史料は現状ないが、一つには宗家との血筋の近さが挙げられるであろう。佐竹山入氏の創設は南北朝初期であり、宗家から分流した佐竹山入初代の師義から見て、与義はまだ三代目である。研究上「山入氏」と呼称されることも多いが、当該期の史料では、「長倉」「稲木」と異なり、あくまで「佐竹」と呼称されることも、その社会的地位を物語る。もう一つは幕府との距離である。師義は、南北朝の合戦の際に足利尊氏に従い各地を転戦した。こういった佐竹山入氏の声望は、同氏を守護候補とする背景となったのではないだろうか。

しかし、翻って考えると、稲木・山県・長倉らの勢力は少なくとも禅秀与党ではあったのだから、当主問題で対立しなかったとしても、何らかの対立要因があったはずである。それは何か。すでに高橋裕文氏が紹介しているが、当時稲木氏の当主であったと思われる稲木常仙についての興味深い史料がある。瓜連常福寺の聖冏が申請した常福寺領に関する紛失状に係る一連の史料である（「常福寺文書」室関九五七〜九五九）。

紛失状とは、火災や盗難などにより、安堵や寄進など権利関係の書類が消失した際に作成されるものである。作成された紛失状は、従前の文書を無効化し、かつ公権力の承認を受けることで、従来の文書と同等の効力を持つ(64)。常仙は常福寺からの紛失の申請を受理し、「其旨承畢」と返答している。高橋氏はこれをもって、常仙が病身である義盛の守護職権を代行しているとし、それが故、竜保丸の入部の際に反対して軍事行動をしたと評価した(65)。

ただ、武家政権下における紛失状の発給は守護に限ったことではなく、周辺の地頭級の武家も発給事例がある。近いところだと、下総大須賀庄を支配する大須賀朝信が同庄内の大慈恩寺に紛失状を発給している（「大慈恩寺文書」室関二二七九）。当時の下総守護は千葉兼胤であるから、朝信は地頭としてこの文書を発給したことになる。後日、下総守護千葉氏も朝信の紛失状を承認する形で紛失状を発給しているから（「大慈恩寺文書」室関二二九二）、大須賀朝信が上申したか、大慈恩寺が守護である千葉氏にもその承認を求めたのであろう。

年月日と宛所は不明であるが、稲木常仙の書状にも、常福寺の申請内容の一部を何者かに「此旨可有御披露」とし、「重恐惶敬白」と結んでいるものがある。この宛所が佐竹本家の奉行所である可能性もあろう。少なくとも、稲木氏のみの判断で紛失状の処理が完結したとは断定できないことから、稲木氏が当該期に守護の職務を代行していたと判断することは難しく、紛失状も一領主として発給したものと思われる。

しかし、常福寺の文書には他にも不可解な部分がある。常福寺が紛失状の発給を申請した文書の日付は、年未詳であるものの三月六日であり、これに対して返信をしたと見える稲木氏の書状は応永十二年の三月六日なのである。申請から返信まで一年以上空くことは想定できないから、申請も同じく応永十二年にされた可能性が高い。そうすると、申請してから即日、稲木氏が返信したことを意味する。

常福寺のある瓜連は、佐竹の本領たるいわゆる奥七郡のひとつである久慈西郡内に位置するが、佐竹一門の血を引く稲木氏の本願地ともいうべく稲木村も奥七郡内の佐都西郡にあり、常福寺ともさほど離れていない。同日に文書を届けることは可能であろうが、紛失状を発給するにはある程度寺領の内実にも通じる必要があることを考えれば、稲木氏と常福寺は日常的にかなり近しい関係にあったのではなかろうか。これまで稲木氏が瓜連を支配してきた証拠はないが、当該期において稲木氏の力が同地にも及び、宗家と庶家の関係が悪化していた可能性もあろう。山入氏の影は見えないまでも、一族間での抗争の萌芽と見ることもできる。義盛は、こういった問題を鎌倉府との関係を背景に解決することを目途として、上杉氏からの養子を望んだ可能性もあるのである。

## おわりに

以上、本稿では南北朝・室町期の佐竹氏について、義宣・義盛を中心に考察した。その内容を簡単にまとめたい。

一では、当該期佐竹氏の受発給文書を提示、さらにこれまで比定が成されなかった史料2＝前伊予守某奉禁制の発給者を佐竹義宣と想定し、禁制の発給様式から義宣が鎌倉府侍所頭人であること、またこれが事実だとすると、史料2が管見の限り初の義宣発給文書の原本であることなどを見た。

二では、史料1の官途などから、義盛は父義宣とともに侍所の所員として勤仕し、その代官的な動向があったこと、史料1は管見のかぎり初めての義盛発給文書である可能性があることを指摘した。また史料3・4をもとに、佐竹の乱を招来した義盛の死去に際しての後継者問題に至る過程について考察を試み、粟義有はそもそも義盛の死去より前に没していたものの、応永二年段階には義盛の実子が存在していた可能性があること、佐竹山入氏らは上杉竜保丸の入嗣に対して当初より軍事行動をしていなかった可能性があること、一方で義盛段階から本家と稲木氏等有力諸家の関係は微妙になっていた節があり、これが上杉氏からの養子招聘や禅秀の乱における本家—庶家の分裂につながった可能性があること、などを見た。

その際、これまで必ずしも佐竹氏と関連して論じられてこなかったり、注目されてこなかったりした史料をもとに、本稿では敢えて踏み込んだ解釈を行った。少々議論が上滑りした感も否めないところであるが、「はじめに」でも述べたとおり、史料の少ない時代の研究を進めるための橋頭堡と考えたい。

とはいえ、散発的な議論に留まり、全体を包括した議論はできていない。当該期の佐竹氏に関する新史料の確認とさらに緻密な解明を今後の課題をしつつ、擱筆したい。

註

（1）福島正義「東国における戦国大名領の成立過程—常陸国、佐竹氏の場合—」（『史潮』七一、一九六〇年）。

（2）志田諄一「佐竹氏の領国経営—当乱相違地をめぐって—」（『歴史手帖』一〇—三、一九八二年）。

（3）『常陸太田市史』通史編上（江原忠昭執筆分、一九八四年）など。

（4）日暮冬樹「常陸佐竹氏の権力確立過程」（『国史学』一六三、一九九八年）。

（5）佐々木倫朗「佐竹義舜の太田城復帰と「佐竹の乱」—戦国期権力佐竹氏研究の前提として—」（『戦国期権力佐竹氏の研究』思文閣出版、二〇一一年、初出一九九八年）。

（6）山川千博「東国の戦乱と「佐竹の乱」」（高橋修編著『佐竹一族の中世』高志書院、二〇一七年）。

（7）本間志奈「佐竹義人（義憲）についての基礎的研究」（『法政大学大学院研究紀要』七五、二〇一五年）。
（8）松本一夫「常陸国における守護及び旧属領主の存在形態」（『東国守護の歴史的特質』岩田書院、二〇〇一年、初出一九九〇年）。
（9）中根正人「常陸国における遵行」（黒田基樹編著『鎌倉府発給文書の研究』戎光祥出版、二〇二〇年）。
（10）杉山一弥「室町幕府と常陸「京都扶持衆」」（『室町幕府の東国政策』思文閣出版、二〇一四年）、同「室町幕府と下野「京都扶持衆」」（同、初出二〇〇五年）。
（11）佐々木倫朗「応永期常陸国の守護補任をめぐる一考察」（『日本史学集録』三八、二〇一七年）。
（12）本稿に関わるものとしては、新田英治「中世文献報告（一）」（『茨城県史研究』五一、一九八三年）、同「中世文献報告（二）」（『茨城県史研究』五二、一九八四年）。
（13）寺崎里香「南北朝の動乱と佐竹氏」（高橋註（6）編著『佐竹一族の中世』）。
（14）高橋註（6）編著『佐竹一族の中世』。
（15）佐々木倫朗編著『常陸佐竹氏』（戎光祥出版、二〇二一年）。
（16）佐々木倫朗・千葉篤志編著『戦国佐竹氏研究の最前線』（山川出版、二〇二一年）。
（17）谷口雄太「室町期東国武家の「在鎌倉」―屋敷地・菩提寺の分析を中心に―」（『第八期大三輪龍彦研究基金研究報告』二〇二〇年）。特に断らない限り、本稿における氏の説はすべてこれに拠る。
（18）飛田英世「義宣（義香）期の佐竹氏―その姻族と小田孝朝の乱―」（『茨城県立歴史館報』四八、二〇二一年）。本稿における氏の説はすべてこれに拠る。
（19）『喜連川判鑑』（『史籍集覧』一八）。

(20)　木下聡「鎌倉府の諸機関」（黒田基樹編著『足利満兼とその時代』戎光祥出版、二〇一五年）。

(21)　この点に関しては清水亮「鎌倉府と『関東之八家』（『関東八屋形』）」（黒田註(20)編著『足利満兼とその時代』）を参照のこと。

(22)　原武男校訂『佐竹家譜』上・中・下（東洋書院、一九八九年）。本稿で同家譜を参照する場合はすべてこれに拠る。

(23)　新田註(12)「中世文献報告(二)」より転載。

(24)　『南北朝遺文　関東編』第一巻〜第七巻（東京堂出版、二〇〇七〜二〇一七年）、『室町遺文　関東編』第一〜五巻（東京堂出版、二〇一八〜二〇二二年）。

(25)　松本註(8)論文。

(26)　この問題についての詳細は、駒見敬祐「応安大火後円覚寺造営における室町幕府と鎌倉府」（『鎌倉』一二四、二〇一八年）を参照のこと。

(27)　これに関しては、湯浅治久「お寺が村をまるごと買った話―中世村落における末寺の形成―」（『中世東国の地域社会史』岩田書院、二〇〇五年、初出一九九八年）、高橋裕文「室町期円覚寺造営料所化と常陸国小河郷地頭・百姓の闘い―「指出」と年貢契約との関連について」（『茨城大学人文研究』三、二〇一一年）、植田真平「公方足利氏満・満兼期鎌倉府の支配体制」（『鎌倉府の支配と権力』校倉書房、二〇一八年、初出二〇一四年）、中根正人「鎌倉後期〜南北朝期　小河益戸氏の動向と系譜関係」（『鎌倉』一二八・一二九、二〇二〇年）など研究蓄積が多数あるが、今回は本論から反れるので詳述はしない。

(28)　幕府侍所頭人の歴代については、今谷明「増訂　室町幕府侍所頭人並山城守護　付所司代・守護代・郡代補任沿革考証稿」（『守護領国支配機構の研究』法政大学出版局、一九八六年、初出一九七五年）を参照。

(29) 木下註(20)論文、拙稿「室町期における下総千葉氏の動向―兼胤・胤直・胤将―」(『千葉史学』六六、二〇一五年)など。
(30) 小山義政の乱の概要については、拙稿「小山氏の乱」(黒田基樹編著『足利氏満とその時代』戎光祥出版、二〇一四年)を参照のこと。
(31) 金陸寺に関しては、山家浩樹『分散した禅院文書群をもちいた情報復元の研究―二〇〇七～二〇〇九年度科学研究費補助金基盤研究(C)研究成果報告書』(二〇一〇年)を参照のこと。
(32) 佐藤博信「鎌倉公方足利氏満祈祷御教書について―「特に天子御代官」の視点から―」(『鎌倉遺文研究』四三、二〇一九年)。
(33) 同時期の合戦中に禁制を発給したのは上杉憲方・朝宗・木戸法季(「常陸法雲寺文書」)であるが、これらのどの筆跡とも異なっている。なお三者の筆跡は土浦市立博物館編『戦国武将小田氏と法雲寺』(二〇一一年)にて確認。
(34) 『群馬県史』資料編六(一九八四年)。
(35) 東京大学史料編纂所ホームページ「大日本史料データベース」による。
(36) 佐藤註(32)論文および、同「鎌倉公方足利氏満と下野小山義政の乱―特に足利氏満文書三通をめぐって―」(『千葉大学 人文研究』五〇、二〇二一年)。
(37) 『近代足利市史』第三巻 史料編(一九七九年)。
(38) 佐藤博信「古河公方の右筆について―清氏のこと―」(『中世東国の支配構造』思文閣出版、一九八九年)。同「上杉氏奉行人力石氏について」(同、初出一九八八年)。
(39) 植田真平「鎌倉府奉行人の基礎的研究」(植田註(27)書、初出二〇一二年)。

(40)　松井直人「室町侍所と京都」（『ヒストリア』二六五、二〇一七年）。
(41)　本所古文書については、鈴木哲雄「社家文書としての香取文書」（『香取文書と中世の東国』同成社、二〇〇九年、初出一九九六・一九九七年）参照のこと。なお、同文書群内に元応二年三月二十八日付けで千葉氏に対して神祭物の催促を行う「伊予守」が見えるが（「香取神宮文書」一五号、『千葉縣史料』中世篇 香取文書、一九五七年）、「前伊予守」との関係は不明である。
(42)　鈴木哲雄「中世香取の風景」（『千葉県の歴史』通史編中世、第一編第二章第四節、二〇〇七年）。
(43)　「康応記録」（佐々木倫朗編「常陸佐竹氏関係史料」〈佐々木註(15)編著『常陸佐竹氏』〉）には、義宣が死去した康応元年は「義盛七之御時」とあるが、他の史料と異なる。この点は「康応記録」の成立背景とも関連し大変興味深いが、本論と趣旨が異なるため検討はしない。
(44)　写真1については筆者撮影。閲覧・撮影・掲載に際しては円覚寺および鎌倉国宝館に特段の御厚意をいただいた。改めて御礼申し上げる。写真2に関しては、澤田總重編『香取神宮古文書集影』（香取神宮、一九三六年）より転載した。
(45)　『埼玉県史』資料編8（一九八六年）。本稿で同史料を参照する場合はすべてこれに拠る。
(46)　『日蓮宗宗学全書』第一八巻。
(47)　今谷註(28)論文。なお、同所収の幕府侍所頭人の表を見ると、京極氏が頭人を務める際の奉行人として、京極名字の者が幾人か検出できる。
(48)　泉田邦彦「『康応記録』成立と伝来について」（『常総中世史研究』五、二〇一七年）。
(49)　東京大学史料編纂所ホームページ「史料目録データベース」による。史料3・4はともに五十嵐雄大氏の御教示による。記して拝謝す。

(50) 谷口氏ご本人のご教示による。
(51) 「東州雑記」(佐々木編註(43)「常陸佐竹氏関係史料」)。
(52) 義篤は五十二歳で死去する康安二年(一三六二)段階では出家し、浄喜を名乗っているものの(「秋田藩家蔵文書七大山弥大夫義次幷組下院内給人家臣家蔵文書」南関二九八六)、その七年前の文和四年(一三五五)段階では「右馬権頭義篤」を名乗っているので(「秋田藩家蔵文書四十八城下諸士文書」南関二六五〇)、この間に出家したのであろう。
(53) 「佐竹系図」(『続群書類従』第五輯上)。
(54) 佐々木編註(43)「常陸佐竹氏関係史料」。
(55) 本間註(7)論文、山川註(6)論文など。
(56) 佐々木註(11)論文。
(57) 「正宗寺書上」(『大日本史料』第七編之四、東京大学出版会、一九八六年)。
(58) 少林院については、戦国期を対象としたものであるが、冨山章一「正宗寺末寺少林院と岡本氏」(茨城県郷土文化研究会『郷土文化』五三、二〇一二年)がある。
(59) 本文中で後述するが、瓜連常福寺の紛失状に関する上申文書(「常福寺文書」室関九五九)と思われる稲木常仙の文書の中に、「仏供田左馬太郎御恩之跡…」との記述が見える。ここから「左馬太郎」なる人物が常福寺に仏供田を安堵したことがわかる。常福寺は、佐竹氏の本拠太田城の近隣にあることから、左馬太郎は佐竹一族の可能性が高い。また、常福寺は佐竹義篤の時代に建立され、当該文書は状況から考えて、上杉禅秀の乱以前、応永十二年からさほど下らない時期であることを考えると、左馬太郎の候補は、左馬助を名乗った佐竹義宣と義盛であるが(義篤は左馬助を名乗っていない)、どちらも太郎と名乗ったことは記録にない。そうなると、詳細不明の佐竹「左馬太郎」が浮かび上がるのである。この人物が義盛の実子かは慎重に検討せねばならないが、系図に登場しない一族の存在は常に想定し得るものであろう。

(60) 東京大学史料編纂所ホームページ「史料目録データベース」による。

(61) このあたりのことは拙稿「禅秀与党の討伐と都鄙和睦」（黒田基樹編著『足利持氏とその時代』戎光祥出版、二〇一六年）を参照。なおそこで稲木・長倉・山県らを「山入佐竹系諸族」としたが、こういった表現にも慎重になるべきであろう。また、「飯野家文書」（室関一六一四）における「佐竹凶徒」は、文中の長倉・山県の総称と言えよう。

(62)『満済准后日記』（『続群書類従』補遺一、満済准后日記上）。

(63)『喜連川判鑑』註(19)『史籍集覧』十八。

(64) 紛失状についての理解は、佐藤進一『新版　古文書学入門』（法政大学出版局、一九九七年）を参照のこと。

(65) 高橋裕文「室町期「佐竹の乱」の展開と実態―上部権力と在地勢力の関わり―」（『中世佐竹氏の研究』青史出版、二〇二〇年、初出二〇〇〇年）。

【付記】　本稿で取り上げた史料1の「左馬助」について、近日刊行された『新　府中市史　中世通史編』（二〇二三年十二月）の「第三章　南北朝・室町時代」（植田真平氏執筆分）では、「公方に近い鎌倉府の高官である可能性が高い」とする。

また、〔史料3〕は近日刊行された『室町遺文　関東編』第六巻（東京堂出版、二〇二四年）の四五八九号に掲載されるとともに、五十嵐雄大「久慈郡千寿村千手観音堂棟札写について」（『常総中世史研究』一二、二〇二四年）にて紹介された。

さらに、近日公開された常陸太田市天神林町文殊院蔵「大般若経」からは、鎌倉府と佐竹氏宿老小野崎氏の関係がうかがえ、これが竜保丸の擁立の背景となった可能性があるが(高橋修著・茨城史料ネット編『経典が語る常陸奥郡の中世』(常陸太田市教育委員会、二〇二四年)、本稿ではこれまでの内容から、最終的な決断は義盛自身が存命のうちにしたと捉えたい。

# 和田昭為の佐竹氏出奔と復帰

佐々木　倫朗



## はじめに

戦国期の佐竹氏に関する研究の課題として、当該期の政治情勢の分析と共に、権力編成の分析の深化が求められている。従来の佐竹氏の権力編成の分析は、市村高男氏の分析の成果を受けて[(1)]、東・北・南家を中心とした一族層の分析を中心として進展してきた[(2)]。一族層の活動が顕著にみられることが、その分析が進展した理由であるが、佐竹氏の権力編成を考える上で、権力を担った家臣層の分析も欠かすことはできない。

佐竹氏の家臣層の研究としては、先の市村氏の研究を受けてさまざまな蓄積が行われているが[(3)]、未だ十分な分析が行われていない状況であると思われる。とくに佐竹氏の権力中枢を担った家臣層に関する分析が充分でなく、課題といえる。その中で、近年千葉篤志氏により「和田昭為の政治的位置に関する一考察―文禄期以前を中心に―」[(4)]が発表された。千葉氏は、発給文書の整理を通じた丁寧な分析を行って昭為の戦国期の活動を明らかにしている。和田昭為に関しては、藤木久志氏が豊臣政権期の活動に注目しているように[(5)]、佐竹氏の権力の中核を担った存在である。そのため、昭為の事蹟を明らかにすることは、佐竹氏の権力構造・権力編成の分析に重要な意義を持つと考えられる。本稿では、千葉氏の成果に学びながら、とくに昭為が戦国期に行った一時的な佐竹氏からの出奔、そして復帰という事態を中心に分析を行い、その背景や佐竹氏内部の構造について考えていくことにしたい。

和田昭為の事蹟に関しては、詳しくは千葉氏の成果によるが、論の構成上で必要最低限について言及しておきたい。昭為は、石井為忠の子として享禄四年(一五三一)に生まれ、和田為秀の養子となり、佐竹義昭が当主であった段階から活動した人物で、天文年間後半から永禄年間前半にかけて政治的地位を上昇させ、当主の文書に対する副状の発給や奉書を発給する等、佐竹氏の意志決定に深く関与する立場になっていた。

とくに永禄七年(一五六四)と考えられる江戸忠通書状写[6]には、「今度小田於御陣中、其方御進退之儀、一途有意趣、上意被仰出候、誠以目出度、肝要至極候」とあり、佐竹義昭から地位を高められた形跡を確認できるので、昭為は、永禄七年以降は佐竹氏の重臣層の中でも筆頭ないしそれに準ずる地位にあったと考えられる。

そのような昭為ではあったが、元亀二年(一五七一)に佐竹氏を出奔して逃れ、昭為の子息等は処罰として殺害されるのだが、天正二年(一五七四)正月に復帰を果たしている。佐竹氏の中核を担った昭為が一時的にも佐竹氏を離脱した事態は、その前後に佐竹氏内部において何らかの権力闘争や路線対立が生まれていた可能性を示唆する。そのため、当該期の佐竹氏を考える上で、その事情は、解明されなければならない課題である。以下、本稿ではこの出奔・復帰をめぐる背景や事情について検討していきたい。

## 一　和田昭為の佐竹氏出奔

### 1　昭為の佐竹氏出奔の時期

和田昭為の出奔・復帰の事情について検討する前に、まず和田昭為の出奔の時期について再検討してみたい。千葉篤志氏は、元亀二年（一五七一）七月十二日付佐竹義重知行充行状写(7)と、同年と考えられる年未詳七月十二日付の義重書状写(8)に基づいて、元亀二年七月に昭為が出奔したと指摘している(9)。前者は、現在の常陸大宮市域と考えられる「部垂之内」の和田昭為と関係の深い野上氏の所領と、昭為と考えられる「あわのかミ」の家臣の屋敷を併せて、根本里行に与える文書である。また後者は、和田昭為の「逆意」が「顕形」（明らかとなったこと）を受けて赤坂宮内大輔に内々に申し合わせたところ、宮内大輔が対応してくれたことの謝意を表している文書である。そのため、千葉氏の指摘通り、両者を合わせて元亀二年七月の段階で昭為が佐竹氏を出奔していた事実を確認することができる。

しかし、七月に先立って、昭為の出奔に関係すると考えられる以下の二つの史料が存在する。

〔史料1〕(10)

当口就在留ニ預音問、祝著之至候、仍和安（和田昭為）進退之儀、為可申合罷越候、対太田申、一点無沙汰不存候、爰元承届候上、明日太田へ罷帰、様躰可申合由存候、定而可被届聞召候由存候、然而盛氏（蘆名）昨日廿四白河へ被打越、先衆新地へ打著之由、従境申来候、至于事実者資胤（那須）も其地武茂へ可被及行由存候、不可有御油断候、従何これ（マヽ）祝著之至候、恐々謹言、

追啓、御老父へも其後不申通候、御床敷由申度候、

四月廿五日　　　　　　　義斯（花押）

松次江（松野資通カ）

〔史料2〕(11)

如来簡、和田安房守聊侘言之旨候而、在郷江罷越之由候、別而無子細候、爰元於様躰者、各可申越候、其口境目

無油断御取扱専一候、恐々謹言、

卯月十八日　　　　　　　義重

赤坂宮内太輔殿

史料1は、佐竹氏の有力一族佐竹義斯が、寺山（福島県棚倉町）ないし羽黒（福島県塙町）周辺と考えられる「当口」に滞在していたところに、栃木県那珂川町を本拠とする松野資通から連絡を受け、自身が「和安」（和田昭為）の「進退」について話し合うために来訪していた旨を伝え、事情や様子を確認した上で翌日に佐竹氏の本拠太田へ戻って相談すること、また義斯が伝える事情ないし説明に義重が同意するであろうことを伝えた文書である。この文書は年記を欠くが、蘆名盛氏・那須資胤の動向や昭為の動向を確認する内容から考えて、元亀二年と考えてよいと思われる。

史料1は、四月二十五日段階で昭為の身柄に関する処置が問題となっており、義斯がそのための相談や情報・意見聴取のために南郷(12)周辺を来訪していたことを示す。そのため、四月下旬の段階で昭為に対する処置が問題化していることが窺える。

また史料1の七日前に出されたと考えられる史料2は、義重が赤坂宮内大輔に、昭為が何らかの「侘言」があって「在郷」へ赴いたことを伝え、そのことについては特にさしたる事情がないことを伝えている内容である。昭為の願

い事を意味する「侘言」のために「在郷」に赴いたという文言は、昭為の出奔を想起させる文言であり、出奔の行為自体が四月十八日より以前に行われたことを示唆している。そのため、昭為の出奔は、史料1と2から元亀二年四月中旬以前に行われたと考えるべきものと思われる[13]。

四月中旬の昭為の出奔という事態の発生から七月まで充行等の実施が遅れた事情を考えると、出奔という行為自体が、佐竹氏を退去することを意味し、その理由や事情が周囲に不明であったことが理由として考えられる。史料1にあるように、昭為の「進退」を話し合うために義斯は南郷に赴いており、行為や事情の確認を行った可能性が高い。そのため、出奔に対する処置が遅れたものと思われる。

また昭為の出奔について江戸期に記された「和田昭為伝聞書[14]」には、「義重公昭為ガ退タルコトヲ聞シ召テ反逆実タリト、昭為カ男嫡子兵部行年廿二歳・二男彦十郎行年廿歳・三男善九郎行年十五歳ヲ北義斯ニ預ケテ後令誅之」と記され、昭為の退去＝出奔を知った義重が、昭為の子息達を義斯に預けた後に殺害したことが記されている[15]。文言に「後」とあるように、子息達への処罰は一定期間をおいた後で行われた。おそらくは、前述の出奔という事態への確認・調査等を行った後に判断が下されたと考えられるので、一定の期間を経た後に充行や子息殺害等も含めたさまざまな処置が行われものと思われる。そのため、和田昭為の佐竹氏出奔という事態は、四月中旬以前の昭為出奔を受けて、七月十二日前後に最終的な処分が行われたと考えるべきものと思う。

## 2　和田昭為出奔の事情

この項では、昭為が出奔に至る事情について考えていきたい。これについては、先に上げた「和田昭為伝聞書」（以下、「伝聞書」と略す）には、以下のように記されている。

〔史料3〕(16)

會津ヨリ和談ノ事ヲ昭為ヘ内々通ルコトアリ、然ルニ何儀カ會津ヨリ望ム事ニ昭為難用コトアリテ相談ノ使往反及数度、此ノ内會津ヨリ音物モアリシト也、然ルニ昭為　義篤公ヨリ　義重公マテ三代ノ奉仕ト云、　義昭公ノ代ヨリ執事ナルニヨリテ　君ヲ心易ク思フ処モアリ、且実事ヲ内々定テ可及披露トヤ思イケン、其事ヲ　義重公ノ不入尊聞、此時斯忠昭為カ敵ニ内通シテ反逆ヲ企ルト云コトヲ以テ義久ヲシテヒソカニ　義重公エ奉通、其折節ニ昭為江戸氏カコトヲ執成シテ　義重公ノ心ニ逆コトアリ、依之　義重公昭為ヲ押テ其実否ヲ正サント北又七郎義斯ニ命ス、于時流言シテ昭為可被討コト急ナリト大田ノ城下驚動ス、

要点を記すと、会津の芦名氏から内々に昭為に対して和平交渉の提案があり、これに対して昭為は数度にわたる交渉を行い、進物も受領していた。そして、その交渉について昭為は、義篤(義昭の誤り)から義重まで仕えてきたことによって自信過剰となってしまって交渉や交渉内容を義重へ伝達せず、内容が定まった後に伝えようと考えていた。その時に車斯忠が、酒出(のち佐竹)義久を通じて義重に昭為が芦名氏に通じていて反逆を企てていると讒言した。そして、その時期に前後して、江戸氏に関しても義重と昭為の意志が対立することがあり、義重は、昭為の身柄を押さえて実否を究明しようと佐竹義斯に指示したところ、そのことが昭為誅伐の噂となって太田城下に流布したことが記されている。後の箇所は省略しているが、誅伐の噂を聞いて昭為は出奔するに至ったと記している。

「伝聞書」は二次史料であるため事態の内容をそのまま捉えることはできないが、「伝聞書」は、永禄後期以降に南奥に大きな影響力を持つようになっていた会津の芦名氏との交渉の問題が出奔の背景となったことを示唆している。その交渉が実際に存在したのかは確認できていないが、「伝聞書」で出奔の原因となった昭為が義重に交渉を伝えずに内々に芦名氏と連絡をとる交渉のあり方について興味深いことを示唆するのが、以下の史料である。

〔史料4〕(17)

起請文之事

一、此度以御内者御悃切、殊更義重所へ無御別条由被仰出候、御無用ニ奉存候、如此上ハ公・内共無偽可走廻事、

一、長尓於自分対御当方不可奉存別心候、向後之事者別被取調可ねし文可申候由事、若偽候者、、

上者梵天・帝尺・四大天王、下ハ堅牢地神、惣而日本国中大小神祇・熊野三所大権現・当国鹿島大明神、別而当社八幡大菩薩・天満大自在天神・摩利支尊天、則可蒙御罰候也、仍如件、

永禄九年九月九日

和田掃部助

昭為　華押　血判

白川殿

御舘江

史料4は、白川氏に対する昭為の起請文写であるが、内容として一条目は、白川氏がその「御内者」（家臣）を通じて懇切に義重に対して別条ないことを連絡してきたことを無用とし、この上は、「公・内」共に白川氏に対して偽ることなく働くことを約束するものである。また二条目は、昭為が白川氏に対して別心なきことを誓った内容である。

史料4は、佐竹氏と白川氏の良好な関係の中で作成された文書であるが、注目できることは、この起請文で昭為が白川氏から義重に対する連絡を意味する「仰出」を無用と判断していることである。「仰出」を無用と判断した主体は、文言上では他者の意志の存在を確認できないため昭為個人の判断と解釈すべきである。そのため、白川氏との交渉過程において和田昭為は、一定の政治的判断を下す存在であったことがわかる。(18)また二条目では、昭為自身が外交

交渉の相手に対して別心なきことを誓っているので、独立した意志を持つ存在として白川氏と交渉していると理解できる。併せて、永禄後期における昭為が自らの判断で外交交渉において判断を下すことのできる政治的地位にあったことが窺える。(19)

そして、史料4に示される昭為が、他の領主権力との外交交渉において一定の政治的判断を下していた事実は、先にみた「伝聞書」の芦名氏との外交交渉において、交渉や交渉内容を自己の下に留めて義重に伝達しなかったという記述に説得力を持たせる事実であるように思われてならない。「伝聞書」は、昭為が芦名氏との交渉において準備段階で何回かの交渉を行い、そのことを讒言されたとするのだが、史料4から読み取れる昭為の行動を併せて考えれば、対立する存在から事実を歪曲して捉えられて攻撃された結果として考えることも充分に可能なように思われる。

そのように考えると、昭為の出奔は、それのみとは断定できないが、佐竹氏と他勢力との外交交渉の過程の問題を理由として生じたと考えることができる。

## 3　和田昭為出奔の背景

ここでは前項を受けて、和田昭為が出奔に至る佐竹氏をめぐる外交関係について考えてみたい。昭為が出奔する前後における外交において注目できるのが、元亀二年六月下旬に行われた佐竹義重の「岩城仕置」(20)である。これは、義重自身が現在のいわき市平に赴き、「鶴菊丸若輩之間、兎角之儀に候者、義重可及催促候」と、岩城常隆が若輩のため「建徳寺幷善門寺」の権益を保障したり(21)、岩城氏の一族船尾氏と窪田氏の相論を裁定したり(22)する等、領主権を代行した事実を指す。これについては、事態としては岩城親隆の病のために発生したと考えられ、先行研究によってさまざまな解釈が行われているが(23)、佐竹義重が岩城へ赴いて領主権を行使することは、当該期の岩城氏との関係が佐竹氏優位の関係にあることを示す象徴的な行為であった。その意味で、義重による「岩城仕置」は、岩城氏のみならず南奥全域における外交関係に大きな影響を与える事態であったと考えられる。

また「伝聞書」に昭為を讒言した人物として記される車斯忠[24]の名字の地として考えられる車の地は福島県いわき市と接する茨城県北茨城市に所在しており、車氏は、その地理的関係から岩城氏との接点を持っていたものと思われる。また一族の者が岩城氏に従属していた伝承[25]等があることから考えて、車氏と岩城氏は密接な関係を持っていたと考えられる。そのため、斯忠は、岩城・佐竹氏間の交渉についてその関係から独自の意見を持つ存在であった可能性がある。このような時期的な符合や人的関係を考えれば、佐竹義重による「岩城仕置」に関わる事柄が昭為の出奔の背景であった可能性を指摘できる。

そして、また昭為出奔の影響に言及すると、昭為出奔に対する処置が行われた七月十二日に前後して芦名盛氏が七月七日に出陣し、八月より南郷において軍事行動を行い[26]、佐竹氏との間の戦闘が激化する。そして、九月には芦名・那須・白川氏の三者同盟が成立し[27]、南郷を中心として佐竹氏をめぐる情勢が緊迫感を増している。このような情勢をみると、佐竹義重による「岩城仕置」をめぐる問題や、芦名・白川・那須氏との南郷をめぐる激しい攻防が行われる等、昭為出奔の前後に外交関係が大きな変化を見せていることがわかる。そのため、前項で確認したように佐竹氏をめぐる他の領主権力、とくに岩城氏を中心とする南奥の領主権力との交渉や関係変化の中で、昭為が義重とその周囲の意向と対立する場面があり、出奔することになったと考えるべきものと思う。

## 二　和田昭為の佐竹氏復帰

### 1　佐竹氏帰参

ここでは、和田昭為の佐竹氏復帰について検討していきたい。佐竹氏を出奔して以降の昭為の動向に関しては、暫くの間は確認できる一次史料がない状況である[28]。昭為が、出奔後に一次史料上で確認できるのは、出奔から二年後の天正元年（一五七三）の以下の史料である。

〔史料5〕[29]

昭光本意之儀、朝川太和守走廻可有之由承候、不及是非忠信、因之地形之事、被致詫言候歟、尤太田和・小貫速ニ相任候、殊和田安房守踞所白石之儀承候、何篇其方意見之外、不可有之候、此儀偽候者、八満〔幡〕大井可蒙御罰候、恐々謹言、

（天正元年）
極月廿三日　　義重（花押）

中務太輔殿

史料5は、浅川城（福島県浅川町）の城主浅川大和守が東家の佐竹義久を通じて、石河昭光の本意実現のために佐竹氏と連携して行動する意向を示したのに対して、佐竹義重が「太田和・小貫」（浅川町大田輪・小貫）の充行を八幡大菩薩に誓って約束した文書である。史料5の中で、義重は、和田昭為が居住する白石（浅川町里白石・山白石）にも言及し、義久の意見に同意して充行を約束する意向を示している。このため天正元年の年末の段階で、昭為が浅川氏の下に寄寓し、白石に滞在していたことがわかる[30]。

浅川氏と昭為は、義久の兄佐竹義喬から浅川大和守と同一人物と考えられる石川七郎に宛てて出された書状に、「御合点候而、朝川へ御帰之儀、肝要至極候、貴所御帰之上、猶以道堅御進退不打置、和安令談合相拵可申候」とあり(31)、永禄十年（一五六七）に起きた石川道堅（晴光）の居城石川城（三蘆城）からの離城問題に際して関係を持っていたことがわかる。この書状で、義喬は、七郎に対して七郎自身の浅川帰還を求め、その上で道堅の問題に対しても昭為と相談して働く旨を述べている。浅川氏が求める道堅の石川帰還交渉に昭為が関与していたことがわかり、このような交渉の中で生まれた関係を頼って、昭為が浅川氏の下に滞在していたことが推測できる。

そして、浅川大和守の佐竹氏への連携（事実上の服属）には、浅川氏と姻戚関係にあった船尾昭直(32)の貢献が大きかったようで、翌年と考えられる正月六日付で「井野之郷」（棚倉町）の成敗を委ねられている(33)。船尾昭直は、岩城氏の一族であるが、天文年間から佐竹氏の下で活動しており、石川道堅をめぐる問題に関してさまざまな外交活動を行っていることが確認できる(34)。そのため、出奔以前から佐竹氏において昭為と関係を持っていた船尾昭直と浅川氏の交渉の中で、昭為の復帰が実現することになったと考えられる。

また浅川氏の佐竹氏服属は、天正二年正月の「伊達天正日記」に「四日に、於浅川、白川膳七郎殿、芳賀出羽守・中村弾正・賀藤田治部少輔かゝい候て手切、和田安房・浅川大和守同心」とあるように、白川膳七郎（常広カ）の白川義親への離反を誘発し、昭為も浅川氏と共にこれに関与している。

〔史料6〕(35)

猶以委細太伊可申届候、以上

此度朝和以談合忠信之儀、無比類候、如此之上、尚以　屋形御威光之儀、可被走廻事、乍勿論、於向後其方進退之儀不可有別条候、八満〔幡〕大菩薩少も不存如在候、聊不可有疑心候、恐々謹言、

正月九日　　　　　　　　　　　　義久（花押影）

和田安房守殿

白川膳七郎の離反直後に佐竹義久から昭為に発給された文書が、史料6である。史料6は、義久が浅川大和守と談合の上で行った昭為の働きを賞し、以後も屋形である義重の「威光」のために働くことを確認して進退を保証したものである。文言中に「威光」という語が用いられて強調されているように、昭為が義重のために行動することが確認されており、一度佐竹氏を出奔して子息を殺害された昭為に対する警戒の念を窺うことができる。そして、佐竹氏と白川・芦名・田村氏との間で攻防の争点となっていた赤館城（棚倉町）の北東に勢力を持つ浅川氏の佐竹氏服属の影響は大きく、正月から三月にかけて赤館城をめぐって激しい攻防が行われ、三月前後に佐竹氏が赤館城を確保した。

## 2 佐竹氏における「元亀五年」の年記をめぐって

前項でみた佐竹氏の赤館城攻略をうけて佐竹義重が昭為に発給した文書が、史料7である。

〔史料7〕(36)

今度就致忠信、任詫言たちま・いたはし・くらへいし・かミこや遣之候、謹言、

元亀五年

三月十日　　　　　　　　　　　　義重（花押影）

和田安房守殿

史料7は、義重が昭為に対して田島・板橋・双石（白河市）等を充行った文書であるが、佐竹氏の当主である義重が領地を与えているため、これによって、昭為が佐竹氏に復帰を果たしたことが確認できる。

義重としても、三年前の元亀二年に昭為が出奔し、謀反の疑いでその子息三人を殺害したことを思えば、複雑な胸中であったことは否定できないように思われる。その中で興味深いのが、この文書に記される元亀五年の年記である。元亀の年号は、四年で天正に改元されている。義重の年記を持つ発給文書は確認できないが、義久が発給した天正元年十二月三日付の判物写が確認できるので、佐竹氏が天正への改元を把握していたことがわかる。改元を把握しながら、義重と義久は、史料7以外にも、二月から四月にかけて元亀五年の年記を持つ充行状や印判状を集中的に発給しているので、義重や義久は、この時期にあえて元亀年号を使用していたと考えられる。また元亀五年の年記を持つ文書は、赤館城の攻防戦をめぐる感状・官途状類や攻略後の知行充行に関わる文書群に集中している。

年号が改元されていながら、あえて改元以前の年号を用いた著名な例として、足利持氏が「正長」の年号を用い続けた例があげられるが、持氏の例では、室町公方足利義教に対する反発がその理由であった。それに対して、天正二年に義重や義久が元亀の年号を使用した意味については、現状その理由は定かでない。

しかし、充分な根拠はないが、佐竹氏があえて元亀年号を用いたのは、和田昭為が佐竹氏にとって長期にわたる懸案となっていた赤館城の攻略に大きな貢献を成して佐竹氏に復帰したことを、理由の一つに挙げて良いように思う。昭為は元亀二年に出奔して子息を殺害されており、その昭為の佐竹氏復帰は、周囲から注目を集めたことは間違いないと思われ、かつ佐竹氏内部には昭為の子息への処分に対する後悔の念も存在したことが推測できる。そのため、元亀二年に発生した昭為をめぐる問題の決着として、元亀五年の年記が用いられた可能性を考えても良いと思われる。

（37）（38）

### 3　復帰後の和田昭為と佐竹義重

天正二年に佐竹氏へ復帰を果した和田昭為ではあったが、千葉氏が指摘するように、すぐには以前の政治的地位を回復するに至らなかったと思われる(39)。その昭為を重臣層の筆頭に復帰させる契機になったのが、佐竹義宣の家督相続であり、義宣は家督相続以前から昭為起用の意志を示していた(40)。天正十七年二月から三月にかけて行われた義重から義宣への家督移行が、周辺の領主層に不自然に周知されないことについては、前稿において指摘した(41)。その中で、その理由の一つが昭為の起用をめぐる問題であったことを述べたのだが、その主張の根拠となるのが以下の史料である。

〔史料8〕(42)

此度其身連々之存分共、申分候、速ニ令合点候、於向後者、館同前ニ無二可加懇切候、并孫之事も可為同意候、為後日之及一筆候、謹言、

天正十八年
八月十九日　　義重（花押影）
和田安房守殿

史料8は、佐竹氏が豊臣政権に従属した後に上洛を命ぜられた義重が、上洛直前に昭為に与えた書状である。この史料から、昭為から「連々」の思いを聞き取った義重が、昭為に対して義宣と同様の懇切を約束していることがわかる。この文書は、あまり多くの文言を用いていないため、昭為の思いが具体的に何を指すのかを知ることは難しい。しかし、義重が以後の義宣と同様の懇切な関係を約束していることから、前提としてこの文書以前は義重と昭為は懇切な間柄でなかったと考えることができ、そして、それを解消するために義重は昭為の思いを聞き取ったことが推測できる。そのように考えれば、この書状が義重から改めて昭為に出された背景には、自身の処遇や子息達殺害(43)という重大な事態に対する昭為側の不満や不信感、あるいは復帰した昭為に対する義重側の不安感や不信感があり、その

蟠《わだかま》りを解消する必要があったことが予想できる。そして、史料8が書かれる直前に、両者の間でそのことを直接話し合う局面があり、改めて昭為への信頼を示す意から、義重はこの文書を記したものと思われる。その意味で、両者の間の蟠りが、天正十八年八月段階まで存在していたことが読み取れる。

そのため、家督相続後に積極的に昭為の起用を図る義宣(44)に対して、昭為に蟠りを持つ義重には昭為起用を避ける思いがあり、その解消のために、豊臣政権に従属して義重が上洛しなければならない状況の中で両者の話し合いが行われたものと思われる。以後、昭為は政権の軍役負担等のために常陸を不在にしがちであった義宣に代わって、国許の政務を総括する役割を果たしている(45)。

付言すれば、史料上は確認できていないが、昭為との蟠りを持っていたのは、義重ばかりでなく、出奔の調査や処罰を担当した佐竹義斯等も、義重以上に昭為に後悔の念や復讐への不安な思いを抱いていたことは想像にかたくない。処罰に関連した人物すべてが同様の思いを抱えていたものと推測できる。そのような事情が、昭為起用への抵抗を生んでいたものと思われる。

## 4　和田昭為の佐竹氏復帰の背景

ここでは、和田昭為が一度は佐竹氏を離脱しながらも復帰するに至る背景について検討していきたい。時期は前後するが、天正十七年に義宣から「御せいむ」(政務)(46)を担当することを命ぜられた昭為は、一通の書状を認めている。

〔史料9〕(47)

返々、先々御壹札本望之至候、

如御壹札之、昨暮ハ参候処ニ、御他行故御めにかゝり候ハて罷帰候、如承候、自　上意昨日御せいむかた之所意見可申儀被仰出候、存分共可申上候へ共、しきりに　上意之間、其儀ニ奉任候、御洞へ帰参申候、ひとへに貴辺へしなん故、於向後ハ相わすれ申ましく候、左様御物かたり可申由存候間、夕部参候つる、何様御すきに以面上萬々可申承候、かしく、

（封墨引影）

伊州　　安房守

御報

史料9は、大窪伊賀守秀光に宛てた昭為の書状であるが、内容的に前日に「上意」＝義宣から「御せいむかた《政務方》」への意見を求められたのに対し、頻りの上意によってやむなく承諾したことを記し、そして「御洞」への帰参実現を伝えたものである。内容的に考えて、天正十六年の年末から十七年の三月にかけての文書であると考えることができる[48]。

この史料は、昭為が前日夕方に大窪秀光の屋敷に自ら出向いたところ、秀光の外出のために対面できなかったのだが、政務方への就任と「御洞」への帰参が実現したことは、秀光の指南のお蔭であるとし、そのことを伝えたいがために屋敷を来訪したと記す。

昭為の述べる秀光への謝意は、佐竹氏から出奔して以降の事柄を指すと考えられる。秀光は、佐竹東家付きの重臣として、史料6に「猶以委細太伊可申届候」とあるように、復帰の際の昭為との直接的な交渉を担ったと考えられる。秀光は、石川道堅（晴光）・昭光とも交渉を持っており、石川氏に属する浅川氏の下に滞在していた昭為とは、連絡を取りやすい立場にあった[49]。また秀光が仕えていた佐竹義喬は昭為に信頼を寄せており[50]、出奔以前から秀光と昭為は関係が深かったと考えられる。そして、秀光は、復帰以後も南郷を中心に活動する昭為と行動を共にすることが多かったと考えられる[51]。また「如承候」とあるように、史料9は返書であり、前段階で、秀光が昭為の政務方就任の情報を

得て祝意を表す書状を送っていたことがわかる。そのような秀光の配慮に対して、復帰段階のことも併せて、昭為は秀光の指南のお蔭であると述べたと思われる。

また大窪秀光以外でも、河井甲斐守が史料９の政務方就任を指すと思われる昭為の「御出身」を祝う書状を送っている。[52]そのため、前述の船尾昭直も含め、昭為に親身に接し、支援する他の家臣もいたことがわかる。[53]そのような存在による支援や保護は、おそらく昭為の出奔時にも潜かに行われていたと考えられ、その関係の存在によって、和田昭為の佐竹氏復帰が実現したと考えることができる。

## 結びにかえて

以上のように、和田昭為の佐竹氏からの出奔と復帰について検討を加えてきた。その結果、昭為の出奔は、元亀二年（一五七一）四月中旬以前に発生していたことを確認できた。そして、出奔の背景としては、時期的な問題や人的関係から、同年六月に佐竹義重によって行われる「岩城仕置」に関する意見対立が契機となった可能性を指摘した。出奔直後には芦名・那須氏を含んだ白川氏との抗争が激化するため、広く南奥に関する外交路線や意見対立も含みこんだものであったと思われる。

また天正二年（一五七四）の昭為の復帰直後に佐竹氏において一時的に元亀年号が使用された事情として、昭為の復帰と関わる可能性を指摘した。そして、復帰後に昭為が出奔以前の地位を取り戻すのは、天正十七年の佐竹義宣の家督相続期まで時間を要するが、理由として、昭為を出奔に追い込み子息を殺害した義重やその周辺の人物達との間の蟠りの存在を推測した。そして、復帰が実現した背景には、出奔以前からの昭為と強い関係を持つ大窪秀光・川井甲斐守等の、昭為を支援する存在が前提であったことを指摘した。

本稿では、昭為の出奔と復帰の理由や背景の検討を行ってきたのだが、その理由や背景を明記する史料はないこともあり、推論に推論を重ねたきらいがあるのは否めない。あえて、さらに推論を重ねれば、事件の背景に、佐竹氏内部における利害や人的関係等によって生ずる派閥やグループ等の存在を垣間見ることができるようにも思われてならない。

たとえば、昭為の復帰を実現させたのは、出奔以前に昭為と共に活動した佐竹義喬の弟義久と、その重臣大窪秀光らの東家を中心とする佐竹氏の南奥進出を押し進める動きであった。これに対して、昭為の出奔理由や状況の調査を行って処罰のために動いたのは、佐竹北家の義斯であり、「伝聞書」に昭為を讒言したと記されるのは車斯忠であった。義斯と斯忠は、その名が示すように偏諱を授受した間柄と考えることができ、親密な関係にあったと考えることができる。安易な推測は控えねばならないと思う(54)が、昭為をめぐる問題に、佐竹氏の当主に影響を与える存在である有力一族をめぐる人的関係が結びついていた側面を窺うことができるようにも思われる。

戦国期に関する事柄は、史料が乏しいこともあり、人的関係の問題に深く踏み込んで考察することは困難である。また従来の研究においては、領主権力の公権性や「公儀」としての在り方を考える上で、私縁を排除した無縁性が強調されることが多かったように思う。しかし、「但人之在世、思親類故也、於眼前被殺害兄弟事、豈非招人之謗乎(55)」と、弟名越朝時をめぐって騒動が起きた際に評定の場から支援に駆けつけようとした北条泰時の言動を考えると、戦国期とは時期は異なるものの、私縁を重視する観念が武家社会には強く存在していたことが窺える。また戦国法において、紛争に縁者が関与することを禁ずる内容が盛り込まれていることは、広く知られている。私闘に縁者である関係者が関わる例が多かったからこそ、その禁止条項が盛り込まれると考えることができるので、戦国期においても、依然として私縁を重視する観念は強かったと考えることができる。公権力として戦国期の領主権力が存在したことを疑う余地はないが、権力の内部に私縁を内包していた一面も否定することはできないように思う。

註

（1）市村高男「戦国期東国における在地領主の結合形態―「洞」の検討を通して―」（『歴史学研究』四九九、一九八一年、のち同『戦国期東国の都市と権力』思文閣出版、一九九四年）・同「戦国期常陸佐竹氏の領域支配とその特質」（『同』所収）。

（2）今泉徹「佐竹北家の所領支配」（『戦国史研究』三七、一九九九年）、同「戦国大名佐竹氏の家格制」（『国史学』一七七、二〇〇二年）、同「戦国期佐竹南家の存在形態」（『中世東国の政治構造　中世東国論　上』岩田書院、二〇〇七年）、拙稿「戦国期権力佐竹氏における三家の政治的位置」（『茨城県史研究』八八、二〇〇四年、のち『戦国期権力佐竹氏の研究』所収、思文閣出版、二〇一一年）。

（3）野内正美「佐竹義舜・義篤時代の石井氏」（『茨城史林』一二、一九八八年）、市村高男「中世常陸における「職人」の存在形態」（『戦国期職人の系譜』角川書店、一九八九年）、同「真崎氏と真崎文書」（『遡源東海』六、二〇〇〇年）、拙稿「真崎義伊(宣伊・宣伊)に関する一考察」（『栃木県立文書館研究紀要』一六、二〇一二年）、同「戦国期権力佐竹氏の家臣団に関する一考察」（『大正大学大学院研究論集』三八、二〇一四年）。

（4）千葉篤志「和田昭為の政治的位置に関する一考察―文禄期以前を中心に―」（『十六世紀史論叢』八、二〇一六年）。

（5）藤木久志「佐竹氏の領国統一」（『水戸市史』上巻、一九六三年）、同「豊臣期大名論序説」（『歴史学研究』二八七、一九六四年）。

（6）江戸忠通書状写（秋田藩家蔵文書三四、和田掃部助家文書『茨城県史料』中世編Ⅳ 一八号。以下、家蔵三四『茨県』Ⅳ－一八号と略す）。

（7）佐竹義重知行充行状写（家蔵四六『茨県』Ⅴ－一一号）。

（8）佐竹義重書状写（家蔵二〇『茨県』Ⅳ－一三号）。

（9）千葉註（4）論文参照。

（10）佐竹北義斯書状（松野文書『茨県』Ⅴ－四号）。

（11）佐竹義重書状写（家蔵二〇『茨県』Ⅳ－一四号）。

（12）現在の福島県棚倉町・塙町・矢祭町周辺を、当該期に佐竹氏は史料上「南郷」と表現しており、本稿ではその史料表現を地域を指す表現として使用する。

（13）菅野郁雄「白川義親の時代（一）」（『戦国期の奥州白川氏』岩田書院、二〇一一年）では、元亀二年三月十八日付佐竹義重書状写（家蔵四六『茨県』Ⅴ－一〇号）も含め、連続的に事態を捉えている。

（14）「和田昭為伝聞書」（『佐竹家旧記』一所収）。

（15）「義重家譜」（『佐竹家譜』上所収、東洋書院）。また「東州雑記」（『佐竹家旧記』六『常陸佐竹氏』所収、戎光祥出版）では、昭為の実父石井為忠も時期は未確定ながら元亀二年に死去したことを記しており、昭為の出奔との関連を推測させる。

（16）註（14）「和田昭為伝聞書」。

（17）和田昭為起請文写（東京大学史料編纂所所蔵「佐竹義重等誓紙写」所収）。

（18）昭為が外交において裁量権とも言うべき一定の政治的判断を下していることに関しては、これを当主の義重から職権として付与されたものと捉えるか、昭為の活動の実績やその地位によって生じた発言権や影響力等による所産であると捉えるかは、にわかに判断することは難しい。しかし、出奔に至る状況から類推すれば、後者の可能性が高いと思われる。

(19) 管見の限り、史料4を除き、佐竹義斯・義久等の一族以外で、佐竹氏家臣が他の領主権力に単独で起請文を発給していることは確認できていない。

(20) 小林清治「佐竹勢力の浸透と岩城氏の衰微」(『いわき市史』一、一九八六年)参照。

(21) 元亀二年六月廿七日付佐竹義重書状(仙道田村荘史所収文書『いわき市史』八所収、一号)。

(22) 元亀二年六月晦日付佐竹義重書状(上遠野文書『いわき市史』八所収、一二号)。

(23) 泉田邦彦「一五世紀における岩城氏の内訌と惣領」(『歴史』一三五、二〇二〇年)、山田将之「戦国期岩城氏にみる婚姻関係と中人秩序」(『学習院大学人文科学論集』一九、二〇一〇年)。

(24) 車斯忠は、丹波守を称し、のち関ヶ原の戦い時に上杉氏に仕え、さらにその後に常陸国に帰り、佐竹氏の移封後に「車一揆」を起こした人物とされる。元亀三年には白川・芦名氏との和平交渉を担当した記事や天正五年に佐竹氏を離脱した記事が「東州雑記」(「佐竹家旧記」六所収)に記されている。また天正期には同一人物と思われる「車丹波守」が北条氏から白川氏に使者として派遣されている(北条氏照書状写「白川証古文書」『戦国遺文 下野編』二所収、一〇二四号)。その事蹟については、不明な点が多く、今後の検討が必要な人物である。

(25) 「車・大塚両氏の活躍」(『北茨城市史』上巻、一九八八年)参照。永正十三年(一五一六)九月四日付安良川八幡宮棟札には、「岩城民部太輔平豊隆」と共に「車平朝臣虎兼」の名が記されている(「松岡地理誌」『北茨城市史』別巻二所収)。

(26) 「塔寺八幡宮長帳裏書」(『会津坂下町史』Ⅱ 文化編所収、二一二頁)。

(27) この間の情勢については、戸谷穂高「永禄末～天正初頭における陸奥石川・白河領域」(『十六世紀史論叢』一八、二〇二二年)、江田郁夫「宇都宮家中皆川俊宗の立場」(『戦国大名宇都宮氏と家中』岩田書院、二〇一四年、初出二〇一二年)参照。
(28) 「伝聞書」には、出奔の後に一旦は会津に向かい、その後に白川氏に寄寓したことが記されている。
(29) 佐竹義重書状(浅川文書『茨県』Ⅴ－三号)。
(30) 『浅川町史』では、和田昭為を白石城主として把握している(「戦国の終末」『浅川町史』一、一九九九年)。
(31) 佐竹東義喬書状(浅川文書『福島県史』資料編七所収、一六号)。
(32) 佐竹義重書状写(家蔵二五『茨県』Ⅳ－七号)。
(33) 佐竹義重書状写(家蔵二五『茨県』Ⅳ－一〇号)。
(34) 小豆畑毅「南奥戦国領主の離城と帰城」(『戦国史研究』五九、二〇一〇年)、拙稿「戦国期権力と在地領主の主従結合」(『中世東国武家文書の研究　白河結城家文書の成立と伝来』高志書院、二〇〇八年)参照。
(35) 佐竹東義久書状写(家蔵三四『茨県』Ⅳ－一七号)。
(36) 佐竹義重知行充行状写(家蔵三四『茨県』Ⅳ－七号)。
(37) 佐竹東義久判物写(家蔵四『茨県』Ⅳ－六〇号)。
(38) 管見の限りでは、元亀五年の年記使用は、二月二三日(佐竹義重知行充行状写[家蔵四『茨県』Ⅳ－四六号])から四月三日(佐竹義久判物写[家蔵七『茨県』Ⅳ－六七号])までの義重・義久の発給文書に集中してみられる。
(39) 千葉註(4)論文参照。
(40) 佐竹義宣書状写(家蔵一六『茨県』Ⅳ－一四号)・佐竹義宣判物写(家蔵三四『茨県』Ⅳ－一五号)。

(41) 拙稿「佐竹義重・義宣代替り考」（『歴史と文化　小此木輝之先生古稀記念論文集』青史出版、二〇一六年）。

(42) 佐竹義重書状写（家蔵三四『茨県』Ⅳ－六号）。

(43) 文言中の「孫」とは、昭為の養孫にあたる重為を指し、昭為の跡継ぎである重仲は既に戦死している（「和田系図」秋田県公文書館蔵　A288. 2-3131参照）。

(44) 義宣の昭為に対する評価は、「梅津政景日記」元和六年四月十五日条（『大日本古記録　梅津政景日記』四所収）に窺える。処罰された昭為の子息である小貫頼重の名跡を同じく昭為の子息和田為宗（小貫頼忠）に与える理由として「和田安房守《(昭為)》子共壱人ならす、天《(〔闔〕)》信（佐竹義重）様御成敗被成置候処ニ、其恐怖なくかへり注進《(〔忠信〕)》を致候筋目」とあり、昭為の忠節を高く評価していることがわかる。

(45) 『水戸市史』上巻参照。

(46) 佐竹義宣判物写（家蔵三四『茨県』Ⅳ－一五号）。

(47) 和田昭為書状写（家蔵四『茨県』Ⅳ－五三号）。

(48) 註(40)。

(49) 三月拾日付石川昭光書状（秋田県公文書館所蔵大窪家文書）・九月三日付石川道堅書状（同）。

(50) 註(31)。

(51) 天正六年七月十五日付大山義種・和田昭為・大縄義辰・小野崎隆元・大窪秀光・小貫頼安連署起請文写（家蔵二五『茨県』Ⅳ－五一号）。

(52) 河甲（某）書状写（家蔵三四『茨県』Ⅳ－二三号）。

(53) 大窪秀光と河井甲斐守は、共に元亀五年の年記を持つ文書を義重から与えられている（佐竹義重知行充行状写［家蔵四

『茨県』Ⅳ－四六号〕、佐竹義重判物写〔家蔵四四『茨県』Ⅴ－六号〕）。

(54) 大窪秀光の一族久光は、姻戚関係を車斯忠と持っていたことから佐竹氏の秋田転封後に行われた車一揆に関与したと伝えられる。また久光の父大窪種光は、南家の佐竹義種から偏諱を受けている。当該期は、このようなさまざまな縁によって人的な関係が結ばれていた。その関係は、複雑に重層的に結ばれていたと考えられるので、人的関係に関しては慎重な検討が必要なように思う。

(55) 「吾妻鏡」寛喜二年九月二十七日条（『国史大系』三三所収）。

# 中世常陸国における貨幣経済についての覚書

小森　正明

## はじめに

中世東国社会において、田畠・屋敷などの売買に際して作成され現在に伝わる売券は管見では一九二通で、またそのうち一四八通が下総国の香取社に関する文書群に含まれるものであった（1）。田畠・屋敷などの売買は、律令制国家下においても認められた経済行為のひとつで（2）、平安時代以降も一般化したが、売買という行為は、社会における経済状況の変化を推し量る指標として捉えることもできる。その売買行為の媒介となるのが、古代では米や絹で、やがて貨幣が使われるようになり、米や絹との並存の時期を経て、貨幣が主流となった（3）。貨幣による決済は、中国から輸入された大量の貨幣によるが、近年の考古学的成果によれば、わが国で中国銭を模して鋳造され流通したものも、相当数存在したことが明らかとなった（4）。

鎌倉時代後期には荘園年貢が代銭納化されていった状況が明らかになっているが（5）、その前提は各地域への貨幣経済の浸透で、朝廷や室町幕府による段銭・棟別銭賦課の一般化は、貨幣経済の進展を前提とするものといえるであろう。

小稿は、鎌倉時代以降の常陸国の場合をとりあげ、貨幣を媒介とする売買や、年貢の銭納化の前提となる貨幣経済が、この地域において何時頃から一般化していったのかを明らかにしようとする覚書である。当該期の貨幣をめぐる研究は、大きな進展をみせているが、(6) 小稿は常陸国内における銭貨流通という問題を、先学の成果と史料によって跡付けようとするささやかな試みである。

## 一　中世常陸国の売券

まずは、中世常陸国内で作成され、現在に残された売券は、管見では一一通あり、次頁の表はそれらを一覧化したものである。この表から、売買対象が田畠・在家・屋敷・山野などの不動産がほとんどで、更にその売価は貨幣表示であることが明らかとなる。また、売却対象を示す場合に「年貢六百五十文所」のように表記している場合もあり、売買対象の田の年貢が既に貫高化されている。これらの売券から、常陸国においては鎌倉末期には、貨幣が売買の決済手段となっていたことが指摘できる。ちなみに、中世東国における管見での最古の売券は、下総国香取社領の文永元年(一二六四)のもので、既に代価は貨幣によっている。(7)

一方、売券は確実に売買行為が行われた痕跡ではあるが、売券以外の史料から売買の事実を明らかにできる場合もある。常陸国での最古の売券を伝えている『真壁長岡古宇田文書』(8) には、元徳期以前の売買の様相を知ることができる史料がいくつか残されており、同文書群のもつ一面は、所領売買に関する相論にかかわる文書群ともいえる。細かい考証は省くが、徳治元年(一三〇六)や正和元年(一三一二)の関東下知状写は、土地の売買に関する裁許状で、いずれも長岡氏が売却した田・在家の領有を買主に認めたものである。このような事実からみると、何故にこの二通が同文書群に伝来しているのかは検討を要する。(9) これらの史料から、この時期より二十年も前に、既にこの地で田・在家

表　売券概要

| No | 和暦 | 西暦 | 売買対象 | 価格 | 出典 |
|---|---|---|---|---|---|
| 1 | 元徳３年 | 1331 | 在家１宇・田１町 | 60貫文 | ＊１ |
| 2 | 応安元年 | 1368 | 名田畠 | 20貫文 | ＊２ |
| 3 | 応永８年 | 1401 | 在家３宇・山野 | 35貫500文 | ＊３ |
| 4 | 応永８年 | 1401 | 畠１所（年貢650文所） | ２貫600文 | ＊４ |
| 5 | 応永９年 | 1402 | 畠２所（年貢600文）・<br>田１反（年貢400文） | ４貫文 | ＊５ |
| 6 | 応永30年 | 1423 | とみたの村のところ４貫文 | ６貫文 | ＊６ |
| 7 | 永享４年 | 1432 | 田・屋敷１宇 | 30貫文 | ＊７ |
| 8 | 文明３年 | 1471 | 田１反（年貢600文所） | ８貫文 | ＊８ |
| 9 | 延徳４年 | 1492 | 田１反（年貢600文所） | ６貫文 | ＊９ |
| 10 | 延徳４年 | 1492 | 田１反 | ５貫文 | ＊10 |
| 11 | 文亀２年 | 1502 | 屋敷 | 11貫文 | ＊11 |

出典：＊１　元徳３年(1331)３月27日、
長岡宣政売券案(『真壁町史料　中世編Ⅱ』茨城県真壁町、1986年、37頁)。
＊２　応安元年(1368)８月30日、
大野郷住人兼家売券写(『茨城県史料　中世編Ⅱ』茨城県、1974年、271頁)。
＊３　応永８年(1401)７月25日、
惣社神主清原師治売券案(『茨城県史料　中世編Ⅱ』、237頁)。
＊４　応永８年(1401)２月７日、
宍戸基家売券写(『茨城県史料　中世編Ⅰ』茨城県、1970年、399頁)。
＊５　応永９年(1402)７月28日、
惣社神主清原師治売券案(『茨城県史料　中世編Ⅰ』、400頁)。
＊６　応永30年(1423)８月４日、
前但馬守幹光売券(『鉾田町史　中世史料編　烟田氏史料』茨城県鉾田町、1999年、147頁)。
＊７　永享４年(1432)12月22日、
平行時売券写(『鉾田町史　中世史料編　烟田氏史料』、154頁)。
＊８　文明３年(1471)９月　日、
大宮司中臣則房売券(『茨城県史料　中世編Ⅱ』、211頁)。
＊９　延徳４年(1492)５月15日、
西谷重清売券(『茨城県史料　中世編Ⅱ』、212頁)。
＊10　延徳４年(1492)７月８日、
中臣家吉売券(東京大学史料編纂所蔵『賜蘆文庫文書』〈3071.02-2〉第39冊『鹿島護摩堂文書』所収)。
＊11　文亀２年(1502)３月17日、
班目朝基売券写(『茨城県史料　中世編Ⅱ』、244頁)。

の売買が行われており、元徳三年の売券の存在は、この周辺地域での不動産売買の延長線上と考えられる事象でもある。同じく元徳三年の「長岡郷鹿島社造営用途注文案」[10]には、同郷の用途は反別八〇文となっており、銭納化が一般化していたことは間違いない。また、長岡氏の惣領家にあたる真壁氏領においても、正和五年(一三一六)の亀隈郷内北荒野村の年貢が、「分銭捌貫文」などのように貫高表示となっている。[11]このようにみると、鎌倉時代末期の常陸国では、不動産の売買は貨幣を媒介として行われ、またこれ以降の売券にみえる売価はすべて貫高表示となっていることからも、同国において鎌倉時代中期には、既に貨幣経済の広範な浸透が想定されよう。

また、常陸平氏流の行方《なめかた》氏も、土地の買得を行っている。正元二年(一二六〇)四月二十八日の僧静寛(行方十郎)譲状写[12]には、「常陸国内国符《ママ》買領」「若海買領」「鹿島立原買」の所領が譲渡対象となっており、これらの記述から譲与対象地が買得地であったことがわかる。特に注目したいのは「常陸国内国符買領」で、国衙所在の府中域において土地を買得していたことである。弘安九年(一二八六)の常陸国留守所下文[13]にみえるところでは、「在庁公人供僧名田畠、或沽却、或寄附武家被官輩」という状況にあったといい、これは先の行方氏の土地買得なども含まれる事象ではないだろうか。永仁五年(一二九七)の常陸国留守所下文[14]が伝える状況は、永仁の徳政令が最も早く適用された例として著名であるが、この史料には階層は不明ながら、惣社神主の所領を買得した「とき」「石崎弥二郎」「山本」という人々の名前があがっている。

以上のように常陸府中では、鎌倉時代中期以降、行方氏など複数の武家による土地買得が始まっており、在庁官人や惣社神主層が所有していた名田畠の売買が広範に行われていた可能性を指摘できる。すなわち常陸国内では、鎌倉時代半ばには、都市的な場や農村地域を問わず、貨幣経済が予想以上の速さで浸透していたといえるのではないだろうか。

## 二　吉田社領と和市

水戸市に鎮座する常陸国三宮吉田社と別当寺であった薬王院には、かつて『吉田神社文書』『吉田薬王院文書』が伝来していたが、いずれも原本は失われて、江戸時代の写本によってその概要を知ることができる。同社は、朝廷で左大史を世襲した小槻《おづき》氏が領家であったところから、小槻氏発給の文書も多く残されている。また吉田社や同社領については、既に杉山博氏のすぐれた考察がある。(15)

小槻氏は預所を任命し、吉田社および吉田社領の支配を行っていた。本来、吉田社領から徴収される年貢は、現物納として京都に運ばれたと思われるが、鎌倉時代に入ると様相を異にするようになる。嘉禄二年（一二二六）七月日の吉田社領家小槻某下文写(16)に、「抑当社領先例、以准布雖令進済、於今度不可有其儀、諸国一同可済見米、若非見米者、以銭百文八升、可令究済之由」とみえ、小槻氏は伊勢造宮の役夫工米の究済を、現米での納入ができない場合、銭一〇〇文あて米八升の換算で納入すべきことを吉田社に命じており、役夫工米の銭納を促していたとみられる。これより先、建暦三年（一二一三）には、建仁元年（一二〇一）以来の年貢未進分「五十五斛」の究済を促している状況にあったが(17)、嘉禄二年の段階で、伊勢造宮役夫工米の銭納を促している事実は注目される。時期はくだるが弘安六年（一二八三）には、嘉禄二年と同様「任和市〈百文別八升〉」（〈 〉割書。以下同）での換算で京済すべきことを求めており(18)、これも伊勢造宮役夫工米であった可能性が高い(19)。

注目すべきは和市の存在で、この史料に「已就被尋問時之和市□所令注進畢」とあるところからも、吉田社領周辺での和市と、米を銭に替える市の存在とを想定することができる。また同時期の史料(20)には、社領の吉沼村の定請料として「弐拾五貫文」が定められ、銭納化が一般化していた状況にあったことも注目しておきたい。

さて、先の史料が嘉禄二年のものであることに注目すると、『吾妻鏡』同年八月一日条に、(21)「今日止准布、可用銅銭之由、被仰下、武州殊令申沙汰給云々」とみえることが想起される。この記事は、従来准布《じゅんぷ》をもって代価としていたことに替えて、今後は銅銭による決済とすることを命じたものであり、この時期広く貨幣が流通し、貨幣が准布に替わり得る役割を果たしていたことを伝えている。(22)日本国内には貨幣の流通が一般化し、交換手段としての役割を果たしていたのである。小槻氏の下文にみえる状況は、こうした社会情勢を反映したものと考えられる。

これ以降、吉田社領の年貢等は、ほとんどが貫高表示となり、鎌倉時代も比較的早い時期から、この地域で貨幣流通が活発であったと考えられる。こうした前提無しには、役夫工米などの銭納化は実現不可能であろう。

## 三　国府六斎市と鹿島町津料

以上のような考察をふまえ、佐々木銀弥氏によって明らかにされた常陸国府での六斎市について考えてみたい。まず、その史料の一部を掲げる。

〔史料1〕常陸国正税以下得分注文案(23)

一、常陸国十六郡上(正統)▨以下得分事、

一、奥七郡(税所沙汰人)那珂西・(弓削同)同東・(杉大夫)久慈西・(大掾)同東・(同)佐都西・(同)同東・(税所)多珂郡、

一、真壁郡・笠間郡・北郡・南郡・河内郡・関郡・伊佐郡・北条郡・吉田郡・鹿島郡・行方郡此両郡者、国司御得分無之、

（中略）

一、国符（府）市津料・六斎有之、

一、七月鹿島▨町津料　是ハ社家出仕御代官得分、

（中略）

一、符（府）中夏沙汰桑代事、

一、目代下着之次第　先杖撞、次目代入符中、其後自在庁中、御厨、々名主沙汰、次畳同沙汰、

この史料は、佐々木氏の指摘[24]するように、常陸国が暦応四年（一三四一）に東寺の修造料所として光厳上皇から寄進されたことによる関連史料であると考えられる。そして内容は、国司得分について、その関係事項をまとめたものである。ここで再度注目したいのは、「国符市津料、六斎有之」と「七月鹿島▨町津料」の記述である。

前者の記述によって、佐々木氏は六斎市を想定したが、国府市津料は、国府での六斎市開催にあたっての市場銭的なものと考えられる。おそらく、六斎市の開催にあたっては国司の得分として商人層から一定の津料が徴収されたのであろう。佐々木氏も指摘するように、この史料自体は南北朝時代のものであるが、その内容は、鎌倉時代後期の状況を伝えるものと考えられる。六斎市の成立以前に、同地において三斎市などの六斎市の前提となる状況を佐々木氏は想定しているが、この想定は首肯できよう。

そして、常陸国府としてのこの地域は、国衙正税の集積地でもあり、また税所《さいしょ》氏を筆頭とする経済機関としての税所は、伊勢造宮役夫工米などの徴収を請け負っており[25]、それらがこの地に集積されたと思われる。元亨二年（一三二二）の真壁郡役夫工米田数注文[26]や、貞治五年（一三六六）の奥郡役夫工米切手在所注文[27]の存在は、確実に鎌倉時代後期から南北朝時代にかけて税所氏が伊勢造宮役夫工米の徴収事務を行っていたことを証するもので、こうして集積された

役夫工米は、和市によって換金されて送付された可能性が高い。前項の吉田社領の例でも、既に嘉禄二年に、和市により役夫工米が米八升あたり銭一〇〇文の比率で換金し京済すべきことが命じられている。

また、「鹿島▨町津料」にみえる津料は「社家出仕御代官得分」とされ、国司が鹿島社社家の代官として出仕したことに対する得分と考えられる(28)。しかし、この時期の鹿島社門前での津料徴収は、多数の船が入港してくる大船津という湊を抱えた場として発展した町での津料徴収ととらえるべきである。この津料も、市場銭的なものと考えられる。常陸国一宮鹿島社の門前には、室町時代には複数の「富有人」(有徳人)が居住する地域となっている(29)。特に、鹿島社は国衙と密接な関係があるところから、この地での津料徴収が国司得分とされたのであり、国府につぐ商業地としても想定できる(30)。

こうした状況は、国府・鹿島の地に止まるものではなかっただろう。前項でも言及したように、既に鎌倉時代中・後期には、吉田郡内の吉田社領周辺での市場の存在と、その場における米と銭との交換比率である和市の存在とが推測され、ほかにも常陸国内の主要な寺社周辺や在地領主層が居住する地域周辺でも、規模の大小はあるにせよ、市場などの存在は想定すべきではなかろうか。

さて次に、史料にみえる「目代下着之次第　先杖擡、次目代入符中、其後自在庁中、御厨、々名主沙汰、次畳〈同沙汰〉」という一文に注目したい。これは、京都から国司にかわり下向してくる目代への饗応行事について記したもので、いわゆる三日厨の類であろう。管見に及ぶ常陸国留守所下文等に、大掾氏や税所氏、そして目代の署判のあるものは、仁平元年(一一五一)から元亀三年(一五七二)まで一八通を数えるが(31)、実際に目代が署判、あるいは署判した可能性のあるものは、一二通にとどまり、その最後は嘉元四年(一三〇六)の常陸国大田文案にみえる「目代前加賀守」という署判である。それ以前のものは確実に目代が署判を行っていたと考えられる。

これ以降は「目代」と記されるだけで、実際の署判ないし署判の痕跡はなく、形式上「目代」と記しているように思われる。おそらく、十四世紀初頭には、目代すらも下向することも無くなっていたのではないだろうか。そのように考えると、先にみた「目代下着之次第」に記された慣習は、鎌倉時代中期頃までの状況を伝えるものではなかったろうか。佐々木氏は、内田実氏[32]がこの史料を「鎌倉初中期」のものとしたことを批判しており、そのことは首肯できるが、以上の考察によって、史料の内容は、鎌倉時代中期頃の常陸国府域の状況を伝えているものと考えたい。また「符中夏桑代」も、これも国司得分であったと考えられる。桑代とは桑畠にかかる賦課であるが、ある時期まで常陸府中では、絹糸をとるための養蚕が行われていたことが考えられ、絹織物の生産など、官衙工房を起源とする職工集団の存在も想定できよう[33]。

## 四　南北朝時代以降の寺社領・武家領の状況

次に、南北朝時代以降の状況についてみていきたい。

今回収集した売券は、元徳期のもの一点を除くと、残りは南北朝時代以降、室町時代のもので、すべてが貨幣による代価表示である。また売券以外の史料の検討からみても、常陸国では鎌倉時代中・後期以降、年貢などがほぼ貫高表示となっていく状況が窺われる。これはのちに検討する室町時代以降の吉田社領や法雲寺領などの寺社領ばかりでなく、武家領でも同様な傾向を示している。

既に言及した武家領である真壁郡の長岡郷では、元徳三年（一三三一）の坪付に「分銭十七貫文[34]」という年貢の貫高表示がみえるようになるほか、南北朝時代以降、常陸国内のほかの地域でも「虚空蔵堂仏物銭七貫文[35]」（建武二年〈一三三五〉）や、「ようとう参拾貫」[36]（康永三年〈一三四四〉）、「座々料足十貫文」[37]（永徳二年〈一三八二〉）とみえるようになり、やがて応永期に入ると貫高表示の史料がほとんどを占めるようになる。一般的に十五世紀に入ると、全国的規模の段銭・棟別銭が成立するとされるが[38]、その条件は貨幣の流通と、米などの農業生産物と貨幣との交換（売買）が前提で、各地域にそうした市場が存在することが必要である。

ここでは、年貢の代銭納の例として、武家領の例として順次、真壁氏領・寺社領の例として、吉田社領・法雲寺領についてみていきたい。

応永期になると真壁氏領内で、次のような史料が現れる。

〔史料2〕真壁郡飯塚村・窪郷年貢算用状写[39]

くほの郷のねんく

三町二反　九貫六百文　弥七

三町二反　九貫六百文　平内五郎

（中略）

合田数十六町一反大三百歩

ふんせん四十八貫七百五十文

惣都合八十三貫九百廿六文

応永卅一年八月卅日

この史料は、宍戸氏の一族一木氏が伝えた年貢算用状写で、江戸時代に写されたものと考えられるが、ここにみえる「くほ郷」は、弘安の大田文にもみえる真壁郡内の一郷であった[40]。ほかに飯塚村の年貢算用状の写も伝来しており、応永期に宍戸氏が両所を知行していた時期の状況を伝えるものである。写とはいえ、この史料は当時の状況を伝えるものとして位置づけられる。この時期の武家領に関わる史料は少なく、その点からも貴重である。この史料から、応永期には確実に年貢が貫高表示となり、銭納化していたことが明らかとなる。一律ではあるが、田一反あたり三〇〇文である。

この時期には、下野国の茂木氏領や上野国の岩松氏領などの武家領において、年貢高が貫高表示となっており、真壁氏の例が特別なものではないことは、別稿[41]で指摘したとおりである。既に、鎌倉時代末期には、真壁氏一族の長岡氏が支配する長岡郷の年貢や真壁氏領亀隈郷内北荒野村の年貢が貫高表示となっていることを指摘したが、応永期の状況は、鎌倉時代末期以降の真壁周辺の動向と無関係ではあるまい。

〔史料３〕菅生荘本郷五町別半分御免名寄帳写[42]

注進菅生庄本郷五町別半分御免名寄事
　合五町別田弐拾柒丁八段小四十分
　　　　　銭弐十六文
　　　　反別白米一合五才
　　　　　籾八合　定
一、忠時二町一反大〈分銭五百六十四文、白米二升三合、籾一斗七升四合〉
（中略）
已上　銭七貫二百四十一文
　白米二斗九升三合二勺三才

籾二石二斗二升八合
乃米一石三斗三升六合八勺
右、注進之状如件、
暦応弐年二月日

この史料は、佐々木銀弥氏が荘園年貢の代銭納化を示す荘園の史料としてとりあげているものである(43)。この史料は南北朝初期の暦応二年(一三三九)のものであるが、いままでみてきたように鎌倉時代中期には、吉田社領での代銭納化は確認されるので、吉田社領を構成する菅生荘の分銭が貫高表示となるのは、鎌倉時代中期以降で、吉田社領年貢の代銭納化が進んでいたことを示すものである。

〔史料4〕法雲寺荘主寮年貢納目録(44)
大雄山法雲寺庄主寮年貢納目録
八反内
□貢廿貫四百六十文〈□町□反九十□　現作一町八反〉
納弐貫九百八十五文
五貫百六十文　岡代立用
(中略)
嘉吉参年癸亥十二月晦日　浄聡誌之、

この史料については、永原慶二氏による分析があり(45)、この寺領の年貢代銭納化は所領が領主である法雲寺の近隣にあるところから、年貢輸送などの条件によって代銭納化されたのではないと判断されている。また、代銭納化の背景として、地方寺院においても地方支配層の消費生活も急速に貨幣経済化の度を深めてきたことなどを理由としてあげている。とすれば、その前提として、いままでみてきたように周辺地域における市場の成立や、和市の存在などを想定すべきで、時代は鎌倉時代より下るが、田宮宿の形成など宿の形成と市場の成立との密接な関係も考えられる。(46)

また、この田宮郷の故地では十三世紀末までの中国銭を構成主体とする埋納銭が発掘されており、この埋納銭は鎌倉時代後期に埋納されたとされている。(47)とすれば、同郷では、既に鎌倉時代末期に貨幣が流通し、それを蓄積していた人々が存在していたと考えられ、この地域の年貢の代銭納は、既に鎌倉時代末期に確立していた可能性もある。常陸国内では、信太荘古渡宿、那珂西郡瓜連宿、(48)新治郡田宮宿など、宿の形成は遅くとも室町時代以降には確実に進んでおり、その初源も遡らせることが可能ではないだろうか。このほか、行方郡所在と推定される最勝光院領の成田荘では、正中二年(一三二五)以前に絹・被物・色代などが銭貨計上されている。(49)また、東寺領の信太荘の嘉暦三年(一三二八)の史料では、既に年貢の代銭納化がすすんでいることが確認されるなど、常陸国内の荘園年貢の代銭納化は、鎌倉時代中・後期には確実に進展し十五世紀には一般化したといえる。

## おわりに

以上、先学の成果に導かれながら、考察をかさねてきたが、明らかにしえたことをまとめておきたい。

(1)常陸国では、鎌倉時代末期には不動産売買による売券が作成されるなど、確実に売買が行われ、かつその代価は貨幣による決済であった。これは常陸平氏流の在地領主長岡氏支配の領域において行われていた。また、売券以外からも売買の痕跡を確認することができ、同じく、常陸平氏流の行方氏は鎌倉時代後期に、国衙所在の府中において土地買得を行っていた。永仁の徳政令が適応された常陸府中における惣社神官層による土地売却は、こうした他地域の武家勢力による買得と推測される。その後にみえる売券は、ほぼ貨幣による代価表示となっており、鎌倉時代後期以降、常陸国内では貨幣による土地売買が一般化していた。

⑵小槻氏を領家とする吉田社領においては、嘉禄二年(一二二六)当時、和市による年貢や役夫工米の銭納化が進展していたと推測でき、周辺地域での市の開催などが想定される。そして、吉田社領においてはこれ以降の年貢などは銭納されていった。こうした事態は、『吾妻鏡』の伝える貨幣経済の進展と軌を一にするものである。

⑶南北朝時代の史料に姿をみせる国府六斎市は、⑴⑵のような常陸国内での貨幣流通などを背景とするものであり、国衙正税や役夫工米などの集積地としての府中という一国経済の中心としての場を前提とするものである。また、従来注目されることのなかった目代への饗応についての儀礼は、鎌倉時代後期の様子を反映していると考えられるので、史料がもつ内容によって、六斎市は既に鎌倉時代後期には開催されていたと考えるべきである。

⑷南北朝時代末期以降の武家領(真壁氏領)・寺社領(法雲寺領・吉田社領)などにおいて、年貢が貫高表示となっており、年貢の銭納化が一般化していた。

以上、四つにまとめてみたが、最後に旧常陸国内における出土銭について言及したい。鈴木公雄氏の研究成果によれば、旧常陸国内での出土銭は、一一例を数える。法雲寺領の田宮郷(つくば市田宮)出土の貨幣については既に言及したが、吉田社領近傍の水戸市大塚の地や、十四世紀に富有人が居住していた土浦市掛馬の地などからの出土銭は注目される。(50) 出土銭と、いままで言及してきたそれぞれの地域における貨幣経済の進展とを、直接結びつける史料的裏付けはないが、関連性は推測可能ではないだろうか。また、製塩遺跡である東海村の村松白根遺跡から、貨幣鋳造の際の永楽通宝の枝銭が出土しているが、(51) こうした状況は、中世後期の事例とはいえ、常陸国における貨幣の浸透・流通を考えるうえで重要な事実で、今後こうした問題を含めて深化させるべき課題と考えている。

## 註

（1）小森『室町期東国社会と寺社造営』（思文閣出版、二〇〇八年）第三章「第二節 寺社領における売券」（初出「中世東国における売券について」〈島田次郎編『中世における売買の総合的研究報告書』一九八九年〉所収）。

（2）古代の土地売買については、古くは菊地康明『日本古代土地所有の研究』（東京大学出版会、一九六九年）があるが、近年の成果として松田行彦『古代日本の国家と土地支配』（吉川弘文館、二〇一九年）をあげておきたい。

（3）小葉田淳『日本の貨幣』（至文堂、一九五八年）五五頁。

（4）三宅俊彦『世界の考古学12 中国の埋められた銭貨』（同成社、二〇〇五年）、東北中世考古学会『中世の出土模鋳銭』（高志書院、二〇〇一年）ほか。

（5）佐々木銀弥『中世商品流通史の研究』（法政大学出版局、一九七二年）第三章 荘園における代銭納の成立と展開。

（6）田中浩司「日本中世の貨幣をめぐる諸問題」（『キャンパス・コンソシーアム 函館学2018 第三回講義資料』二〇一八年）などに近年の動向が報告されている。

（7）小森註（1）書、表7（三一一頁）。

（8）『真壁町史料 中世編Ⅱ』、所収、全三五点。

（9）清水亮「了珍房妙幹と鎌倉末・南北朝期の常陸国長岡氏」（『茨城県史研究』八九、二〇〇五年。のち、清水亮編著『シリーズ・中世関東武士の研究 第一九巻 常陸真壁氏』戎光祥出版、二〇一六年に収録）。清水は『真壁長岡古宇田文書』中に二通の関東下知状（案）が伝来している点について、長岡政光が他氏に売却した土地の回収（買戻し）に際して得た史料としている。
(10)『真壁町史料 中世編Ⅱ』、三八頁。
(11)『真壁町史料 中世編Ⅰ』茨城県真壁町、一九八三年、三五頁。
(12)『鉾田町史 中世史料編 烟田氏史料』、七六頁。
(13)『茨城県史料 中世編Ⅰ』、三九〇頁。
(14)『茨城県史料 中世編Ⅰ』、三九一頁。
(15)『水戸市史 上巻』(水戸市役所、一九六三年)「第六章第二節 吉田神社に奉仕の人々」「第三章 吉田社領の郷と村」(杉山博執筆)など。また近年、小槻氏と同社については永井晋「鎌倉時代の小槻氏と常陸国吉田社」(『鎌倉遺文研究』三九、二〇一七年)がある。
(16)『茨城県史料 中世編Ⅱ』、二五八頁。
(17)『茨城県史料 中世編Ⅱ』、二五六頁。
(18)『茨城県史料 中世編Ⅱ』、二六四頁。
(19) 根拠となる弘安六年七月日大仏長官安倍某奉書写(『茨城県史料 中世編Ⅱ』、二六四頁)は前欠であるが、史料中に「造宮」「於京都可令検納之由」などの文言がみられるところからも、伊勢造宮役夫工米ではなかったかと推測したい。また、弘安八年に正遷宮が行われていることも証左のひとつとなろう(『大神宮叢書 神宮典略 前篇』内外書籍、一九三二年、三三九頁)。
(20)『茨城県史料 中世編Ⅱ』、二六五頁。
(21)『新訂増補国史大系 第三十三巻 吾妻鏡後編』(吉川弘文館、一九三七年)四五頁。

(22)　小葉田前掲註(3)書、五六頁。

(23)　『教王護国寺文書　第二巻』四九六号(平楽寺書店、一九六一年)。なお、『真壁町史料　中世編Ⅲ』(茨城県真壁町、一九九四年)一八六頁に写真が掲載されている。

(24)　佐々木銀弥「中世常陸の国府六斎市とその商業」(『茨城県史研究』一八、一九七〇年。のち佐々木前掲註(5)書に再所収)。

(25)　小森「中世における常陸国衙の一断面―税所氏の基礎的考察を中心として―」(『書陵部紀要』一九八八年。のち高橋修編著『シリーズ・中世関東武士の研究　第一六巻　常陸平氏』戎光祥出版、二〇一六年に収録)。

(26)　『茨城県史料　中世編Ⅰ』、三八一頁。

(27)　『茨城県史料　中世編Ⅰ』、三八三頁。

(28)　飛田英世「中世鹿島社と大船津」(『千葉県立大利根博物館調査研究報告』八、一九九九年)三六頁。

(29)　小森註(1)書、一三二頁。

(30)　常陸国内の鹿島地域以北の太平洋沿岸での塩の生産なども、視野に入れるべきである。

(31)　小森註(25)論文、「表一　常陸国留守所下文等にみえる署判一覧」参照。

(32)　内田実「東国における在地領主制の成立―中世的郡郷の成立と在地領主制の展開―」(東京教育大学昭史会編『日本歴史論究』二宮書店、一九六三年、一六〇頁。のち高橋註(25)編著に収録)。

(33)　古代常陸国府域の工匠集団については、「漆紙文書」の発見などにより明らかとなった点もあるが、中世については、域内に「絵師名」の痕跡が史料的(年月日未詳)福戸・森木氏等知行分田地注文断簡(『茨城県史料　中世編Ⅰ』、四〇一頁)に確認できる程度である。しかし、註(23)史料にみえる「桑代」の存在は養蚕とそれに伴う絹織物生産を推定でき、いまだ多くの工匠集団が存在していたことを推測せしめるものとなっている。
(34)『真壁町史料 中世編Ⅱ』、五一頁。
(35)『茨城県史料 中世編Ⅱ』、二七〇頁。
(36)『茨城県史料 中世編Ⅱ』、二三五頁。
(37)『鉾田町史 中世史料編 烟田氏史料』、一一八頁。
(38)「段銭(今岡典和執筆)」(『国史大辞典 第九巻』吉川弘文館、一九八八年)・「棟別銭(田沼睦執筆)」(『同 第十三巻』同、一九九二年)が要を得た解説を行っているが、その前提となる貨幣経済の展開についての言及はない。
(39)『茨城県史料 中世編Ⅲ』(茨城県、一九九〇年)四三四頁。
(40)『真壁文書』中、寛喜元年七月一九日藤原頼経袖判下文にも、公領のひとつとして「窪」郷がみえる(『真壁町史料 中世編Ⅱ』、三〇頁)。
(41)小森「中世後期東国における国人領主の一考察—常陸国真壁氏を中心として—」(『茨城県史研究』六二、一九八九年)。
(42)『茨城県史料 中世編Ⅱ』、三一三頁。
(43)佐々木註(5)書、三五二頁。
(44)『茨城県史料 中世編Ⅰ』、四一二〜四一七頁。
(45)永原慶二「法雲寺荘主寮年貢目録について」(『茨城県史研究』二二、一九七二年。のち永原『日本中世社会構造の研究』岩波書店、一九七三年に再所収)。
(46)近年、高橋裕文「中世東国の宿の構造と検断職—常陸国新治郡田宮宿を中心として—」(『地方史研究』三六八、二〇一四年。のち高橋『中世東国の郷村結合と地域社会』岩田書院、二〇二一年に再所収）において、田宮宿と法雲寺の関連などを検断職という新しい視点から論じている。

(47) 鈴木公雄『出土銭貨の研究』（東京大学出版会、一九九九年）第一部第一章および第二章参照。

(48) 小森「常陸国久慈西郡と金沢称名寺について―瓜連の歴史的位置と替用途をめぐって―」（佐藤博信編『中世東国の社会構造　中世東国論　下』岩田書院、二〇〇七年）。
また、瓜連の近傍地である久慈西郡戸崎村（那珂市戸崎）の蓮光寺鐘銘に「十八日講衆等」が願主となり梵鐘を鋳造している旨の銘文があるが、鎌倉時代末期の延慶二年（一三〇九）段階で、十八日講を組織する複数の人間がおり、梵鐘を鋳造する財力をもっていたことがわかる。これらの人々の階層は不明ながら、在地での富裕層であることは間違いない（『鎌倉遺文　第三十一巻』東京堂出版、一九八六年、二三五九七号）。

(49) 佐々木註（5）書、三五二頁。

(50) 鈴木註（47）書（一一頁）において、富有人注文についての言及がある。

(51) 斉藤努「村松白根遺跡出土銭・銅銭の化学分析」（『村松白根遺跡Ⅰ下』茨城県教育財団、二〇〇五年）などによる。

# 称名寺聖教『八千枚事』といわき長福寺開基小河佐竹氏

西岡　芳文

## はじめに

福島県いわき市小川町に所在する真言律宗小川山長福寺の本尊地蔵菩薩坐像から、東日本大震災による破損修理作業の過程で多量の納入品が発見され、当寺の開創をうかがわせる紙背文書の存在が明らかになった。その概要についてはすでに報告したところではあるが、彫刻本体を含む調査報告書の完成にはまだ至っていない。(1)中世史料の少ないこの地域の歴史を解明するためにも、作業の遂行に努力を続ける所存である。(2)

そうした中で、市村高男氏より、『金沢文庫古文書』に収録される紙背文書の中に、長福寺開基の小河氏にかかわる史料が存在するという御教示を得た。長福寺の縁起にしか記されていなかった当寺の沿革を示す貴重な史料であることから、今回は該当する紙背文書を紹介し、その背景について考えることにしたい。

## 一　『長福寺縁起』にみる開創伝承と小河佐竹氏

長福寺には巻子に仕立てられた縁起が一巻伝わっている。これは磐城平藩家老であった鍋田三善が、長福寺二十七世覚元慈足の求めによって編纂したもので、当寺に残された記録をもとに考証を加えたものである。縁起の後半部には、長福寺開基の小河義綱の寄進状から始まる中世文書の写しが編年順に記録されており、この部分だけは『福島県史[3]』をはじめ、自治体史や古文書資料集に採録され、公刊されている。しかし縁起の本文については翻刻紹介されたことがないので、まずそれを紹介しておきたい。

小川山寶幢院長福寺縁起

当寺ハ陸奥国磐城郡下小川村ニ在リ、南都西大寺ノ末真言律寺領四十石也。日本二十一大本寺云、南都西大寺律宗別立一家、天平神護元年称徳天皇、造西金光明国分大寺与東大両立乃西大其略名、先是聖武天皇詔諸州建金光明国分精舎以東大統之、至是平分以西三十三州国分寺属西大、中世以来諸州金光明廃矣　開山鎌倉極楽寺慈雲和尚毎歳八月廿四日五日開山忌、本願小河入道義綱、元亨二年壬戌ノ刱建也。後醍醐天皇御宇、鎌倉将軍守邦親王執権北条高時時代　当寺本今ノ堂処ヨリ巽凡一町許高野ト云ル境内ノ山上ニ在リシヲ、風難ヲ避ケテ平地ニ移スト云。其寺記ヲ按ニ、其頃小河入道義綱鎌倉在番ノ時、鎌倉殿ノ御勘気ヲ蒙リ其罪遁レ難ク、既ニ切腹ニ及バントスルノ節、義綱極楽寺新編鎌倉志ニ極楽寺ハ霊出ト号ス、南都西大寺ノ末寺也、開山ハ忍性菩薩良観上人ト号ス、元亨釈書ニ伝アリ、当寺陸奥守平重時ガ建立ナリ、重時ヲ極楽寺ト号ス、此寺昔ハ四十九院アリシトナリ、今吉祥院ト云ノミアリ○本朝高僧伝浄律云、建長四年告睿尊曰、畿内人民帰師戒徳、吾雖不敏請化東陬遂如常州止清涼院盛啓律席学侶填門弘長元年入鎌倉、副元帥平時頼刱光泉寺招請、住持講演無缺武州刺史平長時、修営極楽寺請為開山祖、嘉元元年七月十二日、化嘉暦三年夏後醍醐帝追崇、行徳賜菩薩之号焉　長老ヨリ五戒ヲ授カル。鎌倉殿治世ノ比ハ、諸大名依罪科及切腹ノ時ハ、於極楽寺自長老受五戒而後遂死為掟ノ由也、此事何時ニ始レルヤ無所考　時ニ長老問曰、足下世ニ残心無キ乎、義綱答曰、某シ当年信州諏訪大明神御戸ノ役御戸ノ役其故ヲ知ラス、諏方ニ限リタルコトニヤ、又餘神ニモ有ルコトカ大名ノ勤メシコトナド未可知也○追考鹿嶋志ニ、毎年正月七日ノ夜御戸開ノ神事ノ時正殿ノ御戸ヲ開幣帛ヲ納奉ル、又去年ノ幣帛ヲバ取オロスナリ、是ヲ出納ノ役トイフヨシ例伝記ニミユトアリ、諏方ノ御戸ノ役モ是等ノコトヲイフニヤニ当レリ、不果之シテ死ン事本意ナシト。長老聞テ黙止難ク、乃上聞ニ達セシカバ終ニ死罪一等ヲ宥メラル。依テ其本願トシテ信州ヨリ諏訪明神ヲ磐城小河ニ勧請ス。今ノ高萩諏方是也　是時極楽寺ノ中地蔵院ノ主慈雲和尚モ始テ東奥ニ下向ス。蓋シ入道ノ招待ニ応スルカ。正中元年義綱塩田ノ村並ニ東山ヲ附進ス。即自筆ノ證文二通アリ。下ニ録ス　按ニ当山草創元亨二年ヨリ正中元年ニ至ル僅ニ三年、時代前ニ記ス　是歳諸堂経営落成ニ依テ、始テ山田共ニ寄附アリシト見エタリ。元来当寺ハ七堂七院寶光院、千手院、福寿院、普賢院、妙徳院以上退転地蔵院、東林院以上存在　十二坊一ノ室、二ノ室、三ノ室、四ノ室、西ノ室、北ノ室、南ノ室、中ノ室、圓實坊、実相坊、文殊坊、圓成坊皆退転ノ大伽藍ニシテ、寺領若干ヲ有ス。小河家世々ノ寄進状アリ。録于下　又岩城下総守平隆忠中興ノ檀那タリ。即嘉吉三年住持宗珍ヘ渡進寺領證文アリ。附于下　是等ノ古券ヲ見テ寺田ノ額数ト寺門ノ大體トヲ知ルニ足レリ。爰ニ第十世尭雄代ニ当ツテ慶長八年癸卯四月廿一日ノ夜半頃、庫裏ノ竈屋ヨリ失火シ堂塔坊舎一宇モ不剰悉ク回禄セリ。於是尭雄募縁困苦ノ功ヲ積ミ、七年ニシテ諸堂坊舎舊貫ニ仍テ再建シ訖ヌ。其功蓋偉哉。又十一世梁雄代同十四年己酉十二月廿六日昼、翌年庚戌三月十八日夜、再度ノ祝融ニ罹リ諸堂伽藍子院坊舎及ヒ什物記録等ニ至ル迄悉皆焼亡ス。由是僧侶ハ四方ニ散乱シ古迹ノ律場将ニ退転セントス時ニ、梁雄頻リニコレヲ痛恨シ、寛永廿年癸未僅ニ草庵ヲ結構ス。嗣住清胤其緒ヲ続キ漸ク二代ニシテ殿堂起立ノ功ヲ果ス。自是至今師資相承連綿トシテ不絶。開闢已降今茲甲申ニ至ル凡星霜五百有三年タリ。因云、青瀧観音堂長享二年棟札ニ、萱檀那小河但馬守長福寺并江内大小上小川那智阿弥禅門トアリ、当山開基ヨリ百六十七年ノ後也、今甲申ヲ去ルコト三百卅七年、其古刹タルコト知ルヘシ

三代将軍家御朱印寺領四拾石、下小川村之内拾石、神谷村之内三拾石　境内東西貳百貳拾間南北四百貳拾六間也。

○理性院実相坊、十二坊ノ中　当山回禄ノ書記一通アリ、左ニ附ス

寶光院　地蔵院　千手院　妙徳院

東林院　普賢院　福寿院

一之室　　二之室　　三之室　　四之室
西之室　　南之室　　北之坊　　中之坊
圓成坊　　実相坊　　圓実坊　　文殊坊
右之坊院、慶長八癸卯年四月廿一日之夜半、従庫院出火。住持尭雄六十五歳之時経蔵火入、唐本大般若霊宝等尽焼失。慶長十四己酉年十二月廿六日昼天災。同十五庚戌三月十八日夜天災。二度之炎上者梁雄住持之時。為後代之七十有余之拭老眼、荒増写記。此時坊院之住僧散失悲歎之余、末代為令知寺院名落涙共書記置者也。
慶長十五庚戌年六月廿四日　　理性院実相坊

○末社
○春日社。在寺中春日作元亨二年壬戌鎮坐、例祭九月廿九日　○新編鎌倉志春日作ノ注ニ云、按ニ春日ト云ハ仏師ノ名也。仏像ノミニ非ス、楽ノ仮面ニモ春日ノ作数多アリ。旧記ニ稽文会稽主勳ハ河内国春日部ノ邑人、兄弟共仏師ナリトアリ、是ヲ春日カ作ト云ナリ。
○勝善神社在林中、正中元丑年建立
○義綱五輪塔山上ノ旧地古松ノ下ニ埋レ存ス

○什物
○義綱太刀銘国信長、二尺四寸九分、反リ一寸三分。棒樋アリ、横手際ヨリ四寸餘、峯際ニ太刀打ノ殺ギ疵アリ。鞘ハ薄革、裏ノ黒塗リ今朽壊破裂ス、柄前ナシ
○山門額泉涌寺月清書、今不掲之　○本堂扁
（「小川山」の額の図あり。本堂は枠線のみ）

○当山光明真言代々檀那衆等過去牒
当寺本願前小河殿儀綱観善禅門（朱注）文書二通アリ

同前小河殿法名源正禅門（朱注）文書三通アリ
同前小河殿法名正秀禅門

○当寺再興大檀那
前下総守平朝臣隆忠法名實山真公禅定門
同前下総守平朝臣親隆法名虎山寅公庵主
同前下総守平朝臣常隆法名可山繁公庵主
同民部大輔平朝臣由隆法名鷹山俊公庵主
同左京大夫平朝臣重隆法名月山明徹庵主
同御内侍法名月叟明圓大禅定法尼
同左京大夫平朝臣親隆法名光山本公大禅定門
同左京大夫平朝臣常隆法名鏡山明心大禅定門
同前岩城忠次郎殿平朝臣定隆公
同御堀内袋方瑞芳寺殿（朱注）宮村瑞芳寺記云、当寺開基瑞芳祥公大姉文明十二年庚子四月八日卒白土城主下総守常隆老母也、於当山行葬式云々
同中館袋方法名貴安継富大姉
同香室天意大姉
小河前駿河守隆冬法名壁江城公庵主
同刑部大夫隆敦法名天窓洞公禅定門
小河左近大夫隆尚法名月窓心公禅定門

同甚四郎殿隆冬法名益岑謙公禅定門
同次郎左衛門隆範法名洲之明龍禅定門
大須賀但馬守輔胤法名高巌道林禅定門（朱注）青瀧観音長享棟札ニ萱檀那小河但馬守長福寺云々、蓋此人ノコト乎
小河鉤月斎法名仙輔明橘
同内方法名歓栖妙娯大姉
以下鳥居家内藤家法名略之

○当山法系

〈開山〉　慈雲　某年某月四日寂
〈二〉　慈澄　応安之頃／某年某月八日寂
〈三〉　澄果　某年某月六日寂
〈四〉　宗珍　比丘／嘉吉之頃／某年某月九日寂
〈五〉　高盛　比丘／某年某月九日寂
〈六〉　月照　比丘／某年某月四日寂
〈七〉　日胤　某年某月廿九日寂
〈八〉　日雄　中興／某年某月十七日寂
〈九〉　尭雄　慶長十四酉四ノ四寂七十一
〈十〉　梁盛　某年某月十二日寂
〈十一〉　梁雄　正保元申十二ノ廿寂七十一
〈十二〉　清胤　某年某月十二日寂
〈十三〉　覚雄　某年某月廿二日寂
〈十四〉　覚清　世姓北郷氏　某年某月廿八日寂　／（朱注）按越田和系図第十五代祐圓ノ季子ニ北郷小右エ門ト云者アリ、其子モ小右エ門ト云自殺ス、其一子則長福寺十四代覚清長／老ト云々父自殺タリシ故出家ヲ遂シムルモノカ
〈十五〉　宥賢　享保廿卯五ノ八寂
〈十六〉　覚賢　某年某月廿三日寂
〈十七〉　覚仙　某年某月十日寂
〈十八〉　宥圓　天明四辰正ノ廿七寂

〈十九〉覚道　某年某月八日寂
〈二十〉覚俊　寛政元酉十ノ五寂
〈二一〉覚範　七ノ二寂
〈二二〉榮信　天明九酉正ノ廿四寂
〈二三〉宥快　寛政十一未二ノ廿一寂
〈二四〉梁範　七ノ十四寂
〈二五〉覚静　四ノ五寂／文化十酉六ノ六寂
〈二六〉榮範　五ノ九寂／文政八酉七ノ廿一寂
〈二七〉覚元

縁起は、この後に二六通の古文書とその考証を収めるが、大半は県史に収録されているので今回は省略する。

縁起の本文によると、長福寺の開基は小河入道義綱とされている。小河は寺の所在地の地名であり、小河氏は常陸佐竹氏から分かれた一族であると考えられているが、縁起本文の中には佐竹やそれに関連する言及は全くない。鎌倉時代末期の元亨二年（一三二二）、小河義綱が鎌倉在番中に「鎌倉殿」の勘気をこうむり、死罪に処せられそうになった時、引導を渡しに来た極楽寺長老に、諏訪大明神の「御戸ノ役」を果たさずに死ぬのが心残りであると語ったことから、長老の仲介で死罪一等を宥免されたという。

その恩を感じた義綱は、自領に極楽寺末の律院を創建し、高萩の地に諏訪明神を勧請したという。創建された長福寺には、極楽寺地蔵院の慈雲和尚を招き、開山とした。縁起所収の古文書の冒頭には、長福律寺にあてられた正中二年（一三二五）二月九日付の小河入道本願義綱の寄進状二通が写されている。

佐竹系図によると、小河佐竹氏は佐竹氏の家祖・昌義から六代の後胤義胤の子小河三郎義綱から始まる。(4)「佐竹系図」（『続群書類従』巻一一九）によれば、兄に稲木小次郎義信、弟に豊間義熈・高部五郎景義がいた。父の義胤が奥州岩崎氏から妻を迎えたことにより、稲木（常陸太田市）・小河・豊間（いわき市）・高部（常陸大宮市）など、常陸北部から奥州磐城郡周辺に一族が展開したものと見られる。

なお小河義綱については、「某〈小川六郎〉奥州住」（『続群書類従』巻一二〇「常陸長谷密蔵院本佐竹系図」）、「宗義〈小川五郎〉」（『続群書類従』巻一一九「常州耕山寺本佐竹系図」）、「小川三（抹消して六）郎ヨシツグ」（甲神社本佐竹系図）(5)などの異説があるが、義胤の子供に位置づけられていることに変わりはない。

長福寺文書の後半「小河・岩城両家寄進状」の冒頭には、当寺開創の本願となった小河義綱の寄進状が、花押の模写も含めて二通掲載されている。

〔史料1〕小河義綱寄進状（図1右）

長福律寺江付進、塩田之村并山境事、

北者田代之水走堀口成沢限、南者明神之鳥居北之柱を限、道之為境、両宮之間神倉之茎境手之倉平大坂大道之登ニ、柿沢之沢道を大亥子上之板木仏倉之南之平笠原を限、西者茎小下を限、為後日證文如件、

正中元年甲子二月九日

小河入道本願義綱（花押）

〔史料2〕小河義綱寄進状（図1左）

長福律寺江付進、東山之境北者馬舟沢お限、亦猿倉より南江長巠お為初、白山堂之西、水はしり石名坂岩屋堂之北之ひらお境に付進所也、

為後日「證文如件」（〇岩城文書所収文書により四字補塡）

正中元年甲子二月九日　本願義綱（花押）

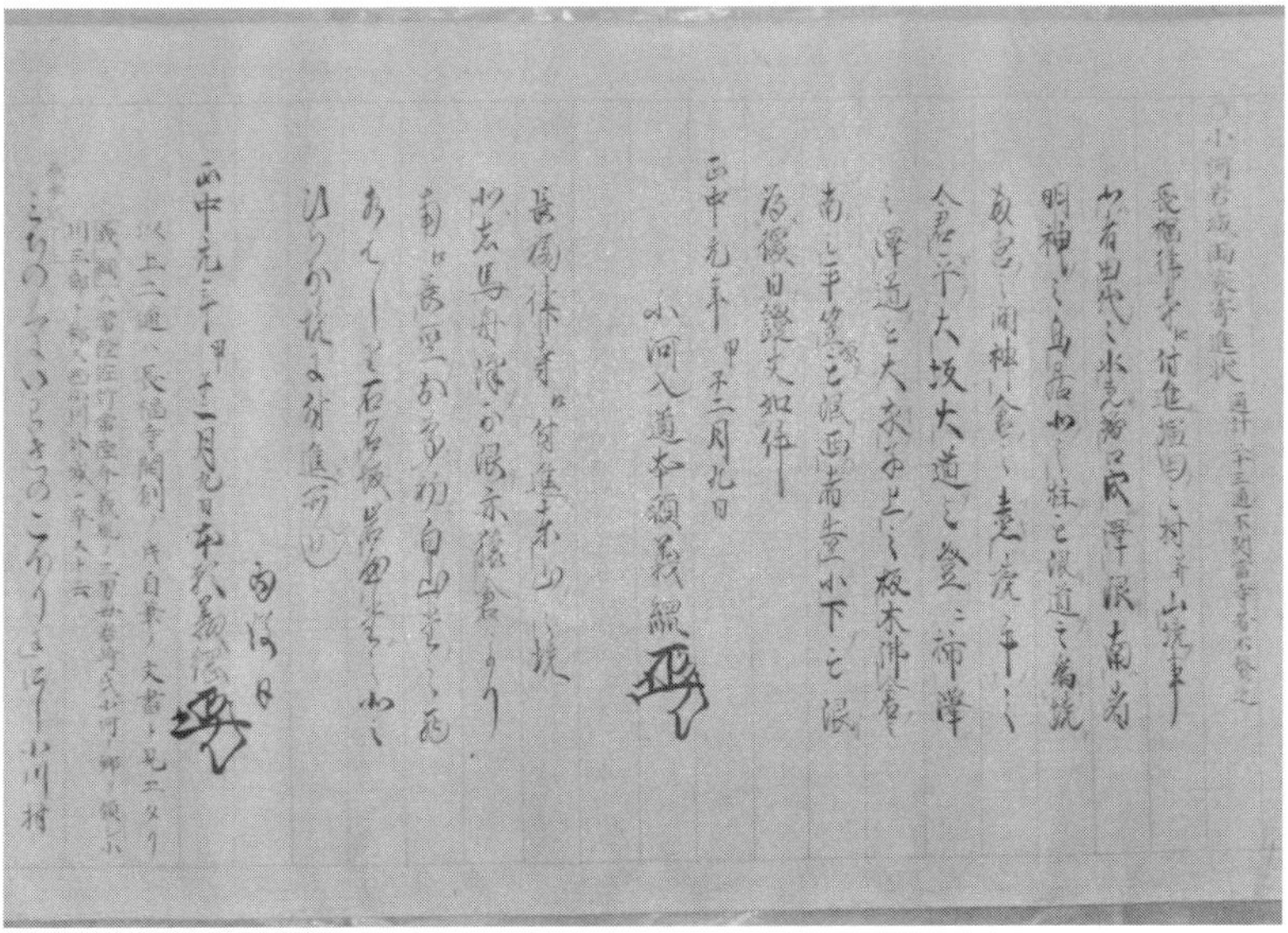

図１　『長福寺縁起』所収文書１・２（小河入道義綱寄進状）

いずれも小地名を具体的に列記して寺領の周囲を確定し、寄進したことを証するもので、縁起本文に記される創建年の二年後、正中元年（一三二四）の日付が記されている。

小河佐竹氏のその後については、それを知りうる系図が知られていないが、『長福寺縁起』にはその後継者と見られる小河義雄の寄進状が収録されている。

〔史料3〕小河義雄寄進状（図2）

（朱注）「原本写トミユ」

ミちのくにいわきのこほりににし小川村内、かふら田かわらニはたけ五反、長福寺地蔵へきしん申候也、さかいにかミちくこせをかきり、下ハはちやなきをかきそねうニよせてよせ進し候、しそんニおいて、いらん申ましく候、仍後日状如件、

小河入道

貞和四年十月八日　源義雄（花押）

貞和四年（一三四八）は義綱の寄進から二十四年後にあたることから、この小河入道源義雄は、義綱の子息である可

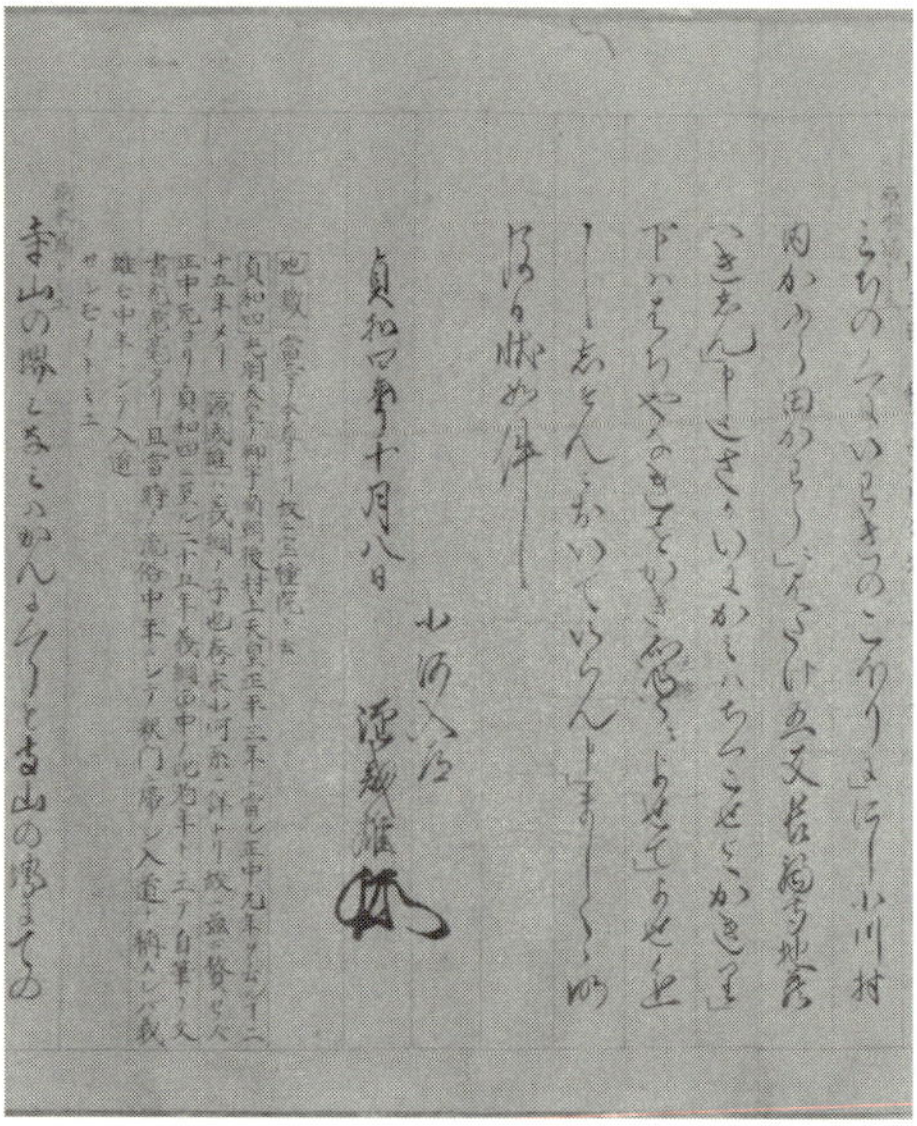

図２　『長福寺縁起』所収文書３（小河入道源義雄）

能性が高い。さらに応永九年（一四〇二）には「久義」、応永十五年から同二十八年にかけて「下野守入道源正」の寄進状が収録されている。永享九年（一四三七）から永享十一年にかけての寄進状が残る「小河三嶋入道道弘」、嘉吉三年（一四四三）と文安三年（一四四六）の寄進状が残る「小河入道浄宗」まで、小河を名乗る人物が続いており、小河佐竹氏がその時期まで現地にいた可能性がある。文明十六年（一四八四）以後は岩城氏の寄進状に代わっており、おそらく佐竹本宗家の内紛（山入の乱）に巻き込まれて小河佐竹氏が没落し、それにともなって岩城氏が長福寺の檀越になった可能性を示すのであろう。

## 二　称名寺聖教『八千枚事』および紙背文書

市村高男氏の御教示によって検討する『八千枚事』（八千枚用意）は、国宝称名寺聖教に含まれる一帖の小さな冊子である。第一二函一六号として登録されるこの聖教は、不要になった書状を横に半截し、裏面を表にして折ったうえで仮綴にした装丁で、中世の学僧が覚書などを書き留めるために使用した簡略な帳面である。全部で九丁、法量は縦一四・五センチ、横二〇・三センチ。

表紙右肩には「四巻内　本巻物也」と記入されており、全四巻のうちの一巻で、原本は巻子装であったことを示す。表紙右下には「高珠」と墨書した上に大きく「賢了」と重ね書きし、表紙中央上部に「八千枚用意」と外題を記す。その下に解読困難な割書があり「御流／両度」と読めそうであるが確実ではない。本文冒頭の内題には「八千枚事」と記す。

奥書は三段階に分かれ、巻末本文に続き、順忍の嘉元三年（一三〇五）の識語と、中正の文和二年（一三五三）の書写奥書を記す。

〔史料4‐1〕

右付一院如形記之了、外見有憚謬多々、可恐可慎之故也、

本云、

嘉元三年十一月、於西大寺以護國院御自筆御本書寫了、

金剛佛子苾蒭順忍俗四十一法廿一

文和二年三月九日、以順忍長老自筆御本書寫了、

同一交了、　中正

さらに続けて後世の伝授覚書が別筆で書き込まれている。

〔史料4‐2〕

（後筆）一天文十九庚戌十一月八日、於不退寺日尊行之、従後夜行之、水加持珠水美敷美、助修四人、承仕二人、経頭高円、

これらの奥書によると、十年後（正和四年（一三一五））に極楽寺三世となる順忍が、大和西大寺護国院で「御自筆御

本」を写し、それを中正なる僧が転写したものであることがわかる。表紙の手沢銘にある「賢了」が、文和三年（一三五四）に金沢称名寺五代長老となる玄寥房什尊（前名熙允）の古い房号の表記であると考えられるので、書写者の中正から什尊に譲られた可能性が高い[6]。追筆の天文十九年（一五五〇）の奥書は、大和不退寺（奈良市）での護摩行の役僧たちの覚書であることから、金沢称名寺関係の僧が本書を携えて奈良の行法に参加した可能性が考えられる。

称名寺聖教の中には、中正の奥書のある本が他に二点ある。「歓喜天五種秘印」（三一〇函一〇号）は文和二年の順忍本、「如意輪秘決」（三一一函九二号）は貞和五年（一三四九）に順忍が西大寺護国院で書写した本で、両者ともに中正が転写している。後者によれば、中正は「極楽寺小地蔵院」でこれを写したということから、中正は極楽寺順忍長老の信任を得た弟子であったと推定される。

聖教の本文は、不動明王を主尊として八千枚の乳木（護摩木）を焚く八千枚護摩供の具体的な支度や作法についての覚書を列記したものである。比較的大がかりでよく行われる行法であることから、二百年の時を越えて実用に供されたのであろう。

さて、注目される本聖教の紙背文書は、横に半截されながらも、五通の文書がほぼ完全に復元できることから、聖教の奥書と合わせて考証を加えることが可能である。以下、刊本『金沢文庫古文書』に収録された順に本文を掲げて検討してみたい。

〔史料5〕源義雄書状（金沢文庫古文書八二一号）（図3）

御上洛後無便宜候て、不申入候、就其何条御事候哉、田舎無子細候、

抑京都へ人を立候、兼日申て候し道々くわしよの事、御ひけい候はゝ悦入候、もし又、可然京都への便宜候者、

此物同道□□うに仰候はゝ、身のため悦喜たるへく候、万御下向之時申承候ハんために不委細候、将又御寺様殊

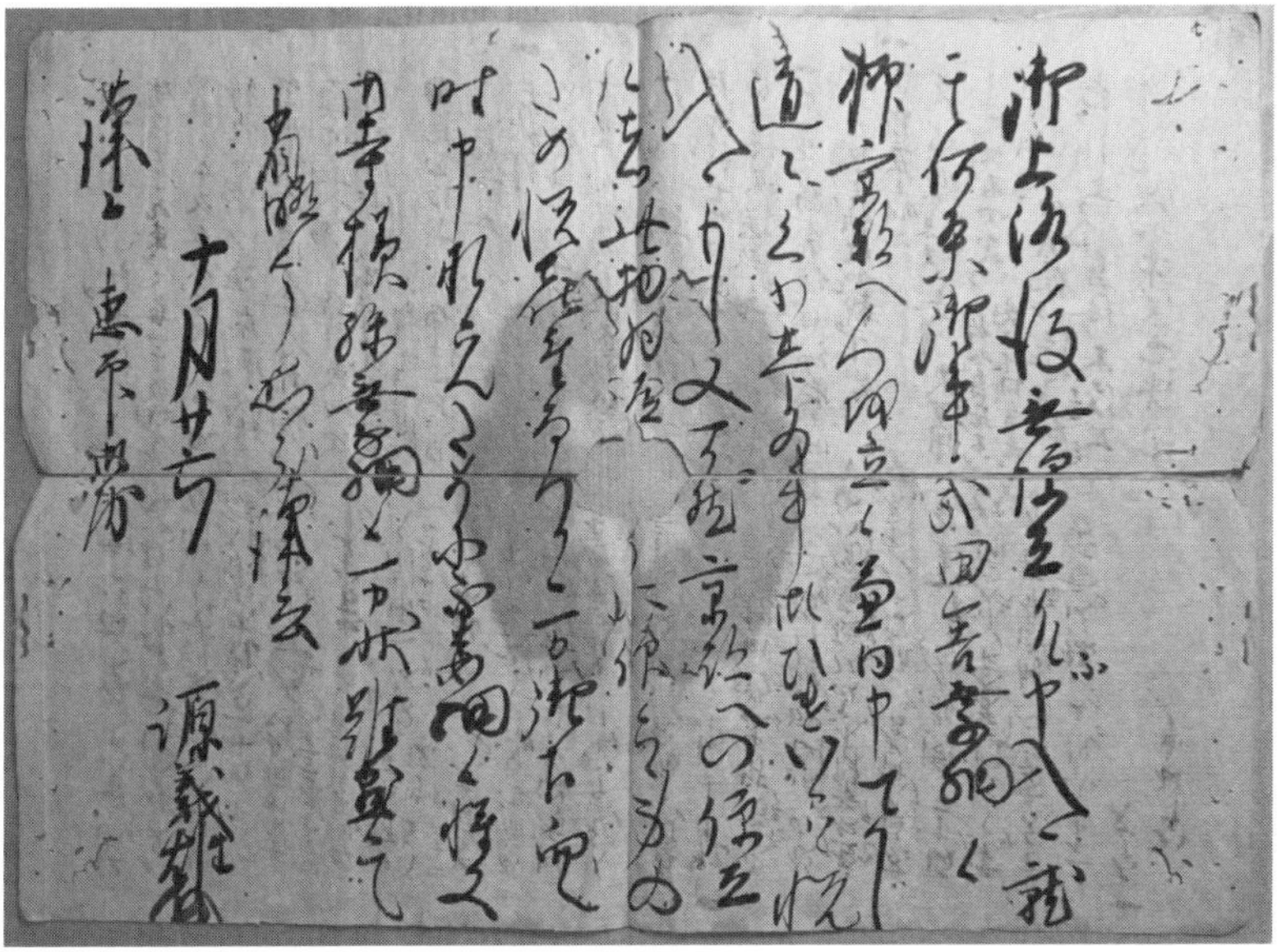

図３　源義雄書状（史料５）

無子細候、万状難尽候て省略候了、恐々謹言、

十月廿六日　　源義雄（花押）

謹上　恵印御房

〔史料６〕聖仙書状（金沢文庫古文書一五八五号）（図４）

（前欠）

者畏入候、自是使者進候、度々之処に、全分使者候ハす候之間、如是令申候事、返々憚入候、内外之衣襞、無用意候、是非めしかへの餘残、罷預候やうに、御計候者、喜悦存候〻〻、恐々謹言、

三月六日　　聖仙状（花押）

（切封墨引）

地蔵院御方　　聖仙状

〔史料７〕唯心書状（金沢文庫古文書二一七七号）（図５）

（前欠）

候へく候、又としより候て、何事事もかなハす候、いのちのうちに御見参に入まいらせたく存候、地蔵院へも御ものかたり候へく候、あまりに〻〻御見参に入まいらせたく相存候、又々申入候へく候、恐々

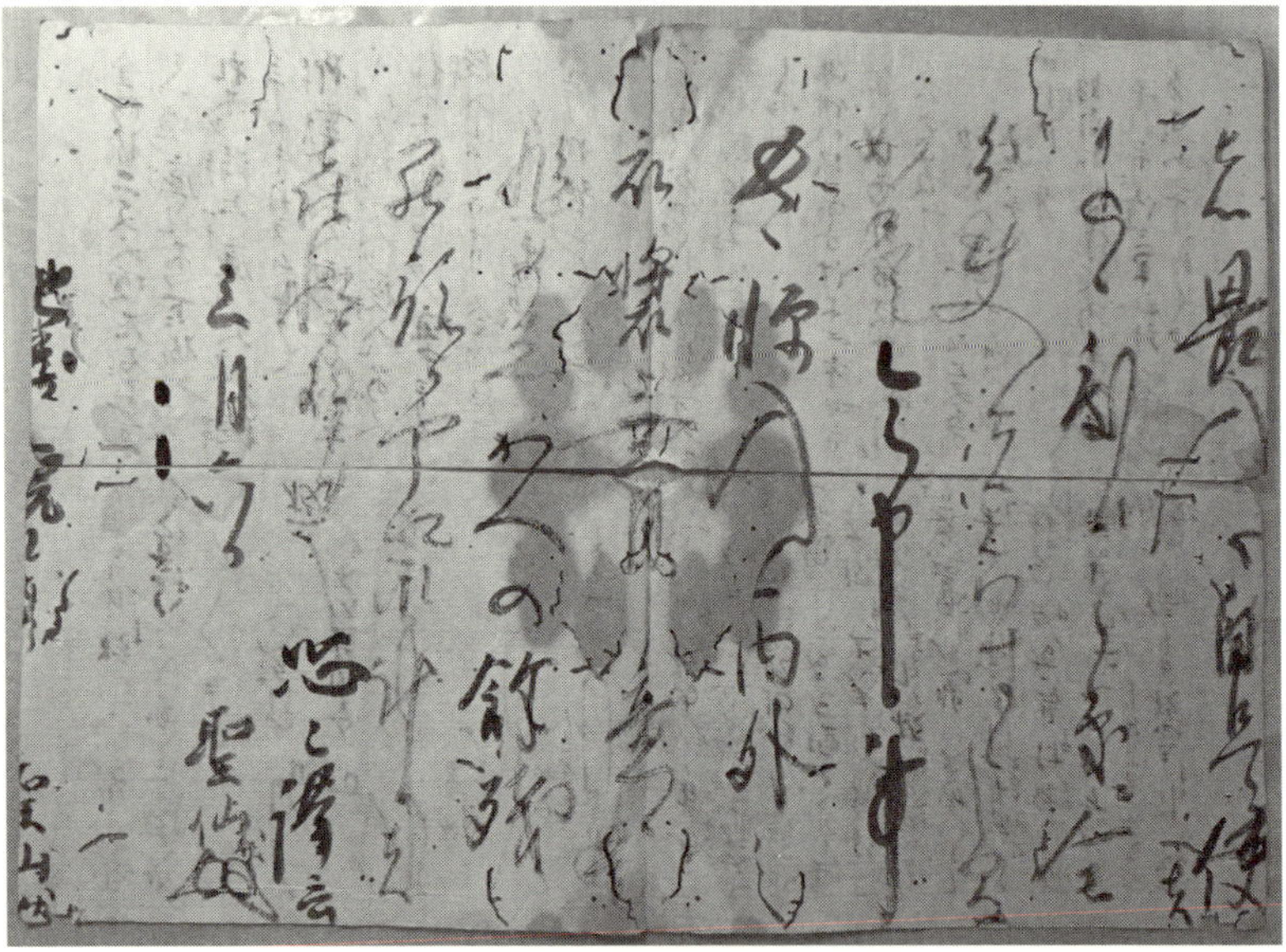

図４　聖仙書状（史料６）

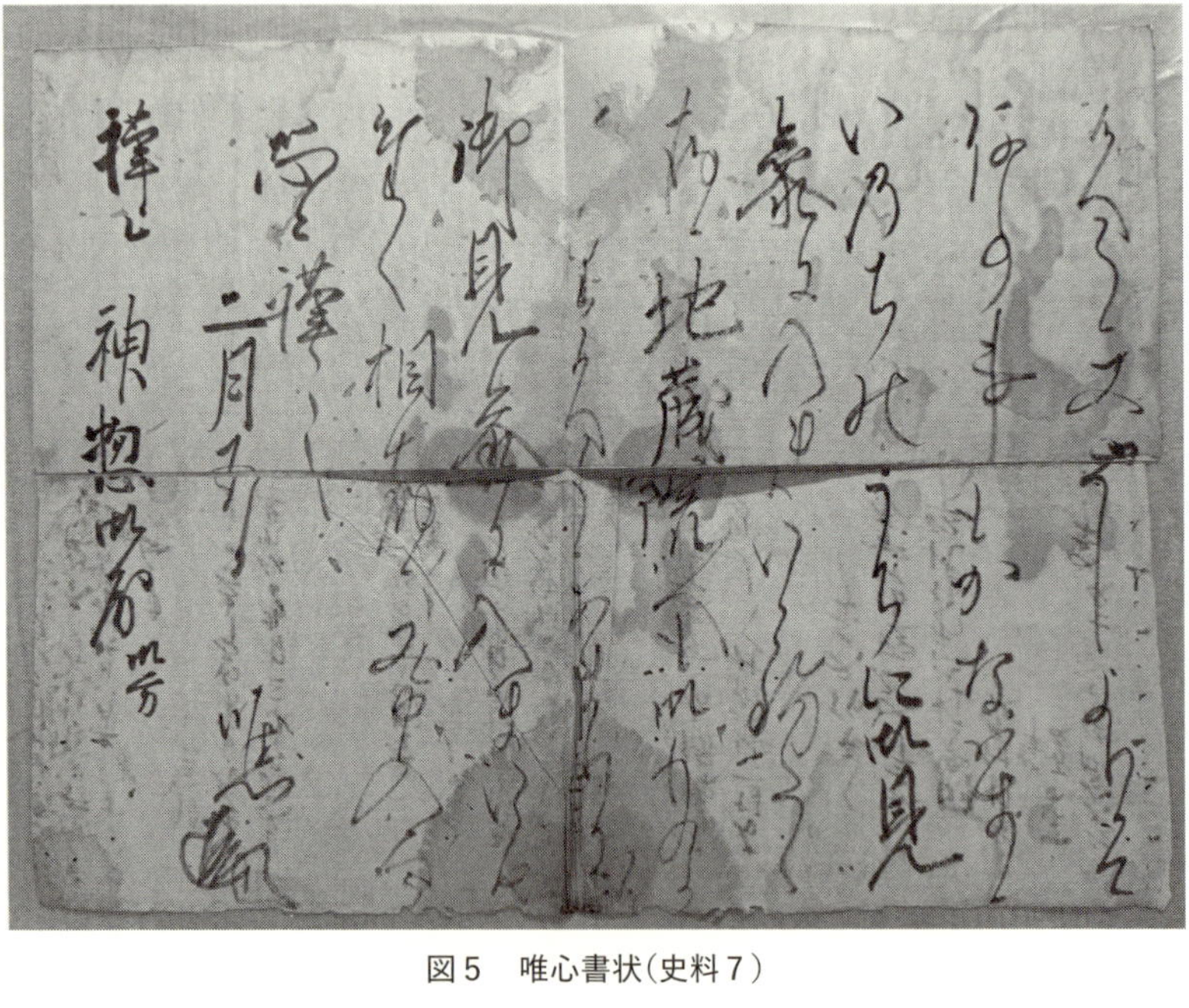

図５　唯心書状（史料７）

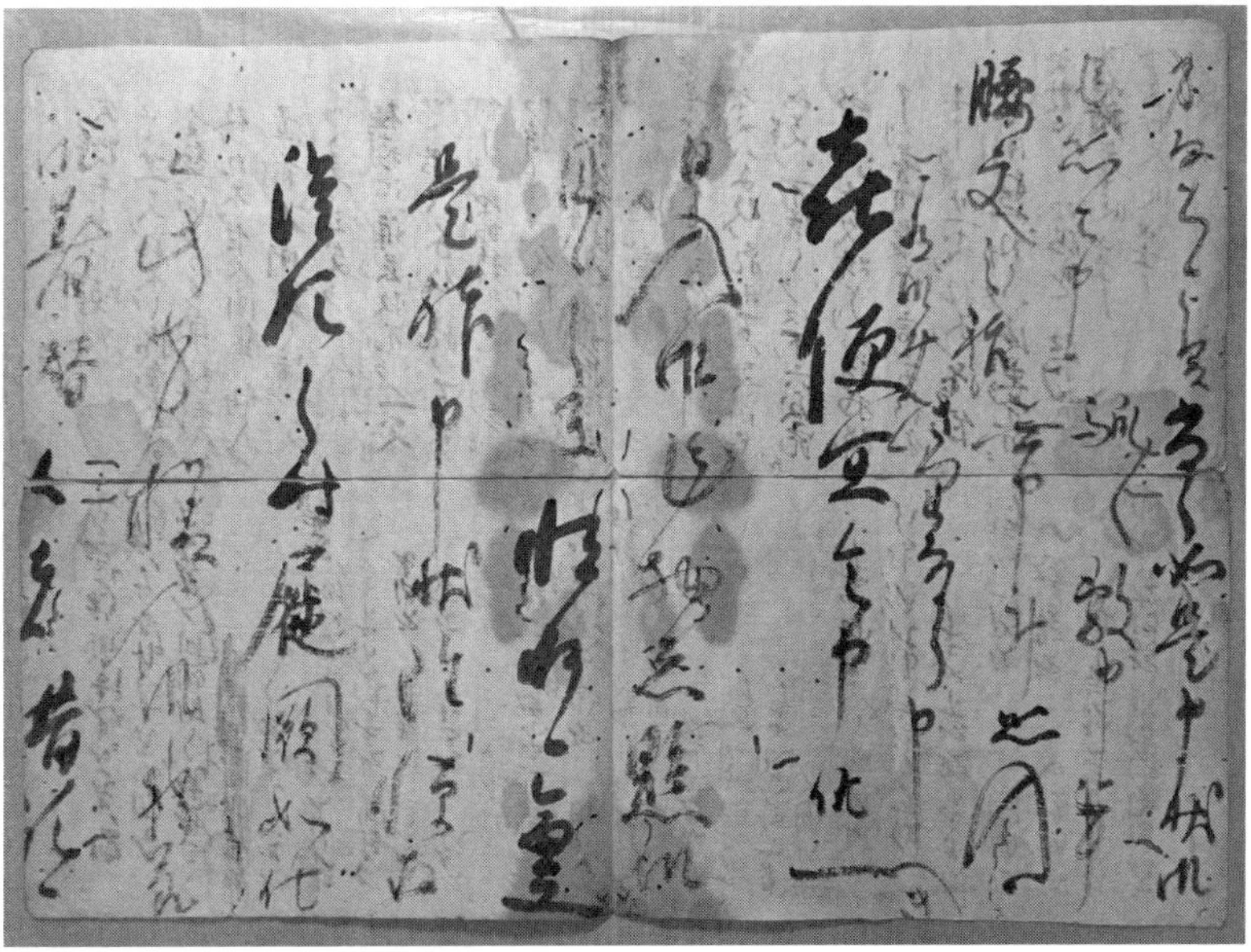

図6　氏名未詳書状（史料8）

謹言、

　　二月十五日　　唯心（花押）

謹上　神惣御房御方

〔史料8〕氏名未詳書状（金沢文庫古文書四九五八号）（図6）

尚々如是申状、御馴〻敷申候事、無申計恐入候、
さりなから申へき方なく候之間、乍恐令申候也、
　腰文之躰、可有御免候、

喜便宜令申候、一日入御、乍物忩、懸御目候之条、
悦存候、兼又、是躰申状雖憚存候、灌頂之時、屣闕
如仕候、此方様入御折節御着替候者、借預候、

（後欠）

〔史料9〕常州村松日光寺護摩堂建立日時注文（金沢文庫古文書五五二七号）（図7）

（下半分欠）

　日光寺護摩堂□

一事始二月二日庚子時□

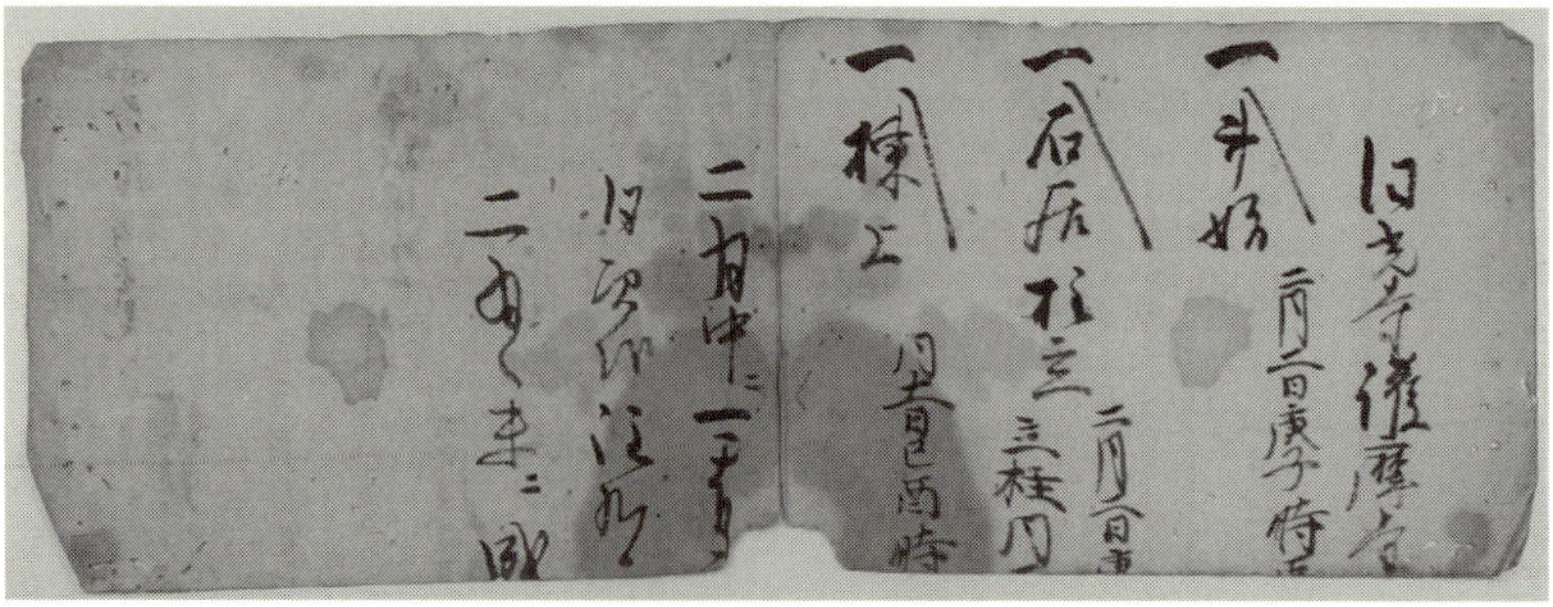

図7　日光寺護摩堂建立日時注文（史料9）

一石居柱立二月二日庚⌜　立柱同⌜
一棟上同十一日己酉時⌜
　二月中ニ可有⌜
　日時を注給候⌜
　二月之末ニ成⌜

まず、紙背文書全体を通して知られることは、「地蔵院」がキーワードになりそうだということである。聖仙書状（史料6）の宛先が「地蔵院御方」となっており、次の唯心書状の文中にも「地蔵院へも御ものかたり候へく候」とある。聖教本文を写した中正の手になる別の聖教「如意輪秘決」の奥書に見える「極楽寺小地蔵院」がこれに当たるかと思われる。(7)

〔史料10〕「如意輪秘決」（三一一函九二号）

于時、嘉元三年暦乙辰十二月廿四日、⌜　⌟
西大寺護国院御自筆之⌜　⌟
筆為関東令法久住書写⌜　⌟
之畢、二交了、
金剛末資順忍春秋四 法歳廿一⌜　⌟
貞和五年十二月十六日、於極楽寺小地蔵院、以順忍大徳御自筆之本、書写之
畢、同一交了、

金剛末資中正

僧侶の手になる紙背文書は、衣装の用意（聖仙書状）とか灌頂に用いる屣（はきもの）の調達（氏名未詳書状）など、法会の準備にかかわるやりとりが話題になっていることから、一つの寺院・宗派内部の宗教活動にかかわる日常的な手紙であるということは言える。

また日光寺護摩堂の造営にかかわる日次注文は、この寺が極楽寺の末寺であった可能性を示すものである。寺名だけではどこの寺院であるという確証はないのだが、『金沢文庫古文書』の編者である関靖氏がこれを茨城県東海村の村松虚空蔵尊に比定したのは、思い切った判断である。関氏がほど近い日立市の出身であったために、あえてそうした比定を行なったものとも考えられる。寺伝によれば、村松虚空蔵はもと村松山神宮寺と号したが、長享元年（一四八七）に白頭上人が中興開山となって村松山日高寺と改名したという。日光寺という表記は伝承されていないらしい。改めて考える必要があろう(8)。

さて、最初の源義雄書状（史料5）は、この紙背文書中で唯一俗人の書状である。源氏を名乗っていることから、ある程度身分の高い武士であると見られる。宛先の恵印が上洛しているのを受けて、京都に使者を遣わすので、秘計をめぐらして過所（通行手形）の入手を斡旋してほしいという用件を伝えている。聖教の書写が文和二年（一三五三）であることから、紙背文書はそれ以前の五年程度と考えられるので、南北朝の動乱期、強力な権力主体のない状態で、極楽寺・西大寺を中心とする律宗が、東海道・西国交通を管理・掌握していたことから、田舎（東国）から京都へ移動するための過所を極楽寺に求めるというのはあり得ることである。

そうして考えると、この源義雄なる武士は、極楽寺地蔵院とかかわりの深い磐城長福寺本願の佐竹小河氏である可能性が考えられる。『長福寺縁起』の小河義雄書状は、転写を重ねて幕末に成立した写本であるため、花押の直接的な比較を試みることは困難だが、『八千枚事』紙背の下半分が切れた源義雄花押(図3)と、縁起の中に模写された花押(図1左)は類似する形状と見ることもできる。

ちなみに、村松虚空蔵を外護したとされる近隣の天神山城主真崎氏は、鎌倉時代に佐竹義重の孫義連に発する佐竹一族と言われ、久慈川水運を駆使して水軍的役割を担った在地武士であったという。(9) それを勘案すると、村松日光寺の建立日次注文が紙背文書の中に見られることに大きな示唆を与えることになるであろう。佐竹本宗家から磐城の小河氏までの間に展開する佐竹一族が、鎌倉・南北朝期において、東海道の支配・管理を公的に委ねられた鎌倉極楽寺のネットワークの北端、常陸から奥州に至る東海道地域の支配に重要な役割を果たしたということが考えられるのである。

徳治三年(一三〇八)九月、極楽寺炎上の歎きを湛睿に伝えた妙本書状には、「東海道に三箱の湯と申候所へ為湯治まかりて候しか、今月八日寺へ罷帰て候」と記している(金沢文庫古文書二〇七九号)。「三箱の湯」とは、いわき湯本温泉の古名であり、鎌倉時代に当地が「東海道」であったとはっきり認識されていたことを知ることができる。また、大和額安寺の忍性塔から発見された骨蔵器の刻銘に、「奥州岩城郡東海道所生、相州極楽律寺真言院住持比丘禅意心一房」という、嘉元三年(一三〇五)八月三十日に入滅した高僧の名が刻まれている。(10) 永仁三年(一二九五)、禅意(前名禅弁)の門下であった真源が、岩城郡薬王寺宝寿院で師の口伝を筆記した『宝寿鈔』(金沢文庫文書紙背聖教)(11)が残されているところからも、極楽寺の教線を最初にいわき地方へ伸ばしたのは、この人物の周辺であったのかも知れない。真源は後に下総国大慈恩寺長老として活躍するので、鎌倉時代後期の真言律宗の教線は、下総から常陸・奥州(浜通り)へと確実に伸びていたのであった。

## むすび

市村高男氏の御教示にしたがいつつ、称名寺聖教『八千枚事』とその紙背文書の考証を試みた。考えるべきことはまだたくさん残っているであろうが、資料紹介を主に、素材を学界に提供することを優先した。長福寺は鎌倉極楽寺の末寺で、いわき地方の地方本山級の寺院であるとされながら、本尊地蔵菩薩坐像納入文書には極楽寺関係の記述が見られず、むしろ鎌倉山ノ内の禅院との関係に言及することが多いのが謎であるが、金沢称名寺の資料に一点でもいわき長福寺および佐竹小河氏との関係を証拠づけるものが見出された意義は大きい。本尊像および納入品の総括的紹介を急ぎ公開できるように努力したいと考えている。

註

（1）西岡芳文・瀬谷貴之・永村眞・福島金治・渡辺智裕・若林繁「福島県いわき市長福寺本尊地蔵菩薩坐像と納入文書―概報―」（神奈川県立金沢文庫『金沢文庫研究』三三〇、二〇一三年）。

（2）笹岡明「鎌倉後期の「ゐ中」と「かまくら」―長福寺本尊地蔵菩薩坐像胎内文書から―」（茨城大学中世史研究会『常総中世史研究』七、二〇一九年）は、前註概報に紹介した納入文書をもとに、紙背文書に記載される地名や人名についての詳しい考証を試みている。

（3）『福島県史』第七巻　資料編２　古代・中世資料（福島県、一九六六年）。影印復刊『福島県の古代・中世文書―福島県史資料編』（戎光祥出版、二〇一七年）。

（4）高橋裕文『中世佐竹氏の研究』（青史出版、二〇二〇年）第二章第四節「南奥の佐竹氏」に、好島荘西方請負、好島荘豊間村、磐城郡小河村、の三件が挙げられているが、小河佐竹氏については長福寺縁起所収文書以外の資料は挙げられていない。

（5）特別展図録『佐竹氏―800年の歴史と文化』（茨城県立歴史館、二〇二〇年）に全図版収録。

（6）熈允が後に什尊と改名し金沢称名寺長老となったことについては『動乱の金沢』（神奈川県立金沢文庫企画展図録、二〇一四年）総説において指摘した。なお『よみがえる鎌倉の学問』（神奈川県立金沢文庫企画展図録、二〇〇六年）の総説において「五代・玄篸房什尊」の没年を永和三年（一三七七）としたのは誤りで、文中二年（一三七三）十月十一日が正しいので訂正しておく（同書八頁上段一四行）。

（7）江戸時代初期に描かれたと推定される「極楽寺絵図」には、中心伽藍の左下（西南）、宝蔵と経蔵の奥に「地蔵院」が描かれる（西岡芳文「絵図から読み解く中世の鎌倉極楽寺」興風談所『興風』三〇、二〇一八年）。

（8）『村松山虚空蔵堂縁起』（村松山虚空蔵堂（茨城県東海村）、二〇〇七年）。

（9）高橋裕文「常陸国真崎氏成立の水城遺構―真崎城（村松天神山城）について―」（『中世城郭研究』三二、二〇一八年）。

（10）特別展図録『忍性―救済にささげた生涯』（奈良国立博物館、二〇一六年）図版一一二。

（11）『宝寿鈔』巻一、巻頭識語。

此抄廣澤為本云當流ト云也、□□到交載タリ、故両流ノ書也、於奥州岩城郡薬王寺寶寿院禅弁〔改名／禅意〕大徳口筆也、真源於座下記之、故名寶寿抄也、仰云、付法若冩瓶之仁ニ非ラスハ不可輙授与之云々、後葉可存此旨之、

永仁三念三月始傳授之、

# 戦国期の常陸修験と徳川光圀の寺社改革

宮内教男

## はじめに

修験道の形成や展開に関する歴史的研究は、近年、成果が着実に蓄積され、今後の研究を進展させるための論点や課題の整理も進んでいる[1]。しかしながら、個別の地域修験集団の実態追究は不十分であり、さらに研究を豊かな内容にするためには、修験道史研究という全体的構図の中で、地域の修験関係史料の掘り起こしと各地の事例研究の蓄積が必要である。

戦国期の常陸修験についても、基礎的な事例研究が著しく不足しており具体的な状況が整理されていない。佐竹一族の今宮氏が棟梁として「佐竹七頭」と称される領内修験を統括していたとする見解[2]が通行しているが、同時代の一次史料による裏付けを欠いており、今宮氏の実像および常陸の在地修験の状況は明らかでない。

本稿は、水戸藩の「水戸開基帳」を切り口として、戦国期から近世初期にいたる常陸修験、および水戸藩の寺社改革による常陸修験再編を概観し、常陸修験に係る基礎的研究の足がかりを提供することを意図している。「水戸開基帳」は、水戸第二代藩主徳川光圀が、寛文三年（一六六三）に寺社整理のための台帳として作成したものである[3]。現在、

「水戸開基帳」の原本は、「天台宗開基帳」一冊、「真言宗開基帳」四冊(御城下・南、武茂組、太田村、松岡組)、「臨済宗・曹洞宗開基帳」一冊、「済家宗開基帳」一冊、「浄土宗開基帳」一冊の計八冊を、茨城県立歴史館が所蔵している(以下、歴史館本と称する)。歴史館本は、水戸藩から茨城県庁に引き継がれたものと推測されるが伝来の経緯は不明である。歴史館本には多くの欠本があるが、「水戸開基帳」の写本一五冊が彰考館に収められている(以下、彰考館本と称する)。内訳は、「天台宗開基帳」一冊、「真言宗開基帳」五冊(御城下・南、武茂組、太田村、松岡組、野々上組)、「臨済宗・曹洞宗開基帳」一冊、「浄土宗開基帳」一冊、「一向宗開基帳」一冊、「法華宗開基帳」一冊、「時宗開基帳」一冊、「山伏開基帳」一冊、「行人開基帳」一冊、「鎮守開基帳」二冊(一・二)である。彰考館本は文化十年(一八一三)から同十三年にかけて筆写されたものであるが、校合が極めて不十分で、歴史館本と比較すると誤字や脱落等が随所に確認できる。

「水戸開基帳」は、これまで近世史料としては頻繁に利用されてきた。(4) しかしながら、「水戸開基帳」は近世水戸藩の寺社整理に関する史料というだけでなく、戦国期の常陸修験の実体解明に活用されるべき貴重な記録でもある。「山伏開基帳」(以下、「開基帳」と記す。本稿では特に断わりのない限り、「開基帳」は「山伏開基帳」を指す)の原本は伝存しないため、彰考館本を利用した。「開基帳」には、天台系・真言系の修験二八〇寺が収録され、光圀による寺社整理直前、戦国期から近世初頭にかけての在地修験のさまざまな姿が記されており、そこから地方修験の具体的な動向を知ることが可能である。(5)

本稿末尾に「開基帳」所収寺院一覧を掲載した(以下「一覧」と略し、「開基帳」の配列順に№を付した)。寺院名に付された村名・本末関係などは、「開基帳」が作成された寛文三年時点のものである。表記は「開基帳」の記載に従い、「聖護院」「荘厳院」、「当山」「東山」、「大善院」「大膳院」、「関寺」「世義寺」など敢えて統一していない。一つの修験寺院とは見なしがたい項目もあるが、「開基帳」に形式上、独立して記載されているものはそのまま扱った。「開基帳」に「本山派」か「当山派」かが明示されている寺院は、備考欄に記してある。

## 一　戦国期の他国修験

戦国期から近世初期にかけて、常陸に大きな勢力を扶植した他国の修験として、不動院・山本坊・大善院が挙げられる。

### 1　不動院

不動院は、「古河不動院（古嘉不動院）」、「饗庭不動院（饗場不動院・合葉不動院）」などと記され、武蔵国葛飾郡の幸手領内の小淵（春日部市）を拠点とした修験である。初代とされる秀円（天文十三年〈一五四四〉死去）が文亀年間（一五〇一～〇四）に三河国から関東に下り開基したと伝えられる。「開基帳」に掲載される修験の開基は十六世紀から十七世紀に約六割が集中しているので、比較しても不動院の歴史は決して古いとは言えない。

不動院が「古河不動院（古嘉不動院）」と称されたのは、鎌倉公方（古河公方）の護持僧としての立場にあったためと考えられるが、それを媒介したのは鎌倉月輪院の存在である。月輪院は「関東護持奉行」職を介して鎌倉公方との強い結びつきを持っていた(6)。享徳元年（一四五二）十月四日大先達法印宗俊書状（「小野寺文書」東京大学史料編纂所蔵）によると、月輪院は「関破却之衆会」のため鎌倉鶴岡八幡宮への参集を関東八か国の年行事に求めている(7)。月輪院は、鎌倉公方の権威を背景に、十五世紀には関東八か国の年行事を統轄する立場にあり、常陸国の修験にもその勢力が及んでいたとみられる。

「幸手不動院由緒書」(東京大学史料編纂所蔵)には、天文二十一年に「武蔵国半国修験支配、始而聖護院門主より被仰付候」と記される。この時期、二代目頼長は聖護院より「半国修験支配」＝「武州北方年行事職」に任じられ、不動院は大きく勢力を伸ばしている。天文十八年、古河公方足利晴氏が従四位下左兵衛督に叙任された際に、頼長は、聖護院門跡道増の意を受けた森坊増隆の使僧として一色宮内大輔(直朝)に祝福の書状を届けている(天文十八年)四月七日森坊増隆書状「喜連川文書」)。

天正七年(一五七九)十一月十六日、不動院の頼長は、武蔵国榛沢郡深谷の大沼坊と那賀郡白石の宝積坊の相論に際し、金剛寺・大秀院・大乗院宛てに書状(不動院頼長書状「安倍文書」)を送り、聖護院門跡に「御奉書」を申請し「従京都以御奉書、就被為仰付者、可存其意候」ことを伝えている。この書状の中で、頼長は「大沼坊・宝積坊相論之地」については、「一円於玉瀧坊・拙者不存知候、関東之儀候へ者、両人不被存儀者、所詮、有之間敷候歟」と述べ、関東の本山派修験は、小田原の玉瀧坊とともに不動院が支配するという自らの立場を主張している。(8)

天正十九年二月十八日、不動院は小田原の玉瀧坊とともに聖護院門跡から関東八州諸修験中年行事職を安堵され、翌年正月二十三日には、徳川家康から玉瀧坊とともに関東八州修験中年行事職を追認安堵されている(聖護院門跡道澄法親王御教書、徳川家康安堵状「不動院文書」埼玉県立文書館蔵)。不動院の修験支配は、すでに天正年間(一五七三〜一五九二)までには、武蔵のほか、常陸・下野・上総・下総の五か国に及んでおり、聖護院や家康の安堵もそうした現状を追認したものであった。(9)

「開基帳」に記されている不動院の霞(下住・袈裟下・霞下)は七か寺で、現在の常陸大宮市・日立市・常陸太田市、さらに那須に所在する。近世に密蔵院の支配下寺院として年行事となる南宗院(No.184、後に南窓院、常福寺村)、准年行事となる修膳院(№142、金乗山千手寺別当・諏訪明神領、高部村)、大学院(№161、宝覚山観音寺、檜野沢村)、大宝院(№166、北塩子村)、海蔵院(№201、河原子村)などの有力修験を抑えている。また、伍智院(鷲子山満願寺、矢又村)は、後に、密蔵院から二階堂(№37、明応院、栗崎村)の支配下となったが、「御朱印堂社料」二〇石を所持し(「御料内寺社記」普門寺蔵)、水戸藩領那須郡一六か村の修験を支配した。その他、「開基帳」には小場村の正覚院(№53、荒神別当)が「下総国古嘉不動院袈裟下」[10]と記される。

## 2 山本坊

武蔵国越生村山本坊は越生郷黒山(埼玉県入間郡越生町)に開山したが、[11]戦国期には越生郷西戸(埼玉県入間郡毛呂山町西戸)に移転した。[12]文禄三年(一五九四)とみられる伊奈忠次・大久保長安開発手形(午十二月二十九日「浦和市川家文書」)では、「西戸村　山本坊」に対して「西戸之郷永田五反」「居屋敷」を開発し支配することが認可されている。「開基帳」には「武州小後世村山本坊」「越生村山本法印」「武蔵国越生村山本坊」などのように「越生」を冠して記されており、慈光寺・岩殿山等の地方的山岳霊場に囲まれた越生の地が山本坊にとって特別の意味を持っていたことが窺える。秩父三山(武甲山・両神山・三峰山)は修行のための霊場であったが、山本坊はその秩父地方で大きな勢力を有した。[13]

山本坊は、慶長年間(一五九六〜一六一五)には入間郡・高麗郡・比企郡・秩父郡など武蔵国内だけでなく、常陸国・越後国にも霞を持ち、[14]近世をとおして、本山派の「諸国大先達」(聖護院宮入峯行列記「山田政治家文書」)の一つに数えられる有力修験であった。慶応四年(一八六八)、「神仏判然令」により山本坊は廃絶し、還俗した徳栄は相馬氏を名乗った。「相馬家文書」として伝来する関係史料の中では、文安元年(一四四四)十二月十三日「山本坊栄円譲状写」

が最古の年号を持つが研究の余地があり、山本坊の輪郭が明らかになってくるのは天正年間で、この時期には山本坊の勢力は常陸にも及んでいた。[15]

元和九年(一六二三)には聖護院は、山本坊に対して「茨城・行方・鹿島・久慈四郡年行事職」を安堵している。[16]

常陸国之内茨城・行方・鹿島・久慈四郡年行事職之事、但、光蔵院抱置分除之、今度種々依令懇望被仰付候訖、然上大峯修行毎年無懈怠、可抽奉公之忠勤之旨、依　聖護院御門跡御気色、執達如件、

元和九年閏八月廿七日　　法眼(花押)

法印(花押)

山本坊

この時期の聖護院門跡は道晃。連署している法眼は雑務坊の源春[17]であるが、法印は未詳である。「今度種々依令懇望」とあり、山本坊から聖護院に対し熱心な働きかけが行われたことにより実現した年行事職安堵であった。山本坊は、茨城郡・行方郡・鹿島郡など常陸南半地域の年行事として在地修験の支配にあたった。これら三郡は、戦国期より山本坊配下にある修験寺院が多く分布するエリアだったと考えられるが、「光(密)蔵院抱置分除之」と但し書きを付したように、久慈郡には密蔵院配下の修験が多数存在しており、聖護院は密蔵院と山本坊の霞の棲み分けに対する配慮を示している。

「開基帳」に記載された山本坊の霞二六か寺は「一覧」のとおりである。現在の水戸市域を中心に、県北の常陸太田市から城里町・茨城町・小美玉市・行方市、そして県南の潮来市まで山本坊の勢力が展開しており、その中には、近世に先達となる二階堂(№37、明応院、栗崎村)や年行事の龍蔵院(№102、太田村)・八大坊(№21、板久村)などが含ま

れている。

### 3　大善院

修験化した八槻近津宮では、別当大善院が修験職と神主職を兼ね陸奥国白河郡・高野郡を中心に大きな勢力を持った。十五世紀、白河結城氏を大旦那とした八槻修験の勢力は、その本領であった白河荘、そして隣接する高野郡だけでなく、他の戦国大名の勢力範囲にも及んでおり、陸奥国依上保（現在の久慈郡大子町）、常陸国小里郷（「小佐都郷」は現在の日立市東河内町以北の常陸太田市・旧里美村域）、さらには、「奥州岩城之郡之内、上田」にも寄進地があった（康正三年〈一四五七〉七月二十九日岩城周防守清隆寄進状「八槻文書」）。いうまでもなく、「上田」は「かい道上田」＝「植田」（福島県いわき市）であり、海道の磐城氏の支配領域である。また、那須氏の支配領域であった下野国武茂にも勢力を広げている(18)。

「開基帳」に「棚倉領八槻村大善院」の霞として記載されている水戸領内の修験は「一覧」のとおりである。大寿院（No.93）・宝幢院（No.105）・善蔵坊（No.128）など九か寺は、すべて依上保内であり、現在の久慈郡大子町域に所在している。

## 二　常陸国密蔵院（No.264）

密蔵院は、現在の常陸太田市長谷、茂宮川西側の山裾に位置し、中世・近世の常陸修験の拠点として大きな支配力を有した。水戸藩の郡奉行を務めた雨宮端亭（広安）は、文化三年（一八〇六）にまとめた「美ち艸」（茨城県立図書館蔵）

に、密蔵院について「本山、関八州大先達なり、十一面観世音、山門の仁王、雲渓（ママ）の作と云伝ふ、山門の内に弁天堂あり、鐘楼あり」と記している。

密蔵院の院主は小野崎氏の系譜を引く[19]。明治以降も、密蔵院跡の南側に小野崎氏の居宅があり、地域では「シュモリヤシキ」（「主守屋敷」カ）と呼ばれていた。その裏手には「長谷観音堂」があったとされるが、現在は裏山の崩落により埋没している。昭和まで残っていた密蔵院の礎石は、現在は一か所にまとめられており、残念ながら建物の規模を推測することはできない。密蔵院は廃され長谷神社となっているが、跡地裏山の小野崎家墓地には、祐光や篤祐ら歴代院主の墓石が残り、町屋石に「大先達」「参仕先達」等の文字が刻まれている[20]。

密蔵院は、「開基帳」には「此山伏当七月父子共ニ峯入申付（「被」脱カ）、寺之開基不分明候」とあり簡略な記載となっているが、光圀の庇護により大先達として地位を獲得し、栗崎の二階堂、真壁の蓮上院とともに、常陸修験の中心となった（聖護院宮入峯行列記「山田政治家文書」）。

小野崎雲八道接高祖ヲ祐眼ト云、其先田原藤太秀郷ノ後、薩都荒大夫藤原通成ヨリ十二代小野崎五郎通郷カ二男頼祐常州久慈郡長谷別当トナル、元祖密蔵院道祐ヨリ祐慶マテ三代ハ清僧タリ、其子頼祐修験トナリ年行事ヲ勤ム、（中略）貞享元年甲子十二月七日、義公、聖護院道尊法親王ニ請給テ大先達ニ補セラル、日本大先達二十八人ノ一員トナル、年行事森合南宗（窓）院・村松龍蔵院・真弓徳善院ヲ始トシテ、其外久慈一郡・多賀一（ママ）郡・那珂郡ノ中四十五箇村ノ山伏等ノ支配ヲ　命セラル、

（「水府系纂」五十七下「小野崎雲八道接」彰考館蔵）

十二代小野崎五郎通郷の二男頼祐が常州久慈郡の「長谷別当」となったとされる。元祖道祐から祐慶まで三代は清僧であったが、祐慶の子頼祐が修験となったという。「長谷別当」とは、真言宗の大平山善門院長谷寺の別当職で、同寺の本尊は十一面観音菩薩で「長谷観音」として知られていた[21]。近在する武子家は、山尾小野崎氏の家臣の系譜を

継いでいるとみられ、近世には長谷村の庄屋を務めたが、武子家には「観音様の目はダイヤだったが片方が盗まれた」との話が伝わっており、十一面観音菩薩が玉眼入りの木像であったことが窺える。

密蔵院は「天台系本山派」の修験であるが、真言宗長谷寺の別当職（「長谷別当」）であった。小野崎氏の家伝は、初祖が真言宗の清僧から修験に転じ院主となったと記す。中世から近世初期の常陸では、修験が天台宗・真言宗を兼帯する傾向が強い。天台系の本山派と真言宗寺院に両属するケースも珍しくなく、修験の宗派性に対する意識は希薄である。[22] 佐竹氏の秋田転封後、今宮氏が仙北郡角館に移るとともに、本山派から当山派へ鞍替えしたのも驚くことではない。

水戸藩では、光圀の修験界再編により、各修験寺院の本山派・当山派両教団への編入が進められたが、戦国期から近世初期の常陸では「天台系＝本山派」「真言系＝当山派」という固定的な評価は適当でない。宗門や教団ごとに本末体制を整備する近世的制度は大きな矛盾を含んでおり、実体を伴うものであったとは言い難く、兼帯（混在）する中世的な宗教形態は、一気に解消されることなく近世にも脈々と内在した。

永正十四年（一五一七）、八槻修験殺害事件が起こった。八槻別当良賢の弟「来福寺」と山伏「小貳」が小峰修理大夫（朝脩）によって殺害され、さらに別当良賢も「牢人」するとの報告が聖護院に届いた。聖護院は六月に役僧を派遣し「至于良賢者、急速如元、可被仕居在所之段、被成奉公於近国諸山伏之間、宜被存知之、共以可被致其沙汰、若有難渋之族者、可被処厳科」（永正十四年六月十日乗々院御房御教書「八槻文書」）として、「白河先達八槻別当」の地位に良賢を留め問題の決着を図った。

聖護院は、八槻周辺の修験だけでなく、近国の有力修験に対しても、この決裁に従うように命じているが、下命された常陸側の修験として「常州密蔵坊」（乗々院御房御教書「八槻文書」）と「常州佐竹南瀧坊」（乗々院御房御教書「八槻文書」)が確認され、それぞれに宛てた御教書の書式や内容は同一である。密蔵坊(密蔵院)とともに御教書が送付された「佐竹南瀧坊」は、「佐竹今宮南了坊(南了司)」である[23]。

これらの御教書からは、常陸でも密蔵院や今宮氏(佐竹南瀧坊)のような有力修験を中心とする一定の山伏結合が成立し伝達機能を有していたことが窺える。今宮氏(佐竹南瀧坊)や密蔵院など地域の有力修験は、横並びの状態で、競合と協調を繰り返しながら、在地での優位な立場を目指していたとみられる。

次の史料は、聖護院が越生山本坊に対して、峰入りの際に「直参である密蔵院を預ける」ことを命じたものである(年未詳十月五日聖護院門跡御教書「武蔵越生山本坊文書」)。「預かり」の意味や経緯は不明だが、戦国期に、不動院とともに山本坊の勢力は常陸に入っており大きな影響力を行使していた。

常陸国密蔵院事

雖為御直参、入峯之節者、貴坊江被成御預候間、随分被馳走同心尤ニ候、為其如此候、恐々謹言、

十月五日　岩坊
澄孝(花押)

雑務坊
源春(花押)

以上

山本坊

聖護院の坊官である岩坊澄孝と雑務坊源春が連署し花押を据えている。坊官は門跡の家政機関の職員で、実務官人層、院近臣層などを出自とする世襲の坊官の「家」を＝形成しており、聖護院では、岩坊・雑務坊のほかに、中大路

坊・菊坊・今辻坊などの坊官が門跡に奉仕した。岩坊澄孝は聖護院坊官として執事役を務めているが、天正十九年に雑務坊源春と連署の御教書を発給していることが知られるので（天正十九年二月十八日聖護院門跡御教書「不動院文書」）、この文書は年未詳であるが天正期の史料として扱う(24)。この時期、密蔵院は聖護院から「直参」という位階を認められていた。近世の本山派には修験者個人の入峰修行の回数に応じて、下から「未先達（三か度以下）」、「大先達（四か度以上）」、「参仕修学者（一〇か度以上）」、「直参（二〇か度以上）」、「峰中出世（三三か度以上）」という位階があった。この文書に記された密蔵院の「直参」も、戦国期には位階の呼称としてみえるが、入峰回数の基準によっているか否かは定かでなく、歴史的に形成された密蔵院の寺格を指しているとも考えられる(25)。

戦国期、常陸国北部では、長谷村を拠点とする密蔵院と隣接する太田村の龍蔵院とが、霞支配をめぐって対立していた。不動院頼長書状(26)（「野上家文書」）によると、龍蔵院は不動院の頼長（不詳～慶長二年）と連携して「密蔵院の企て」に対抗しようとする姿勢をみせている。頼長も「密蔵院の企て」を批判するとともに、龍蔵院が不動院に馳せることを求めている。相互に争っていた在地修験の上位に自らを位置づけ、龍蔵院との関係を利用しつつ常陸国における影響力を拡大しようとする不動院の意図が窺える。

密蔵院と龍蔵院との霞支配をめぐる争いは慶長年間にも継続しているが、密蔵院の支配は太田村周辺では限定的であった。慶長十年、龍蔵院が、不動院頼元と常連院亮證の連署の郷書により、「太田、赤土河□、谷河原、薬屋、天神林、伊那木、小島、中ノ村、藤田、大里、久米、磯邊、高部、火沢、火ノ沢、諸沢、年数、不垂、水村、西之内、水戸ノ内大町・中町、保内十四カ村、都合三十六村」を霞として統轄することを認められている（慶長十年十二月一日不動院頼元・常連院亮證書状「野上家文書」）。龍蔵院の霞は、現在の常陸太田市域、常陸大宮市域を中心としていたが、佐竹氏転封後、龍蔵院は「保内十四カ村」の霞獲得を目論んでいる。

寛永二年(一六二五)十月五日、聖護院は密蔵院の多珂郡年行事職を安堵している。(27)「常陸国之内多珂郡年行事職事、田尻・興津両郷除之、前々任由緒被仰付訖、并那珂郡・久慈郡両郡之内村書別紙有之、然上者、毎年入峯無懈怠可勤奉公之忠勤(後略)」(聖護院門跡御教書「小野﨑家文書」、傍線引用者)とあり、多珂郡のうち「興津(小木津)、田尻」が除かれているのは、有力修験の一つである田尻村の大宝院(No.217、明覚山空窪寺)が、聖護院の直末として小木津村の修験を同行寺院として支配していたためである。(28)また、那珂郡・久慈郡の両郡域には、山本坊や大善院の霞支配が入り組んでいたため、別紙「村書」を添え具体的に支配村域を示したと考えられる。

「開基帳」によると、寛文三年の密蔵院の霞は四七か寺で、又下住(又霞)を合わせると五〇か寺以上の寺を支配していた。霞の所在地は、現在の日立市(一六)、高萩市(一三)、北茨城市(一三)、東海村(四)、常陸太田市(一)などで、常陸北部に集中している。

貞享二年三月の水戸藩寺社方の小宅清兵衛・鹿島善衛門の連署状(「小野﨑家文書」)により、光圀の修験改編以降の密蔵院の霞場が明らかとなる。

長谷村密蔵院、此度従　聖護院御門主、大先達被仰付候、就夫、多賀郡・久慈郡・那珂郡者四拾五ケ村除之霞場拝領被致候間、右之場所ニ居住之修験中者、前々より先達へ相勤来通、不可有相違者也、

貞享弐年

丑三月

小宅清兵衛(黒印)

鹿島善衛門(黒印)

多珂郡

久慈郡

那珂郡者四拾五ケ村除之

水戸領
村ゝ本山
修験中

直参先達となった密蔵院が拝領した霞場から、那珂郡の「四拾五ケ村」が除かれているのは、参仕先達として常陸を二分した二階堂の霞が、同郡に入り組んでいたためである。二階堂は、山本坊が水戸領を去った後、その霞を継承しており、支配地域は茨城郡・行方郡・鹿島郡を中心としていたが、那珂郡にも支配が及んでいた。二階堂の拠点である栗崎村をはじめ、小場村・金上村・下江戸村・豊喰村・中岡村・西木倉村・原石川村・菩提村・湊村・提村・横瀬村など近世に二階堂の[29]霞として確認される那珂郡の村々が、密蔵院の支配から除かれている。

## 三　常陸国龍蔵院（№102）

「開基帳」に、太田村「南龍司龍蔵院」は、「本寺京都聖厳院門跡、屋敷武州山本法印末流」、「徳治元丙午年開基」、「本山山伏拾五人、檀那四百四十九人」とあるが、文化二年（一八〇五）の「水戸修験帳」（彰考館蔵）は「密蔵院霞下年行事　那珂郡村松村」と記す。天和三年（一六八三）、光圀によって太田村から村松村へ移された龍蔵院は、「村松山虚空蔵別当」（「野上家文書」、元禄九年「鎮守帳」彰考館蔵）となり、密蔵院配下の修験として年行事を務めた。

「開基帳」に記された龍蔵院の霞は、文殊院（№76、額田村「太田村龍蔵院袈裟下」）、善寿院（№103、太田村「当村龍蔵院下住」）、龍光院（№118、稲木村「太田村龍蔵院霞下」）、性蔵院（№120、河嶋村「太田村龍蔵院下住」）、天龍坊（№127、久米村「太田村龍蔵院組下」）、愛染院（№131、大方村「太田村龍蔵院下住」）、大法院（№188、細田村「太田村龍蔵院下住」）、大光

院(No.104、太田村「当村龍蔵院下住」)である。

「野上家文書」の家伝によれば、野上家は佐竹義仁(義人)の子義道(「俗名野上助五郎、後号美濃守」)を始祖とする。(30)義仁は、関東管領上杉憲定(山内上杉家)の次男で、応永十五年(一四〇八)佐竹義盛の養嗣子として常陸太田に入った。

龍蔵院は、徳治元年に法誉法印が開基したとされるが場所など詳細は不明である。応永年間には、龍蔵院は太田村鬼崎(木崎)松本に所在したが、この時期には野上氏が院主となり、地域の中心的な修験寺院として活動を展開したとみられる(寛文三年九月朔日龍蔵院由緒「野上家文書」)。木崎は常陸太田城が位置する台地上の南端(城先)に位置し、佐竹氏から「神領五拾五石」を下されていたが、佐竹氏国替(慶長七年)の際に召し上げられたという。

戦国期の修験相互の関係は固定的ではなく、領主権力の転変や地域情勢の変化で組み換えがみられる。天正年間に龍蔵院は、常陸での勢力拡大を目指す不動院と激しく対立したが、佐竹氏の転封後は不動院と連携して、大善院や密蔵院を相手に霞支配をめぐって争った。

大善院は、天正十六年七月、聖護院の坊官慶忠から「保内・小里両郷之儀、近年彼表乱入故不知行之段、無是非次第候、只今被成奉書上者、是又急度可被申付候」(天正十六年七月二十三日慶忠書状「八槻文書」)との書状を得て、佐竹氏の「乱入」により「不知行」となった依上・小里の霞支配の回復を目指していた。そして、佐竹氏の転封から二か月後、慶長七年七月二十八日、大善院は聖護院より「奥州白川本領并保内・小里惣年行事職」(聖護院門跡御教書「八槻文書」)を安堵されている。

一方、龍蔵院は「今宮之一老分」「今宮之御代官」として、今宮氏の南瀧司の名跡を継承し、依上保が「今宮跡」であるとして、その霞支配を主張した。慶長九年三月二十一日、龍蔵院は不動院の頼元や真壁上蓮院の亮証と結び「諸年行事は筋目被申候間、南龍分、其方持来候処、如前々相違有間敷候」(「野上家文書」)との連署状を得て「南龍分」（今宮跡）の確保を目指した。不動院も聖護院に対して、龍蔵院の依上保支配の正当性を主張したが、聖護院の認めるところとはならなかった。聖護院雑務坊源春は八槻別当宛てに「保内之儀ニ付而、不動院より種々理之段、不及是非候共、随分、爰元御取成申上、其方御存分之まゝに申付候間、可御心安候」（慶長九年）八月二十五日聖護院雑務坊源春書状「八槻文書」）との書状を送っている。

その後、大善院は、依上保の山田村・大野村・初原村・大生瀬村・上郷村・上金沢村などの霞支配を回復しているが、保内の一円的支配の確立には至らず、上山村・町付村・大子村・下小河村南田気村には、下宮村の金光院（近津山成就院）や大子村の鏡泉院（鏡光山大高寺）など真言宗寺院（三宝院流）の支配が及んでおり勢力が拮抗している。なお、下宮村の金光寺はもとは大膳院の霞であったが、近世には当山脈の帳頭として存続した（「開基帳」）。一方、近世の龍蔵院は「今宮跡」を継承しての依上保への影響力は獲得できず、「那珂、久慈三四ケ村年行事職」として霞支配が確定する（貞享四年八月十七日聖護院門跡御教書「野上家文書」）。法印光有と法印晃隆が連署。朱文方印「熊野三山検校」）。

また、小里郷の霞については、大善院の「八槻別当修験之持分小里郷」（年未詳六月十一日大東柴庵玄泳・雑務坊源春連署書状「八槻文書」）との主張は雑務坊源春によって認定されていたが、小里郷の修験は大善院の支配から離れている。「開基帳」によると、真言宗隆真院が小里郷の大中村（No.210・211）・小中村（No.232・233）・新町村（No.242・243）・折橋村（No.251・252）・大菅村（No.279）などの修験を霞（「同行山伏」）として、小妻村（No.240・241）の修験を又下住（「新町村大音院同行」）として支配下に置いていることが確認できる。

小里郷大中村の隆真院は大中神社別当（大宮明神別当）で、「真言宗開基帳」には「上醍醐松橋僧正末寺」、「応永元年俊想法印中興開山」とある。年未詳十二月二十六日の醍醐釈迦院大僧正宛て徳川光圀書簡（「水戸義公書簡集」、註(22)参照）には「常陸国多賀郡小里郷大宮明神別当隆真院」について、「古来修験地ニ而候所、中古より出家地ニ成リ、隆真院は松橋の末寺」となったが「于今下住之修験共数多御座候」とある。そして、「隆真院を本山ニ仕、隆真院之下住ハ其儘当山ニ而差置、もよりの方之帳頭へ付申候ハヽ、修験之人数減申間敷候」と記している。寛文六年、隆真院は光圀による寺社改革の結果、破却されているので(「破却帳」)、この書簡は光圀が寺社改革に着手する寛文年間(同六年以前)に認めたものと考えられる。

その後、小里郷の修験は、多くが密蔵院の支配下となり、大音院(No.242、新町村「隆真院同行」)なども、密蔵院の支配下で年行事を務める南窓(宗)院の霞となっている(「水戸修験帳」)。

さて、戦国期の在地修験の動向を理解するうえで、次の(年未詳)寅二月二十四日「証文書」(「野上家文書」)には興味深い内容が含まれている。水戸藩は寺社整理の基礎台帳を作成するため、領内寺社に開基年代、除地証文の有無、本寺などの書上を提出するよう命じているが、龍蔵院が用意した証文の一つで、「寅」年＝寛文二年に作成されたものと考えられる。この「証文書」は、龍蔵院が「今宮跡」の正当な継承者であることを主張するところに主眼がある。以下の引用では省略した後半部分に記されている龍蔵院に伝来する中世文書の発給者比定に誤りがあるものの、慶長七年の佐竹氏転封前後の常陸修験の動向や「今宮跡」を巡る訴訟の背景が窺える。

差上ケ申証文書之事

一、佐竹今宮南了司与申ハ東三拾三ケ国之大先達ニ御座候、其時分今宮之為一老分与惣修験中へ諸仕置等龍蔵院申付候、其上東三拾三ヶ国之御大名衆御祈禱も今宮之為御代官与龍蔵院仕候、佐竹様之御祈禱ハ御代々仕候、

一、義信公御国替以前不動院此地ニ下向被成、龍蔵院見廻仕様ニと被仰候得共右之段ニ御座候間見廻不仕候、就夫而山伏共数多御集、龍蔵院方へ押寄打申様ニと被仰付候、龍蔵院も其段承届妻子ヲ去方ニ送、上下五人武具ヲ堅相待候所ニ、不動院方之頭之修験中六拾三人書判之起承文ニ而とかく不動院へ御見廻之上、貴院御存分に次第ニ

可被成、私共請取申候間御見廻可被成与申ニ付、不動院前へ罷出候得者、南了分之証文又ハ四拾壱ヶ村之証文不動院より給候、為次目与金子五拾両進上申候、又ハ別書ニ宇都ノ宮大泉坊、那須ノ光明寺并ニ松山観音寺、につ田法（宝）龍寺、同所大行院、あたち玉林院、あしかゝ高松坊以上七人以神文書ヲ故に請取候と連判状参候ニ付見廻仕、先龍蔵院存候様ニ証文申請候、七人之連判之神文書又ハ六拾三人之起証文も今ニ御座候、（後略）

慶長七年五月、佐竹氏は出羽国への国替となったが、それ以前に不動院は常陸での勢力を拡大していた。龍蔵院にも「見廻」を要求し、不動院の傘下へ入ることを強制してきたが、龍蔵院は、「東三拾三ケ国之大先達」[31]である今宮氏の「一老分」「御代官」との立場から、その支配下に入ることを拒否した。不動院の姿勢は強硬であり龍蔵院に討ち入る姿勢を見せたが、一方の龍蔵院も防戦の構えを整え抵抗した。こうした修験の武力的行動は珍しいものではない。対立した他の修験に対し、「彼坊へ打入、同宿搦捕、剰諸道具取散」「打果」（「義演准后日記」慶長八年七月五日、慶長十六年八月十四日）、「互ニ帯弓箭」「喧嘩」（「本光国師日記」慶長十六年十二月六日）といった暴力的な行為はこの時期に頻発している。[32]

不動院は、「不動院方之頭之修験中六拾三人」による「書判之起請文」を龍蔵院に示すとともに、宇都宮大泉坊、那須光明寺、松山観音寺、新田法龍寺、同所大行院、足立玉林寺、足利高松坊など、下野・武蔵の先達、年行事クラスの有力修験に仲裁役を委ね、「神文書」を用意するなどして、不動院に有利な形で問題の解決を図った。その結果、不動院への「見廻」と引き換えに、龍蔵院の「存分の次第」を保証することで決着したが、不動院への「見廻」とは、端的に言えば、龍蔵院が不動院の支配下となり役儀銭を上納することを強要する行為に他ならない。一方、龍蔵院は「南了分」（「南瀧分」）および「四拾壱ケ村」の霞支配安堵を獲得する代償として、「次目（継目）金子五拾両」を進上した。

修験の支配に関する決定が不動院の一存ではなく、紛争の仲裁・解決が、下野や武蔵の先達衆や「不動院方の頭の修験」の合議に置かれていたとみられる。相対で解決が困難な問題を、広域的な有力修験の連携によって自律的に解決しようとする宗教的秩序が在地に展開しており、合議による紛争処理が行われている。本末関係整序による修験の支配を目指す聖護院からは相対的に自立した、在地の結合組織が形成され、修験間の利害や紛争を調整する自律的なシステムが在地で機能していた。不動院は、聖護院という上部権力との関係を維持しつつ、広域的な在地の山伏結合を主導し、在地山伏集団の中心的な役割を果たしていたと考えられる。

## 四　佐竹今宮南瀧司

佐竹一族の修験として今宮氏が知られる。初祖の永義は佐竹義舜（一四九〇～一五一七）の庶子で生没年は未詳。道号は傑山、法名は常英である。「今宮氏系譜」（秋田県公文書館蔵）には次のようにある。

御証文に永義為修験号涼松院、仍令司領内之山伏、子孫相継其業と有之、同系図ニ初清僧、後修験トナル、命シテ佐竹領内ノ山伏ノ司トスと有之候、家伝にハ、義舜公之命に依而、幼穉之時、僧と成候処、志気剛強にして忽ち釈門を厭ひ、私に還俗致し大納言と称し武業を嗜候付、暫く蒙御勘気、程なく御赦免有之、与力士足軽等御附与被成下、常州小里に在城仕、老年ニ及ひ涼松院と称し修験之衣体相成候、（後略）

永義は「初清僧」であったが、「志気剛強にして忽ち釈門を厭ひ、私に還俗」して「修験トナル」とされる。修験道は、旧来の寺院社会のさまざまな慣習や制約から離れて活動することを目指した。しかし、今宮氏（佐竹今宮南瀧司）や前述の小野崎氏（密蔵院）の家伝からは、修験の世界でもリーダーの資格としては、僧侶（清僧）として寺院に勤仕した経験、そして、仏教の素養を身に着けていることが求められており、出自や世俗権力との縁も重視されていたことが窺える。寺院社会にあっては下層に置かれるであろう末端の修験者たちにとって、顕教・密教の僧や神職たちと肩を並べて宗教活動を展開するためには、一定の「権威」と「資格」を備えたリーダーの存在は不可欠であったと考えられる。

永義について、「佐竹大系纂」（佐竹寺蔵）に「今宮大納言　白羽別当　真壁大先達乗蓮院ヲ継ク」とみえる。この「真壁大先達乗蓮院」とは、文明十八年九月、聖護院門跡道興が東国廻国の折に訪れた「山田慶城坊といへる山伏の坊」（「廻国雑記」『群書類従』巻三百三十七）であり、常陸における熊野信仰の拠点であった。東国各地の修験の組織化を目指した道興が常陸を訪れ慶城坊（上蓮院）に滞在したのは、戦国期に慶城坊（上蓮院）が常陸の修験を統括する院坊であったからに他ならない[33]。道興の滞在以降、慶城坊（上蓮院）の地位は、聖護院門跡の権威を背景として、さらに高まったことは想像に難くない。慶城坊は、後に「上蓮院」と称し、元禄年間には「蓮上院」と改めている[34]。慶城坊（上蓮院）の後裔である山田家は「紙本墨書聖護院道興筆天神名号」（茨城県指定文化財）ほか修験関係を中心とする史料「山田政治家文書」を所蔵している。

今宮永義は「真壁大先達乗蓮院ヲ継ク」とされる。上蓮院から、具体的にどのような権限の継承があったのか不明であるが、今宮氏さらには佐竹氏にとっては、聖護院の権威に連なることに大きな意味があった。多くの門跡の出身家である近衛家はもちろんのこと、中央の権威である室町殿に接近することでもあった[35]。

文亀年間まで、依上保や小里郷には白河結城氏の勢力が及んでいた。白河結城氏は近津大明神（八槻近津宮）に対して、永享二年（一四三〇）には「依上保内山田村内、西たかきに、分銭七貫文」（永享二年正月十一日、結城氏朝寄進状「八槻文書」）、文亀三年（一五〇三）には「常州小里村内もゝとりう地といふ在家一軒」などを寄進している（文亀三年八月十二日結城朝朝脩寄進状「八槻文書」)。しかし、永正年間(一五〇四〜一五二一)になると、佐竹義舜が対立していた山入氏を打倒し、北方の依上保へと勢力を拡大していく。(36)

永正十二年七月、義舜は「南了坊へ出仕申し候」を前提に、「依上保内の旦那同行」(結縁信仰した施主・一般の修験者)=修験組織について、前々のごとく(以前、白河結城氏が支配していた時代と同様に)、八槻関係者とみられる「新三郎」の支配を容認している(佐竹義舜証状「八槻文書」)。

南了坊江出仕申候之間、依上保内之旦那・同行之事、如前〻可致成敗者也、

永正十二年甲(乙)亥七月六日　義舜(花押)

新三郎殿

この「南了坊」とは、前述のとおり佐竹今宮南瀧坊である。(37)今宮氏が、佐竹氏が北方へ進出するための対八槻修験の役割を負っていたこと、また、佐竹氏は白河氏統治下の八槻修験の体制を原則として継承しているが、佐竹氏が、修験間の秩序維持の機能を有していたことが窺える。八槻修験殺害事件(永正十四年)で述べたとおり、今宮氏(佐竹南瀧坊)は密蔵院などと並ぶ地域の有力修験の一つであり、傑出した勢力を有する存在ではなかったが、佐竹氏の依上保および南郷地域の統治を支えるという特異な役割を担う修験であった。

天文六年、佐竹義篤は真如坊に対して「依上之内、田野別当之事、相任候」(天文六年三月九日佐竹義篤判物写「秋田藩家蔵文書」)とする判物を与えている。真如坊は、坊号や依上保内での「別当」の称から、八槻修験の関係者とみられる。佐竹氏が依上保および南郷進出の前提として、八槻の修験集団の統轄に意を用いていたことは明らかであろう。

永義を継いだ光義(一五〇二〜一六〇〇)は、今宮氏の家伝書(秋田県公文書館蔵)に「佐竹常蓮院」「今宮常蓮院」な

ど と記される。[38] 光義は「奥州寺山ニ在城被仰付、与力・足軽若干相増申候、小里ニハ名代差置二城兼帯仕候」（「今宮氏系譜」秋田県公文書館蔵）とあり、永義が在城した小里には名代を置いて寺山城に入ったとされる。永禄三年（一五六〇）、佐竹義昭は南郷へと兵を進め白河結城晴綱を攻め、翌年十月までには寺山城を奪取している（永禄四年十月七日佐竹義昭判物写「秋田藩家蔵文書」）。光義が寺山城に配置されたのも永禄三年から四年ごろと推測される。広瀬蒙斎「白河古事考」は、光義について「今宮浄蓮院（光義）とて常陸十二郡山伏の先達、武勇有て武士の業を事とせし故、佐竹より此城（寺山城）に置けり」と記している。今宮氏の所伝は、佐竹氏の南郷進出に果たした同氏の役割の大きさを伝えている。[39] 八槻修験と対峙するためには、佐竹氏という世俗的な権威では不十分であり、聖護院・上蓮院と連なる宗教的権威のシンボルとして今宮氏の存在が必要であった。

家伝書には「永義代ハ御領内之修験社人司揮仕、光義ニ至り聖護院御門跡、以 高命、右之外関八州之修験を司揮仕候」とあり、永義と光義の間には聖護院との関係で画期も想定できる。天正十四年十二月、光義は芦野倉村（大子町）の三光院[40]（№96）に対して、金襴地の免許を伝達している。聖護院が金襴地を「御免許」したことを受けたものであり、「執達如件」と奉書の様式をとり「長床常蓮院法印光義（花押）」と署判している（「吉成勤氏所蔵文書」）。

慶長二年、光義は「別当南辺寺」に対して、「足蔵并はなハ之村旦那職」を安堵している。足蔵（芦野倉）・はなハ（塙）両村とも依上保内に位置する。「保内拾弐ケ院跡書上帳」（「丹治美津氏所蔵文書」）によると三光院は南辺寺別当であった。芦野倉村の南辺寺（明照山普賢院）は、近世に存続する真言宗寺院で、醍醐報恩院末である依上保内の金剛山慈雲寺（下金沢村）を本寺とする性徳寺（町付村）の末寺であった（「真言宗開基帳」）。芦野倉村内には「なべやま」（南辺山）・「なべさわ」（南辺沢）の小字名が残り、かつての南辺寺の位置が推定できる。

今宮氏は「常陸十二郡山伏の先達」とはあるものの、同時代史料から、修験としての霞支配の活動が見えるのは依上保および南郷周辺に限られており、広く常陸修験を組織化した形跡は確認できない(41)。

## 五　徳川光圀の修験再編

近世の常陸では、「水戸密蔵院」「常州二階堂」「常州山田蓮上院」が、大先達として、この地方の修験を統括した(聖護院宮入峯行列記「山田政治家文書」)。水戸藩では、貞享元年(一六八四)、徳川光圀の宗教政策により、長谷の密蔵院と栗崎の二階堂(明応院)が中心となり、領内の修験を支配する体制が整った。「直参先達」密蔵院、「参仕先達」二階堂のもとで、南窓院(常福寺村)、龍蔵院(村松村)、徳善院(真弓村)、宝蔵院(山方村)、伍智院(鷲子村)、大光院(常葉村)、八大坊(潮来村)、常光院(藤枝村)が年行事などとして修験組織の一翼を担った(「鎮守帳」)(42)。

この時期、光圀は修験再編に向け積極的な動きを展開していたが、密蔵院や二階堂の大先達補任は、光圀が聖護院に直接、働きかけて実現したものであった。密蔵院や二階堂では、先達補任は「水戸様御影不可存疎略候」として、光圀(「水戸宰相様」「水戸様」)の恩顧が長く語り継がれることになった。光圀の組織再編により、戦国期以来の常陸修験の混沌とした状況に一定の終止符が打たれ、近世的な体制確立へと向かう。

貞享元年十二月七日、聖護院は坊官の連署により、密蔵院に対して大先達補任の経緯を伝えている(「小野﨑家文書」)。

今度其方儀、従　水戸宰相様、先達職被遊度由、御門跡江被仰進候、因茲先達ニ仰付候間、水戸様御影不可存疎略候、右之趣、為御門主御意如此候也、

貞享元年　　　雑務法印

十二月七日　源慶（花押）
岩坊法印
晃隆（花押）
先達
密蔵院

「水戸紀年」（彰考館蔵）の貞享元年甲子十二月七日条にも「公聖護院道尊法親王ニ請玉ヒ長谷小野氏密蔵院ヲ山伏大先達ニ補セラル、廿八人ノ一也、年行事森合南窓院、村松龍蔵院、真弓徳善院以下久慈、多賀、那珂三郡山伏ノ支配ヲ命セラル」とある。

また、二階堂も「貞享元年甲子十二月七日、義公、聖護院道尊法親王ニ請給テ頼朝卿ノ時、鎌倉二階堂ノ大先達ニ准擬セラレテ有学ヲ大先達ニ補セラレ二階堂ト称ス、日本大先達二十八人ノ一員トナル」（「水府系纂」五十七下「戸村宗大夫義茂」）とされ、密蔵院と同様に光圀の修験再編で大先達に取り立てられている。

「邦内八幡祠皆破却の命あり」（「水戸紀年」元禄十三年庚辰三月十三日条）とあるように、光圀は「八幡改め」を厳命した[43]。光圀の宗教政策の方針の一つに「垂迹的・神仏習合的な面を排除する」ことが指摘され通説となっている[44]。しかしながら、修験の教義は神仏習合そのものであるにもかかわらず、光圀の政策では修験の処分が見られないだけでなく、元禄期以降に水戸領内の修験寺は増加傾向にある。光圀は「水戸領之修験共、事外致貧窮、冥□銭を指上候事も不罷成、尤入峯等存も不寄候、漸ゝニ修験も減、致退転より外ハ有御座間敷被存候」（年未詳十二月二十六日、醍醐釈迦院大僧正宛書簡、註(22)参照）と、水戸領の修験の厳しい現状を書簡に書き記しており、その梃入れに意を用いている。

次の史料は、水戸藩の学者、高倉胤明の「水府寺社便覧」（彰考館蔵）の一節である。胤明は天明年間（一七八一〜一七八九）に編纂した「水府地理温故録」などで知られている。光圀が修験の開祖である役行者像を自作し大乗院（No.7、細谷村）に寄進したことを記している。

細谷村鎮守之事
一　役行者社
右別当ハ当山修験帳頭子易山十王寺大乗院と云、除高三石五斗八升三合、天和年中被下置、往元此鎮守ハ若宮八幡に有候処、件之八幡別当ニ被　仰付しと也、同年間　義公様御自作之役行者を於　中御殿拝領被　仰付、上ノ御物入ニ而練供養ニ而被下置ける由、其後、元禄十三丑三月十三日御領内一統ニ八幡の御祠御潰之儀、被　仰出たる節、則役行者社と改ル、然ルニ寛延宝暦之境出願相済、今は八幡宮に成ル、（後略、傍線引用者）

光圀の対八幡・対修験の姿勢を象徴的に伝える記事である。しかしながら、光圀は手放しで修験の活動を容認していたわけではなく、領内修験の再編を進める一方で、他領からの修験を排除していった。

次の史料は、元禄五年三月に郡奉行・寺社奉行から村々に宛てて出された触書である（「須田家文書」茨城県立歴史館蔵）。

覚
御領内修験山伏、前々寺社奉行所より相渡候執行札持参候而札無之他領之軽キ勧進山伏相改御領内へ徘徊無之様ニ兼而御制法之処、村々之役人僉儀未熟にて、他領之ほうらく山伏間々御領内へ入込候風聞有之候間、向後厳密に遂穿鑿札所持無之、他領之勧進山伏或牢人流浪之山伏等ニハ、一夜之宿をも借申間敷候、（後略、傍線引用者）

元和四年、幕府の偽山伏禁止令が出される。この禁止令が出されても水戸藩では修験の組織化は進展していないが、本山の許可（入峰修行や諸補任・官位などについて所定の費用を納めることによって修験の身分を保証される）を得ない修験を取り締まり排除する方針を打ち出している。元禄期には、寺社奉行が発行する「執行札」を所持しない修験の徘徊を認めないという制度によって、他領の修験を排除していった。

山本坊による常陸の修験支配は、光圀の修験再編で大きな転機を迎える。山本坊が水戸領内に保持していた茨城・行方・鹿島・久慈四郡の霞が、筑波郡・志太郡と「差替」となった（「武蔵越生山本坊文書」）。

此度水戸御領内霞与差替之遺候間、筑波・志田両郡之内修験中存其意、山本坊江急度可相随者也

九月十二日　　雑務法印
　　　　　　　　源慶（花押）
　　　　　　岩坊法印
　　　　　　　晃隆（花押）

常陸国筑波・志太両郡之内
　修験中

岩坊法印晃隆は雑務法印源慶との連署による文書を貞享元年に発給しており、晃隆の署判は貞享四年まで確認できる（「小野崎家文書」「野上家文書」）。年未詳であるが、この「差替」は、貞享年間（一六八四〜一六八八）の修験再編にともなう措置とみてよい。差し替えとなった山本坊の「水戸御領内霞」は、その後は二階堂に引き継がれている（二階堂霞「中山家文書」(45)）。

不動院は、当主の頼栄が光圀の養女「おみき」を妻に迎えるなど、光圀とは昵懇の関係を維持していたが（年未詳

十一月五日徳川光圀書状「新編武州古文書」上)、享保年間(一七一六〜三六)になると、常陸国内で不動院の霞として本末関係を維持しているのは数か寺となり(聖護院諸国末寺并修験国郡霞帳「聖護院門跡所蔵文書」)、以降は不動院の水戸領内における影響力もほとんど失われたとみられる(寛延元年七月不動院御免勧化触書「御触書宝暦集成」「水戸修験帳」)。

## むすびにかえて

聖護院による年行事職安堵は、支配の実績を追認する形でなされている。聖護院門跡御教書に「数十年当知行無紛之上、三十ヶ年以前、御下知頂戴之処」(天正七年八月七日聖護院門跡御教書「篠場文書」)、「当知行無紛之由」(天正七年八月廿七日聖護院門跡御教書「篠井文書」)、「任相伝之由緒、弥可被全領知」(天正十二年八月八日聖護院門跡御教書「篠井文書」)などと記されるとおり、「当知行」や「相伝之由緒」などに基づき、年行事職の安堵と保持がなされる体制であった。しかしながら、聖護院による年行事職安堵は、各郡域・郷域(境目)の正確な把握を前提にしたものではない。「上下(上足立・下足立)境目等処、此方御無案内之処」(年月日未詳)慶忠書状写「武州文書」)、「在所出入之事、守護之御裁許次第ニ候」(年未詳)七月廿七日慶忠書状写「武州文書」)、「郡内境目之儀者、所々守護并御代官次第之事候」(年未詳)九月十二日慶忠書状写「武州文書」(46))など、証左は枚挙にいとまがない。

「本光国師日記」の記事を拾うまでもなく、戦国期の「武業を嗜む」修験の持つ暴力的な要素は容易に顕現化したことが確認できる。「北条五代記」「新編相模国風土記稿」には、小田原の玉瀧坊が堺で入手した鉄砲を北条氏綱に献じた記事がみえるが、戦国期の修験に課された軍役は、書状などの伝達に留まらず、実質的な軍事的役割を担っていた可能性は高い。佐竹氏の南郷進出をめぐる今宮氏の行動も、霞支配の拡大という宗教的側面のみに限定されることなく、軍事面での世俗的役割と合わせて検討される必要がある。年行事クラスの有力修験の持つ「暴力性」、一方で村堂を管理し祭祀を執り行い、妻のイチコ（市子、巫女）とともに祈禱を行う在地修験の「庶民性」の懸隔は甚だしい。[47]
修験の霞支配は、役儀銭など経済的基盤の維持・確保という、自らの存続に直結する切実な問題であるため、年行事の霞支配をめぐる境界の曖昧さは修験相互の対立も惹起する。修験相互の利害や紛争が、自律的なシステム機能により調整・解決が図れない状況が生じると、武具を備える集団であるだけに武力行使へと容易に発展する。世俗権力による霞支配の安堵は「追認」であるとはいえ、こうした場合の紛争拡大を抑止する安全弁としての役割を果たしていたと考えられる。

慶長八年、金襴地袈裟の補任権相論を契機に聖護院門跡と三宝院門跡との対立が激化したが、徳川家康の裁許や修験道法度により、聖護院門跡・三宝院門跡を棟梁とする本山派・当山派の組織編成が進展した。[48] しかし、常陸では両派による在地修験の整序と統制がただちに進展することはなく、密蔵院や龍蔵院など戦国期以来の有力な在地修験相互の覇権争いが続いた。各修験が、常陸に勢力を扶植した不動院や山本坊など他国修験と個別に本末関係を結んだため、混沌とした状況に拍車がかかった。常陸での勢力拡大を目指す不動院は、在地の有力修験に対して「出仕」を強要して金子の納入を迫るなど、暴力的・強権的な態度で臨むこともあり、修験界には緊張が続いた。徳川光圀の修験界再編は、修験の霞支配および本末関係を整え相互の確執に一定の終止符を打ったが、元禄期以降も修験間の小競り合いは続いた。

戦国期から近世初期の常陸修験をめぐって多岐にわたる内容を取り上げたため、紙幅の都合もあり、本山派を中心とする検討に終始した。「開基帳」にみえる当山派は地縁的結集が顕著である。鴻巣村（那珂市）では、鷲神社を中心に地縁的に修験が結集している（№40〜48）。「鷲宮大明神別当」であった安楽寺（鷲宮山和光院）、慈眼寺（鷲宮山宝幢院)の袈裟下に宗学坊・妙法院・成就院などが連なり、地縁や鷲神社に所属することを背景とする修験者集団(醍醐三宝院袈裟下)が形成されているが、地域的な広がりはみられない。大乗院(細谷村)、上山金光寺(下之宮村)、馬頭隆真院(馬頭村)、圷大善院(太田圷村)、玉造三明院(南玉造村)、鴻巣宝幢院(鴻巣村)など「御領中帳頭六人」を中心とする当山派の体制が整うのは元禄期以降である(「鎮守帳」「水府寺社便覧」)。

なお、本山派・当山派以外の羽黒派などの修験は「行人開基帳」に一三二か寺が記されている。村松東方の泉光院は、「行人開基帳」に「出羽国羽黒山宝善院流」とあり、普門院(津田村、「泉光院下住」「湯殿山権現別当」)、朝音(友部村、「村松泉光院火筋」)、宝蔵院(森山村、「泉光院火筋」)、海蔵院(馬渡村、「泉光院火筋下」)などを霞とした。後裔高野家によると、泉光院は天保年間まで存続したとされるが、伝存資料も皆無であり縁起を辿ることは容易でない。「行人開基帳」に泉光院は「右之寺、何年以前開山仕候も不存候、住持節々移替申候、其上村中ノ者ニも不承候」とあるが、こうした記述は水戸藩領の羽黒派の状況を端的に示していると言える。

常陸修験の全体像に迫るためには、当山派・羽黒派などを含めての考察が必須である。今後の課題とし別稿を期したい。

## 註

(1) 本稿に直接に関わる論考として、新城美恵子『本山派修験と熊野先達』岩田書院、一九九九年、近藤祐介「中世後期の東国社会における山伏の位置」(『民衆史研究』七、二〇〇九年)・「修験道本山派における戦国期的構造の出現」(『史学雑誌』七七、二〇一〇年)・「聖護院門跡と「門下」―一五世紀を中心に後北条氏と古河公方の関係から―」(『学習院大学文学部研究年報』五七(一-二七)、二〇一一年)、関口真規子『修験道教団成立史―当山派を通して―』(勉誠出版、二〇〇九年）、徳永誓子「修験道当山派と興福寺堂衆」（『日本史研究』四三五、一九九八年）・「熊野三山検校と修験道」（『年報中世史研究』二七、二〇〇二年。いずれも『論集修験道の歴史1　修験道とその組織』岩田書院、二〇二三年に再録）、長谷川賢治「中世後期における顕密寺社組織の再編―修験道本山派の成立をめぐって―」（『ヒストリア』一二五、一九八九年）・「修験道史のみかた・考え方」（『歴史科学』一二三、一九九一年）・「中世後期における寺院秩序と修験道」（『日本史研究』三三六、一九九〇年）・「真言宗・東寺と山伏―中世修験道史研究の課題をめぐる研究ノート―」（『寺社と民衆』九、二〇一三年）などがある。

（2）江原忠昭「修験道の地方組織―水戸領の場合その1―」（『茨城史林』四、一九七五年）、常陸太田市史編さん委員会編『常陸太田市史　通史編上』（一九八四年）などがある。

（3）「開基帳」の詳細については、拙稿「「開基帳」にみる中世常陸北部の真言宗」（『茨城県立歴史館報』三四、二〇〇七年）。「開基帳」の原本八冊を茨城県立歴史館が、写本一五冊を彰考館が所蔵している。

（4）圭室文雄「元禄年間水戸藩の神社整理について―水戸藩鎮守帳の分析を中心として―」（『駿台史学』一八、一九六六年）、桜井純子「水戸藩の山伏とその組織―寛文三年の山伏開基帳の分析を中心にして―」（『日本仏教』三七、一九七六年）などのほか、多くの自治体史で利用されている。光圀の組織再編により常陸修験は大きな転機を迎えることになるが、従来の研究は、光圀以降に確立する本山派・当山派を中心とする修験組織のあり方を遡及させて「開基帳」を分析しており、根本的な再考を要する。

（5）「開基帳」には、地域に定着して夫婦で祈禱活動を展開し、熊野や薬師などの村堂を管理し祭祀を執り行う山伏の姿がみえる。近世の山伏の指標（「里修験」）として、在地への定着や村落住人を対象とした祈禱活動があげられるが（宮本袈裟雄『里修験の研究』吉川弘文館、一九八四年）、すでに戦国期の常陸では「定着」や「祈禱活動」が展開している。

（6）新井浩文「戦国期関東における本山派修験の勢力伸長について―幸手不動院を事例として―」（『埼玉県立文書館紀要』六、一九九三年）・『関東の戦国期領主と流通』（岩田書院、二〇一一年）、近藤祐介「戦国期関東における幸手不動院の台頭と鎌倉月輪院」（『地方史研究』三一五、二〇〇五年）。

（7）新城美恵子「聖護院系教派修験道成立の過程」（『法政史学』三二、一九八〇年）・『本山派修験と熊野先達』（岩田書院、一九九九年）、近藤祐介「中世後期の東国社会における山伏の位置」（『民衆史研究』七七、二〇〇九年）。

（8）玉瀧坊は北条氏綱に仕える修験であったが、不動院とともに関東の修験を統轄する勢力へと成長した。森幸夫「本山派修験小田原玉瀧坊について―北条氏綱と聖護院―」（『戦国史研究』四四、二〇〇二年）、近藤註（6）二〇〇五年。

（9）弘化四年十二月「御免配札願書」（不動院文書）には「武蔵、下総、下野、常陸、上総、右五ケ国ハ、天正以来、権現様　御朱印之依御旨、拙院従来持分之霞場」とある。

（10）「袈裟筋」「袈裟下」などの語は、当山派修験の師資関係を示す語と理解されているが、近世中期にいたっても常陸では本山派も用いている。一方、「当山」と記される寺院が「霞下」の語を用いている。たとえば「開基帳」に田木谷村の諸宝院は「伊勢国渡来郡《ママ》関寺霞下」と記される。諸宝院は真言宗醍醐派の度会郡世義寺と本末関係にあったが、「霞」の語を用いている。

（11）「慶安二年寺領四十七石及熊野堂領三石の御朱印を賜へり、熊野は郡内黒山村にありて、今もこゝにて別当せり、本山派の修験、京都聖護院の末なり、開山栄円応永廿一年示寂せり」（『新編武蔵風土記稿』）。

（12）宇高良哲『武蔵越生山本坊文書』（東洋文化出版、一九八五年）。

（13）河野善太郎『秩父三十四札所考』（埼玉新聞社、一九八四年）、羽塚孝和「武州本山派大先達・山本坊について」（『山岳宗教史研究叢書八　日光山と関東の修験道』名著出版、一九七九年）。秩父は新義真言宗と禅宗を中心とする宗教地帯であった。

(14) 慶長十三年九月二十四日聖護院坊官衆連署書状写・慶長十四年五月七日聖護院門跡御教書(「武蔵越生山本坊文書」)。元和九年閏八月二十七日聖護院門跡御教書(「浦和市川家文書」)では「常陸国之内茨城、行方、鹿島、久慈四郡年行事職」が安堵されている。

(15) 本稿「二 常陸国密蔵院」参照。(年未詳)十月五日聖護院門跡御教書「武蔵越生山本坊文書」。

(16) 元和九年閏八月廿七日聖護院門跡御教書(「市川家文書(浦和市)」)。同一の日付の「聖護院門跡御教書写」が「武蔵越生山本坊文書」にある。「常陸国之内茨城・多河(ママ)但、多河郡密蔵院支配之地也、・行方・鹿嶋・久慈、合五郡年行事職之事」としているが、検討の余地がある。

(17) 源春は、天正十九年から寛永七年の聖護院門跡御教書に雑務坊の坊官として連署している(「不動院文書」「武蔵越生山本坊文書」)。

(18) 奥野中彦「白河結城氏と修験組織」(『地方史研究』一六五、一九八〇年)、小林清治「結城白河氏と八槻別当」(『福島の研究』二、清文堂出版、一九八六年)、佐々木倫朗「中近世転換期における地方修験の存在形態―八槻別当を事例として―」(『日本中世政治文化論の射程』思文閣出版、二〇一二年)。

(19) 小野崎家伝来の「小野崎家文書」五三一点は茨城県立歴史館に寄託されている。「小野崎氏」の表記は本文中では「﨑」を用いたが、史料名や引用史料中の「﨑」はそのままとした。

(20) 祐光は貞享年間から元禄年間の密蔵院主で元禄十年に「直参」となっている。

(21) 近世、密蔵院には「常陸国久慈郡長谷村長谷寺観音堂領同村之内弐拾石事并寺中竹木諸役等免除」の朱印状が与えられている(天保十年九月十一日(徳川家慶)朱印状写「小野﨑家文書」)。

(22) 光圀の醍醐釈迦院大僧正宛て書簡(年未詳十二月二十六日、「水戸義公書簡集」『水戸義公全集』水府明徳会、一九七〇年)には、「常陸国久慈郡近津三所明神別当金光寺義、元来奥州棚倉領八槻明神別当大善院下住ニ而御座候処、何様之子細ニ候哉、三四代以来当山ニ罷成候、然故大善院方より前々之通り本山ニ仕度由、度々申越候得共、一旦当山ニ罷成候を、又候哉本山ニ帰シ申候ハ、当山之方御首尾も如何と奉愚察候」などの記述があり、宗派性の希薄さを窺わせる。

(23) 本稿「三 常陸国龍蔵院」参照。従来、「南瀧坊」は注目されてこなかったが、「佐竹今宮南瀧坊(南瀧司)」に相違なく、諸史料の記述も整合的に理解できる。史料には「南滝坊」や「南了坊」とも記されるが、本稿の本文中は「南瀧坊」で統一した。

(24) 連署している雑務坊源春については註(17)参照。文禄・慶長年間になると、源春は慶要と聖護院門跡御教書に連署している(「武蔵越生山本坊文書」)。

(25) 近世の密蔵院では、祐光が元禄四年(一六九一)八月「参仕修学社」・元禄十年七月「直参」に、篤祐が寛保元年(一七四一)八月「参仕修学社」、延享四年(一七四七)八月「直参」に、祐謙が寛政四年(一七九二)四月「参仕修学社」、寛政十一年四月「直参」に、聖護院より任じられている(「小野﨑家文書」)。

(26) (年未詳)五月九日不動院頼長書状。この書状は、密蔵院と対立していた龍蔵院への頼長の返書である。年未詳であるが、頼長は、慶長二年(一五九七)四月に病死しているので、慶長元年五月以前の書状である。佐竹氏の秋田転封前、龍蔵院と密蔵院の対立に乗じて、不動院は常陸における勢力拡大を目指していた。

(27) 太閤検地の結果、多珂郡と久慈郡の境界が変更されている。それまで久慈郡に属した石名坂以北から宮田・助川以南の領域(現在の日立市域の南部)が多珂郡とされている。

(28) 小木津・田尻ともに現在の日立市域の北部である。大宝院(明覚山空窪寺)は、後に光圀の修験再編で密蔵院の霞となった。「開基帳」には、大宝院の同行寺院として、小木津村の十蔵院・仁蔵・大正院・常刀・東学院・龍宝院が記されている。「一覧」参照。

(29)（年未詳）二階堂霞「中山家文書」。中山家は龍光院の後裔で、「丹治中山氏家系」を伝えている。武蔵七党の丹治氏の系譜であろうか。龍光院は、光圀により稲木村（常陸太田市）から村松村（東海村）へと移され、村松虚空蔵堂の脇別当となった。光圀は那珂湊往復や村松参詣等の折など宿舎として利用した（「日乗上人日記」）。

(30)「野上家文書」については、高橋裕文「野上家文書解説」（東海村古文書を読む会編『常陸国村松虚空蔵別当と修験道の世界―野上家文書の研究―』二〇二二年）がある。「野上家文書」は野上家伝来の史料一五八点。大永四年佐竹（北）義信充行状や徳川光圀書状などが含まれる。現在、茨城県立歴史館に寄託されている。

(31)吉数表記については、長塚孝「中世後期における地域概念の一事例―郷数表記による地域表示―」（『戦国史研究』二〇、一九九〇年）。「佐竹今宮南了司」は「東三拾三ケ国之大先達」であったとしているが、「東三拾三ケ国」は理念的なもので霞支配の実態は依上保および南郷周辺に限られていた。

(32)「本光国師日記」には、「本山へしたかわす候とて、今年五月廿二日にからめ取、理不盡に成敗被仕候」（慶長十六年霜月吉日）、「今度七月廿四日に、帯弓箭、三百人計人数をそつし、吉野川六田之二階屋と申者之所へ罷越、当山同行可成敗者共有之」（慶長十六年霜月吉日）、「泉光と申山伏を、本山へ不成候とて、松山之観音寺、彼泉光を討果候」（慶長十六年霜月吉日）、「本山の桜本と申者、菊蔵所へ人数をそつし、家内をけつしよいたし、悉財宝を取申候」（慶長十六年霜月吉日）、「大行院は、先年御前へも罷出、当山之同行に無隠候を、是も本山へ理不尽に引取、弟子をは討被果候」（慶長十六年霜月吉日）など、武力行使の具体的な記述がある。

(33)糸賀茂男「聖護院道興筆天神名号と史的背景」（『茨城県史研究』七〇、一九九三年）。常陸修験の間では、道興と並んで照高院興意の関東下向も語り継がれている。慶長十四年、興意は江戸で将軍秀忠から園城寺寺務條規、愛宕山修験道法度を受けた後、陸奥に下向しているが、常陸を経由し鹿嶋社や上蓮院に立ち寄っている可能性がある(照高院興意様関東御下向略記「聖護院門跡所蔵文書」)。

(34) 元禄十年七月二十六日聖護院門跡御教書(「山田政治家文書」)には、古来「上蓮院」と称してきたが「当御代御朱印之表為蓮上院間、任御朱印之趣」として「蓮上院」としたとある。「常蓮院」「浄蓮院」などとも記される。

(35) 「文明十八年六月上旬の頃、北征東行のあらましにて、公武に暇のこと申し入れ侍りき、各々御対面あり、東山殿ならびに室町殿において数献これあり、祝着満足これに過ぐべからず」(「廻国雑記」)。道興の立ち位置を象徴する記事である。

(36) 佐々木倫朗「佐竹氏の陸奥南郷経営—戦国期から統一政権期にかけて—」(『歴史人類』二五、一九九七年)。

(37) 註(23)参照。

(38) 光義については、家伝書に「大納言坊と有之候、坊号家伝古系等ニ無之、第一、義重公被下候　御書二通共、坊号無御座候」とある。先代の永義も「私に還俗致し大納言と称した」とされるが、今宮氏の坊号・院号が不明な点は近世の家譜編纂でも指摘されている。修験としての今宮氏の特異な性格が窺える。

(39) 今宮氏の存在は、八槻周辺では、近世にいたっても「佐竹殿いとこ山伏ニ而候」＝佐竹一族の山伏として語り継がれた(正保三年二月近津明神祭礼につき中井村祭礼破り一件「八槻文書」)。

(40) 「開基帳」によると、三光院は天正十三年に建立された修験寺院。後裔の吉成家には修験関係史料(「吉成勤氏所蔵文書」)が伝来する。

(41) 「水府志料」三六に「蒔田密蔵院、森合南宗院、木崎龍蔵院、酒出小鶴坊、大山大光寺、野口蓮覚院、汲上座主、是

ヲ佐竹七郡之年行事ト云」の記事があるが、検討を要する。汲上座主は、天保三年に喜蔵院孝盛が作成した本山派修験書上(「聖護院門跡所蔵文書」)には、「鹿嶋郡汲上村　年行事　東福寺」と記されている。

(42) 「鎮守帳」の作成は元禄九年。寛文三年に「開基帳」が作成された後、龍蔵院が太田村から村松村へ移転し、また、禅定院が徳善院に改称されるなど異動がある。

(43) 「鎮守帳」には「在々八幡改は元禄九年子年也」とあり、「八幡改め」の年代が異なる。

(44) 圭室註(4)。

(45) 「二階堂霞」によると、近世に二階堂が支配した寺院(坊)一七三か寺の所在は、茨城郡が全体の五七%を占める。茨城郡内では常磐村が一三か寺で突出している。行方郡(二一か寺)、那珂郡(二一か寺)、下野国那須郡(一四か寺)、鹿島郡(一一か寺)、新治郡(六か寺)と続く。水戸上町奈良屋町に一か寺(南光院)があった。

(46) 慶忠は聖護院門跡道澄の坊官として天正年間に活躍している(「武州文書」「八槻文書」など)。

(47) 「開基帳」には「拙僧女房当村八幡宮之イチコ仕候」(№78、額田村大聖院)、「寛永十一年以前ヨリイチコ所江入ムコニ参申候」(№111、松平村三力坊)、「山伏女房ハ天神ノイチコニ御座候」(№90、中年数《(員)》村鏡覚坊)などとある。

(48) 高埜利彦『近世日本の国家権力と宗教』東京大学出版会、一九八九年)、関口真規子『修験道教団成立史―当山派を通して―』(勉誠出版、二〇〇九年)、近藤祐介「修験道本山派における戦国期構造の出現」(『史学雑誌』一一九―四、二〇一〇年)。

| No. | 院坊 | 町・村名 | 本末関係 | 開基 | 備考 |
|---|---|---|---|---|---|
| 243 | 大蔵 | 新町村 | 大中村隆真院同行 | 1626 | |
| 244 | 多宝院 | 諏訪村 | 長谷村密蔵院下住 | 1634 | |
| 245 | 常学院 | 諏訪村 | 長谷村密蔵院下住 | 1628 | |
| 246 | 明学坊 | 桜井村 | 長谷村密蔵院同行 | – | |
| 247 | 正善院 | 桜井村 | 長谷村密蔵院同行 | 1596 | |
| 248 | 明光院 | 磯原村 | 棚倉領小豆畑村浄蓮寺門徒 | 1592 | 浄清寺、「東山」 |
| 249 | 三覚坊 | 下幡村 | 高原村覚乗院下住 | 1654 | |
| 250 | 泉蔵坊 | 粟野村 | 長谷村密蔵院同行 | – | |
| 251 | 久応院 | 折橋村 | 大中村隆真院同行 | 1634 | |
| 252 | 善学院 | 折橋村 | 大中村隆真院同行 | 1639 | |
| 253 | 八大 | 折橋村 | 小中村龍蔵院同行 | 1653 | |
| 254 | 万法院 | 木皿村 | 長谷村密蔵院下住 | 1539 | |
| 255 | 本学坊 | 木皿村 | 長谷村密蔵院下住 | 1539 | |
| 256 | 正善院 | 内野村 | 長谷村密蔵院下住 | 1595 | |
| 257 | 東学院 | 上相田村 | 花園山満願寺門徒 | 1634 | |
| 258 | 安楽寺 | 大塚村 | 長谷村密蔵院下住 | 1521 | 神前山善蔵院 |
| 259 | 常楽坊 | 大塚村 | 長谷村密蔵院下住 | 1549 | |
| 260 | 庄蔵坊 | 大塚村 | 長谷村密蔵院下住 | 1549 | |
| 261 | 円学 | 大塚村 | 木皿村万法院同行 | – | |
| 262 | 大蔵 | 大塚村 | 当村安楽寺同行 | – | |
| 263 | 峯本坊 | 馬渡新田 | 圷村本玉院下住 | 1647 | |
| 264 | 密蔵院 | 長谷村 | 聖護院末寺 | – | 「本山」 |
| 265 | 金剛院 | 下手綱村 | 長谷村密蔵院童形 | – | |
| 266 | 般若坊 | 下手綱村 | 当村金剛院弟子 | 1607 | |
| 267 | 重蔵院 | 下手綱村 | 長谷村密蔵院童形 | – | |
| 268 | 愛染院 | 田中内村 | 長谷村密蔵院霞 | 1659 | |
| 269 | 覚乗院 | 矢指村 | 長谷村密蔵院下住 | – | |
| 270 | 大乗院 | 釈迦堂村 | 長谷村密蔵院下住 | 1429 | |
| 271 | 大乗院 | 町屋村 | 武州山本坊下住 | – | |
| 272 | 宝善院 | 町屋村 | 武州山本坊霞 | 1411 | |
| 273 | 光照院 | 町屋村 | 武州山本坊霞 | 1422 | |
| 274 | 重々院 | 石岡村 | 長谷村密蔵院下住 | 1522 | 極楽寺 |
| 275 | 良光院 | 石岡村 | 長谷村密蔵院同行 | 1627 | |
| 276 | 泉性院 | 上手綱村 | 長谷村密蔵院同行 | 1574 | |
| 277 | 正善院 | 上手綱村 | 長谷村密蔵院下住 | 1644 | |
| 278 | 明覚院 | 上手綱村 | 長谷村密蔵院下住 | 1560 | |
| 279 | 東学坊 | 大菅村 | 大中村隆真院下住 | 1550 | |
| 280 | 万法院 | 入四間村 | 下野宮村成就院下住 | – | |

| No. | 院坊 | 町・村名 | 本末関係 | 開基 | 備考 |
|---|---|---|---|---|---|
| 202 | 光明院 | 河原子村 | 長谷村密蔵院同行 | － | |
| 203 | 大蔵 | 河原子村 | 長谷村密蔵院同行 | － | |
| 204 | 常力 | 相賀村 | 助河村善行院弟子 | 1662 | |
| 205 | 密蔵院 | 滑川村 | 田尻村大法院下住 | 1542 | |
| 206 | 善昌院 | 川尻村 | 長谷村密蔵院下住 | － | |
| 207 | 三光院 | 川尻村 | 長谷村密蔵院下住 | 1570 | |
| 208 | 三蔵坊 | 川尻村 | 長谷村密蔵院下住 | 1641 | |
| 209 | 大乗院 | 友部村 | 長谷村密蔵院下住 | 1559 | |
| 210 | 大蔵 | 大中村 | 当村隆真院同行 | － | |
| 211 | 瀧本 | 大中村 | 当村隆真院同行 | － | |
| 212 | 正楽院 | 赤浜村 | 長谷村密蔵院下住 | － | |
| 213 | 宝徳院 | 大久保村 | 長谷村密蔵院下住 | 1614 | |
| 214 | 善蔵 | 村松西方 | 長谷村密蔵院下住 | － | |
| 215 | 叶能院 | 大能村 | 足洗村宝定院同行 | 1654 | |
| 216 | 大泉 | 森山村 | 当村真福寺下住 | － | |
| 217 | 大宝院 | 田尻村 | 大和国荘厳院末寺 | 1501 | 明覚山空窪寺 |
| 218 | 市蔵 | 山部村 | 長谷村密蔵院下住 | 1534 | |
| 219 | 正善坊 | 足洗村 | 長谷村密蔵院下住 | 1582 | |
| 220 | 三乗坊 | 足洗村 | 当村東光寺下住 | 1643 | |
| 221 | 叶院 | 秋山村 | 長谷村密蔵院羽 | 1504 | |
| 222 | 大聖院 | 秋山村 | 森合南窓院同行 | 1667 | |
| 223 | 鏡覚 | 秋山村 | 嶋名村常覚院同行 | 1661 | |
| 224 | 三覚 | 秋山村 | 当村叶院同行 | 1649 | |
| 225 | 主善坊 | 亀下村 | 長谷村密蔵院霞 | 1429 | |
| 226 | 蓮花院 | 折笠村 | 友部村法鷲院下住 | 1658 | |
| 227 | 宝鏡院 | 伊師村 | 長谷村密蔵院下住 | － | |
| 228 | 多宝院 | 伊師村 | 長谷村密蔵院下住 | － | |
| 229 | 明覚院 | 伊師村 | 長谷村密蔵院下住 | － | |
| 230 | 花蔵院 | 瀬屋村 | 常福寺村南宗院霞 | 1477 | |
| 231 | 大光院 | 高貫村 | 長谷村密蔵院下住 | 1597 | |
| 232 | 龍蔵院 | 小中村 | 大中村隆真院同行 | 1533 | |
| 233 | 大性院 | 小中村 | 大中村隆真院同行 | 1508 | |
| 234 | 東学院 | 小木津村 | 田尻村大宝院同行 | 1494 | |
| 235 | 常刀 | 小木津村 | 田尻村大宝院同行 | 1494 | |
| 236 | 十蔵院 | 小木津村 | 田尻村大宝院同行 | 1564 | |
| 237 | 龍宝院 | 小木津村 | 田尻村大宝院同行 | 1564 | |
| 238 | 仁蔵 | 小木津村 | 田尻村大宝院同行 | 1596 | |
| 239 | 大正院 | 小木津村 | 田尻村大宝院同行 | 1597 | |
| 240 | 泉宝院 | 小妻村 | 新町村大音院同行 | 1667 | |
| 241 | 大寿院 | 小妻村 | 新町村大音院同行 | 1599 | |
| 242 | 大音院 | 新町村 | 大中村隆真院同行 | 1521 | |

| No. | 院坊 | 町・村名 | 本末関係 | 開基 | 備考 |
|---|---|---|---|---|---|
| 162 | 玉泉 | 小口村 | 馬頭村大乗院下住 | 1643 | 寺内 |
| 163 | 大覚 | 大山田村 | 同村昇光院下住 | 1575 | 寺内 |
| 164 | 良蔵 | 大山田村 | 同村昇光院下住 | 1597 | 寺内 |
| 165 | 一覚 | 大山田村 | 同村昇光院下住 | 1628 | 寺内 |
| 166 | 大宝院 | 北塩子村 | 古河不動院下住 | 1521 | |
| 167 | 真蔵 | 野田村 | 野口村連（ママ）覚寺下住 | - | |
| 168 | 吉祥院 | 上小瀬村 | 野口村蓮覚寺下住 | - | |
| 169 | 常宝院 | 上小瀬村 | 下野宮村近津別当下住 | - | |
| 170 | 大性院 | 上小瀬村 | 鷲宮三覚院下住 | - | |
| 171 | 泉蔵 | 上小瀬村 | 鷲宮覚性院下住 | - | |
| 172 | 大学坊 | 上小瀬村 | 鷲宮覚性院下住 | - | |
| 173 | 妙覚院 | 上小瀬村 | 馬頭村大宝院下住 | - | |
| 174 | 林蔵坊 | 上小瀬村 | 同村大性院同行 | - | |
| 175 | 大乗院 | 圷渡村 | 武州越生山本同行 | - | |
| 176 | 大光院 | 袴塚村 | − | - | |
| 177 | 大福坊 | 野口村 | 当村蓮覚寺門徒 | - | |
| 178 | 大宝院 | 馬頭村 | 熊野山宝蔵院下住 | 1604 | |
| 179 | 龍宝院 | 馬頭村 | 同村大宝院下住 | 1658 | |
| 180 | 常寿院 | 馬頭村 | 茂木領木畠村安楽院下住 | 1648 | |
| 181 | 大乗院 | 馬頭村 | 鷲宮三覚院下住 | 1647 | |
| 182 | 杉本 | 馬頭村 | 鷲子山伍智院下住 | 1604 | |
| 183 | 禅定院 | 真弓村 | 京都荘厳院下住 | 807 | 香爐山真弓寺、「本山」 |
| 184 | 南宗院 | 常福寺村 | 武州おこせ山本坊霞／武州合葉不動院霞 | 1383 | |
| 185 | 泉蔵院 | 石神白方村 | 長谷村密蔵院下住 | - | |
| 186 | 大法院 | 石神白方村 | 長谷村密蔵院下住 | - | |
| 187 | 岩本坊 | 石神白方村 | 江戸崎安乗村泉乗院羽 | 1659 | |
| 188 | 大法院 | 細田村 | 太田村龍蔵院下住 | 1508 | |
| 189 | 覚浄院 | 介河村 | 鴻巣村宝幢院門徒 | 1544 | |
| 190 | 善行院 | 介河村 | 鴻巣村宝幢院門徒 | 1586 | |
| 191 | 覚乗院 | 高原村 | 長谷村密蔵院下住 | 1532 | |
| 192 | 常福院 | 小菅村 | 町田村和光院同行 | 1642 | |
| 193 | 円蔵院 | 嶋名村 | 長谷村密蔵院下住 | 1505 | |
| 194 | 大宝院 | 嶋名村 | 長谷村密蔵院下住 | 1596 | |
| 195 | 宝蔵坊 | 嶋名村 | 長谷村密蔵院下住 | 1601 | |
| 196 | 仁蔵坊 | 嶋名村 | 長谷村密蔵院下住 | 1615 | |
| 197 | 長蔵坊 | 嶋名村 | 長谷村密蔵院下住 | 1606 | |
| 198 | 玉蔵院 | 高萩村 | 鴻巣村宝幢院下住 | 1641 | |
| 199 | 成法院 | 高萩村 | 鴻巣村宝幢院下住 | 1634 | |
| 200 | 良玄院 | 高戸村 | 長谷村密蔵院下住 | - | |
| 201 | 海蔵 | 河原子村 | 古河不動院下住 | - | |

| No. | 院坊 | 町・村名 | 本末関係 | 開基 | 備考 |
|---|---|---|---|---|---|
| 121 | 冨士本坊 | 下年数村 | 冨士別当 | 1492 | |
| 122 | 性蔵 | 大生瀬村 | 棚倉領八槻村大膳院下住 | 1573 | |
| 123 | 長光寺 | 比藤村 | － | 1460 | |
| 124 | 不動坊 | 小貫村 | 河和田村万法院下住 | 1654 | 「本山」 |
| 125 | 玄光坊 | 圷村 | 南都菩提山宝蔵院袈裟下 | 1635 | 「当山」 |
| 126 | 大善院 | 圷村 | 南都菩提山宝蔵院袈裟下 | 1636 | |
| 127 | 天龍坊 | 久米村 | 太田村龍蔵院組下 | － | |
| 128 | 善蔵坊 | 上郷村 | 棚倉領八槻村大善院下住 | 807 | 八幡山日輪寺 |
| 129 | 勝蔵坊 | 上郷村 | 棚倉領八槻村大善院下住 | 807 | 八幡山日輪寺 |
| 130 | 光蔵院 | 上郷村 | 棚倉領八槻村大善院下住 | 807 | 八幡山日輪寺 |
| 131 | 愛染院 | 大方村 | 太田村龍蔵院下住 | － | |
| 132 | 長宝院 | 中野村 | 鴻巣村長蔵院下住、「当山」 | 1644 | 「当山」 |
| 133 | 明王院 | 三歳村 | 水戸宝鏡院門徒 | 1645 | |
| 134 | 伍智院 | 矢又村 | 古河不動院下住 | － | 鷲子山満願寺 |
| 135 | 玉蔵 | 矢又村 | 武部村和光院下住 | － | |
| 136 | 大乗院 | 高野村 | 当地地蔵院同行 | 1602 | |
| 137 | 大泉院 | 武部村 | 矢又村伍智院下住 | － | 武茂山法金寺 |
| 138 | 東泉院 | 武部村 | 鳥子山伍智院下住 | － | 慈音山帝釈寺 |
| 139 | 和光院 | 武部村 | 茂木領木畠村安楽院下住 | | |
| 140 | 大光院 | 上檜沢村 | － | － | |
| 141 | 常法院 | 増井村 | 上入野村小松寺門徒 | － | |
| 142 | 修膳院 | 高部村 | 古河不動院下住 | － | 金乗山千手寺 |
| 143 | 瀧本 | 高部村 | 当村修膳院下住 | － | |
| 144 | 明星院 | 高根村 | 越生村山本坊下住 | － | |
| 145 | 大蔵 | 大岩村 | 上小瀬村大性院下住 | － | |
| 146 | 大学坊 | 小舟村 | 上小瀬村大性院下住 | 1649 | |
| 147 | 花京院 | 長倉村 | 当村法性寺下住 | 1633 | |
| 148 | 常法院 | 松野村 | 寺内 | 1636 | |
| 149 | 山明 | 松野村 | 鳥子山森坊下住 | 1657 | |
| 150 | 長覚 | 石塚村 | 熊野山性千寺同行 | 1659 | |
| 151 | 大光院 | 常葉村 | 武州越生山本同行 | － | |
| 152 | 叶院 | 常葉村 | 武州越生山本同行 | 1658 | |
| 153 | 大乗院 | 大山村 | － | 1573 | |
| 154 | 円満寺 | 大山村 | 越生村山本法印下住 | 1213 | |
| 155 | 万学院 | 上金沢村 | 棚倉領八槻大膳院下住 | 1327 | |
| 156 | 兵部 | 小玉村 | 国長村阿弥陀院下住 | － | |
| 157 | 讃光 | 和見村 | 紀州ハマノ宮十宝院下住 | 1641 | |
| 158 | 明学 | 和見村 | 馬頭村大乗院下住 | 1645 | 寺内 |
| 159 | 満蔵 | 和見村 | 馬頭村大乗院下住 | 1644 | 寺内 |
| 160 | 半弥 | 上伊勢畑村 | 野田村和光院同行 | 1649 | |
| 161 | 大学院 | 檜野沢村 | 古河不動院下住　別当 | － | 宝覚山観音寺 |

| No. | 院坊 | 町・村名 | 本末関係 | 開基 | 備考 |
|---|---|---|---|---|---|
| 81 | 金光寺 | 下宮村 | 当山三宝院流 | 707 | 近津山成就院、「当山」 |
| 82 | 三光院 | 川山村 | 下野宮村金光寺下住 | 1631 | |
| 83 | 正浤院 | 川山村 | 下野宮村金光寺下住 | 1628 | |
| 84 | 三力 | 町付村 | － | 1576 | |
| 85 | 不動院 | 町付村 | 下野宮村金光寺同行 | 1642 | |
| 86 | 福乗院 | 町付村 | 下野宮村金光寺同行 | 1661 | |
| 87 | 大善院 | 千手村 | 大峯山世義寺下住 | 806 | 「当山」 |
| 88 | 大善院 | 町田村 | 鷲宮宝幢院下住当山 | 1497 | 「当山」 |
| 89 | 五福院 | 町田村 | 当村大善院下住当山 | 1617 | 「当山」 |
| 90 | 鏡覚坊 | 中年数村 | 当村天昇院下住 | － | |
| 91 | 満宝院 | 大子村 | 近津別当金光寺下住 | 707 | |
| 92 | 大応院 | 大子村 | 大子村鏡泉院下住 | 1573 | |
| 93 | 大寿院 | 山田村 | 棚倉領大善院下住 | 1381 | 「本山」 |
| 94 | 弥勒院 | 小生瀬村 | 袋田村万福寺下住 | 1616 | |
| 95 | 泉重院 | 小生瀬村 | 袋田村万福寺下住 | 1655 | |
| 96 | 三光院 | 芦倉村 | 相川村玉龍院下住 | 1585 | 「本山」 |
| 97 | 三蔵坊 | 芦倉村 | 芦野倉村三光院下住 | 1639 | |
| 98 | 不動院 | 東染村 | 奈良菩提山下住 | － | 「当山」 |
| 99 | 満蔵院 | 下金沢村 | 棚倉領大膳院下住 | 1375 | 「本山」 |
| 100 | 不動院 | 荒宿村 | 小瀬村吉祥院下住 | 1652 | |
| 101 | 龍蔵院 | 上宮河内村 | 定源寺内行 | 1635 | |
| 102 | 龍蔵院 | 太田村 | 本寺京都聖厳院門跡<br>屋敷武州山本法印末流 | 1306 | 南龍司、「本山」 |
| 103 | 善寿院 | 太田村 | 当村龍蔵院下住 | 1544 | |
| 104 | 大光院 | 太田村 | 当村龍蔵院下住 | 1583 | |
| 105 | 宝幢院 | 大野村 | 棚倉領八槻村大膳院下住 | 1472 | 「本山」 |
| 106 | 神力坊 | 初原村 | 棚倉領大膳院下住 | 1490 | 「本山」 |
| 107 | 長覚 | 上高倉村 | 常福寺村南宗院同行 | 1510 | 「本山」 |
| 108 | 大初院 | 下小河村 | 下野宮村金光寺下住 | 707 | |
| 109 | 大福院 | 南田気村 | 大子村鏡泉院下住 | － | |
| 110 | 多蔵 | 松平村 | 常福寺村南宗院下住 | － | 「本山」 |
| 111 | 三力 | 松平村 | 町田村大膳院下住 | － | 「当山」 |
| 112 | 大乗院 | 下高倉村 | 西金砂山定源寺下住 | 1615 | |
| 113 | 源蔵 | 下高倉村 | 当村大乗院下住 | 1644 | |
| 114 | 長蔵 | 下高倉村 | 当村大乗院下住 | 1661 | |
| 115 | 三蔵 | 下高倉村 | 当村大乗院下住 | 1647 | |
| 116 | 大光 | 下高倉村 | 東金砂山東清寺下住 | 1645 | |
| 117 | 宝蔵 | 下高倉村 | 当村大乗院下住 | 1652 | |
| 118 | 龍光院 | 稲木村 | 太田村龍蔵院霞下 | 1615 | 「本山」 |
| 119 | 千手院 | 小野村 | 駿河大覚院同行 | 1644 | 「当山」 |
| 120 | 性蔵院 | 河嶋村 | 太田村龍蔵院下住 | － | 「本山」 |

| No. | 院坊 | 町・村名 | 本末関係 | 開基 | 備考 |
|---|---|---|---|---|---|
| 40 | 普済寺 | 鴻巣村 | 南都菩提山宝蔵院袈裟下 | – | 長蔵院 |
| 41 | 三学院 | 鴻巣村 | 南都菩提山宝蔵院袈裟下 | 1635 | |
| 42 | 宗学坊 | 鴻巣村 | 当村和光院袈裟下 | 1652 | |
| 43 | 妙法院 | 鴻巣村 | 当村和光院袈裟下 | 1644 | |
| 44 | 成就院 | 鴻巣村 | 当村宝幢院袈裟下 | 1645 | |
| 45 | 慈眼寺 | 鴻巣村 | 醍醐三宝院袈裟下 | – | 鷲宮山宝幢院 |
| 46 | 同寺 | 鴻巣村 | – | – | |
| 47 | 同寺 | 鴻巣村 | – | – | |
| 48 | 安楽寺 | 鴻巣村 | 京醍醐三宝院袈裟下 | 1597 | 鷲宮山和光院 |
| 49 | 長覚 | 金上村 | 吉田古宿村西光院袈裟下 | 1642 | |
| 50 | 吉本 | 東野村 | – | – | |
| 51 | 大膳院 | 上大賀村 | 佐都宮南相院袈裟下 | – | |
| 52 | 林光院 | 瓜連村 | 鴻巣村安楽寺法印末寺 | 1661 | |
| 53 | 正覚院 | 小場村 | 下総国古嘉不動院袈裟下 | – | |
| 54 | 宝蔵坊 | 山方村 | 森合南宗院袈裟下 | 1581 | 宝蔵院 |
| 55 | 善蔵坊 | 山方村 | 山方村宝蔵坊袈裟下 | 1597 | |
| 56 | 大蔵坊 | 山方村 | 山方村宝蔵坊袈裟下 | 1601 | |
| 57 | 正学院 | 門部村 | 鴻巣村宝道院門徒 | 1650 | |
| 58 | 清学院 | 門部村 | 鴻巣村宝幢院門徒 | 1649 | |
| 59 | 般若坊 | 北酒出村 | 南酒出村根本寺門徒 | – | |
| 60 | 長光院 | 北酒出村 | 南酒出村常韻寺門徒 | 1658 | |
| 61 | 三極院 | 飯田村 | 南都菩提山宝蔵院袈裟下 | 1661 | |
| 62 | 正楽院 | 飯田村 | 鴻巣村三覚院袈裟下 | 1659 | |
| 63 | 善蔵院 | 飯田村 | 南都菩提山宝蔵院袈裟下 | 1649 | |
| 64 | 南光坊 | 田谷村 | 鴻巣村長蔵院袈裟下 | 1658 | |
| 65 | 松之坊 | 津田村 | 田尻村大法院下住 | 1612 | |
| 66 | 正宝院 | 田崎村 | 鷲宮三楽院袈裟下 | 1655 | |
| 67 | 常楽院 | 田崎村 | 鷲宮三楽院袈裟下 | 1652 | |
| 68 | 長善院 | 戸村 | 当村文殊院門徒 | 1644 | |
| 69 | 不動院 | 横瀬村 | 石沢村権現堂下住 | – | |
| 70 | 本学坊 | 額田村 | 常福寺村南宗院袈裟下 | – | |
| 71 | 源蔵坊 | 額田村 | 常福寺村南宗院袈裟下 | – | |
| 72 | 同坊 | 額田村 | 諏訪別当 | – | |
| 73 | 山光院 | 額田村 | 常福寺村南宗院袈裟下 | – | 三光院 |
| 74 | 同坊 | 額田村 | – | – | |
| 75 | 常泉院 | 額田村 | – | – | |
| 76 | 文殊院 | 額田村 | 大田村龍蔵院袈裟下 | – | |
| 77 | 覚蔵坊 | 額田村 | 常福寺村南宗院袈裟下 | – | |
| 78 | 大聖院 | 額田村 | 常福寺村南宗院袈裟下 | – | |
| 79 | 松本 | 下寺田村 | – | 1654 | |
| 80 | 光明院 | 菅谷村 | – | 1682 | |

寛文３年「開基帳」所収寺院一覧

| №. | 院坊 | 町・村名 | 本末関係 | 開基 | 備考 |
|---|---|---|---|---|---|
| 1 | 常光院 | 藤柄町 | 武蔵国越生村山本坊同行 | 1619 | |
| 2 | 天覚院 | 本木町 | 武蔵国越生村山本坊同行 | − | 住持 嶋之坊 |
| 3 | 大学院 | 本木町 | 武蔵国越生村山本坊同行 | − | 住主 松本坊 |
| 4 | 清宝院 | 荒町 | 武蔵国越生村山本坊同行 | 1641 | 宝寿坊 |
| 5 | 久米坊 | 河和田村 | 武蔵国越生村山本法印下住 | 1610 | |
| 6 | 仙蔵 | 河和田村 | 常磐村大光院下住 | 1661 | |
| 7 | 大乗院 | 細谷村 | 菩提山宝蔵院下住 | 1616 | 十王寺、「当山」 |
| 8 | 龍蔵院 | 河又村 | 武州越生山本坊下住 | − | 「本山」 |
| 9 | 中之坊 | 吉田 | 台町常光院弟子 | 1650 | 「本山」 |
| 10 | 三明院 | 吉田 | 台町常光院子共 | 1645 | 「本山」 |
| 11 | 西光院 | 吉田 | 武州越生山本坊下住 | 1609 | |
| 12 | 法性院 | 吉田 | 鷲宮法幢院下住 | 1634 | 「東山」 |
| 13 | 妙法院 | 小河村 | 佐野村妙定院下住 | − | |
| 14 | 三字坊 | 見和新田 | 前田村密蔵院下住 | 1632 | |
| 15 | 三楽院 | 小吹村 | 武州山本法印下場 | 1629 | 「本山」 |
| 16 | 教覚院 | 大場村 | 上町天覚院下住 | 1644 | 「本山」 |
| 17 | 大徳院 | 鯉渕村 | 小後世山本法印下住 | − | |
| 18 | 諸宝院 | 田木谷村 | 伊勢国渡来部関寺霞下 | 1655 | 「当山」 |
| 19 | 明覚 | 辻村 | 宍戸村山珠院弟子 | − | |
| 20 | 甚鏡 | 上戸村 | 鷲宮泉生院弟子 | 1657 | |
| 21 | 八大坊 | 板久村 | 武州小後世村山本坊下住 | 1490 | |
| 22 | 海蔵院 | 板久村 | 武州小後世村山本坊下住 | − | |
| 23 | 長楽院 | 板久村 | 当村八大坊下住 | − | |
| 24 | 蓮花坊 | 板久村 | 当村八大坊下住 | − | |
| 25 | 大学院 | 宮田村 | 武州小後世村山本坊下住 | − | |
| 26 | 東光坊 | 下吉影村 | 鹿島郡汲上村座主袈裟衣筋 | − | |
| 27 | 良学院 | 芹沢村 | 小後世山本法印下住 | − | |
| 28 | 常光院 | 芹沢村 | 関寺当山法印下住 | 1640 | |
| 29 | 龍本坊 | 芹沢村 | 小後世山本法印下住 | 1654 | |
| 30 | 大教院 | 下大野村 | 鷲宮法憧院下住 | − | 「当山」 |
| 31 | 蓮花院 | 玉造村 | 武州小後世村山本坊下住 | − | 「本山」 |
| 32 | 和光院 | 羽生村 | 水戸天学院袈裟筋 | 1644 | |
| 33 | 大性院 | 足黒村 | 大和国菩提山法印下住 | − | |
| 34 | 不動院 | 井関村 | 木田余村般若院下住 | − | |
| 35 | 三蔵坊 | 大貫村 | 西光院門徒　地蔵院跡 | − | 「東山」 |
| 36 | 大覚 | 長岡村 | 河和田村万法院弟子 | − | |
| 37 | 明応院 | 栗崎村 | 武州越生山本坊下住 | − | 芳賀山薬王寺、二階堂、「本山」 |
| 38 | 吉成院 | 中岡村 | − | 1598 | |
| 39 | 三学院 | 下岩瀬村 | − | 1580 | |

# 雨引山楽法寺に残る中世墨書紹介

寺﨑大貴

## はじめに

平成三十年の冬、修理のために雨引山楽法寺（茨城県桜川市本木）から東京藝術大学に運ばれていた木造金剛力士立像の阿形像の内部から、永正十六年（一五一九）の年紀を持つ修理銘札が発見された。この像が慶派の特徴を持つ鎌倉時代前期の像であるとして翌年五月には報道発表され、修理銘札の存在についても公表された。その後、令和三年春に藪内佐斗司監修『古典彫刻技法大全』(1)に、同じく像内から発見された永正十年の巡礼札等とともに写真と翻刻文が掲載された。この木造金剛力士立像一対と像内納入品は、令和四年十二月に茨城県指定文化財に指定された(2)。

ここでは、納入品に記された中世の文字情報を改めて紹介するとともに、平成十七年の町村合併後の調査で確認された「木造五智如来坐像」（雨引山楽法寺蔵・桜川市指定文化財）の底部墨書や、近世の写しではあるが大永六年の「観音堂葺替棟札」の本文など、広くは紹介されてこなかった資料について報告する（以下、史料1～7の写真は論文末に掲載）。

## 一　木造金剛力士立像内納入品

〔史料1〕木造金剛力士立像修理銘札墨書銘文（永正十六年〈一五一九〉）　種字はユ（弥勒菩薩）

（表）

封　聖主天中天　大行事帝釋天王　勧請神山王権現并五所権現　再興代五十貫入申候　十方旦那
迦陵頻伽聲　今日戒師弥勒慈尊　奉再興二王　助衆江苅酒田中郡住道玉　助力
碑文師文殊師利菩薩　本歳　助伴武蔵國住妙祐　坂東卅三度坂東卅三度
啓参（種字）　惣戒師釋迦牟尼如来　永正十六年　五月吉日　本願聖近江國坂本住徳賢
哀愍衆生者　證誠師大梵天王　己卯　小聖同國賀茂下郡住妙性　東西卅三度
封　我等今敬礼　諸行事普賢菩薩　雨引山　延命寺　下野國日光山三佛　塔本尊綵色本願
戒行事観世音菩薩　常陸國真壁郡本木郷　新造佛書法眼之弟子　年廿二　伊勢　宗延　廿五　大蔵　東人

（裏）

當山者用明天皇御願所法輪独子開山也　于時持主真壁殿冶幹
行基菩薩再興也積年久文明第四壬辰　此二王再興永正十六年己卯ニモ
暮春都鄙兵乱不窮間彼寺家軍勢寄来御堂　百ニモミ十盃ツ、ウリ東西人死事
炎生仍前々引付失彼二王本佛書者不知候　カキリ無青蝿國土成雷世中ニ候ヱトモ

去永正元年甲子四月五月刃刀風吹五穀不杲依之　佛力不思議ニヨリ本願東西走巡
奥夃坂東大方京都迄人民死亡三年キキン也　衆徒助力クワヱ五月中旬雨長フル
此年者百モミ四盃ニテ候　時分別所南□子ムリノソキテコシラヱ中候

雨引山楽法寺は、茨城県桜川市本木の雨引山中腹に伽藍を有する真言宗豊山派の寺院で、六世紀末に中国梁から来日した法輪独守居士の開山と伝え、数多くの仏像・仏画・法具や建造物が指定文化財となっている。常陸国真壁郡の北東端に位置し、鎌倉時代には真壁荘にあった雨引山は、在地領主である真壁氏の支配領域にあり、真壁氏による中興の伝承や関連資料が複数残るが、同時期に当地に存在した延命寺を楽法寺が中世末に統合したとみられ、中世以前の状況については不明な点が多い(3)。

史料1から後掲の史料4までは木造金剛力士立像内納入品である。この銘札及び後掲の巡礼札については『古典彫刻技法大全』に紹介されているが、明らかな誤字もあるため、実見により翻刻し直した。他に「坂東卅三所順礼」とのみ記された竹製の巡礼札一枚がある。

銘文に明らかなように、当時の雨引山は延命寺を称しており、木造金剛力士立像をはじめ、ここに紹介する資料はいずれも雨引山延命寺に関わるものである。近世には延命寺の名は見られず、本尊である延命観音(4)をはじめ、一山を楽法寺が継承している。楽法寺一世の吽永が応永二十一年(一四一四)に授法した印信が残り、楽法寺三世の明吽が「真壁郡楽法寺道場」において伝法灌頂を伝授した印信が残ることから、室町時代後期から戦国時代末期まで、延命寺と真言宗の楽法寺が併存していたことがわかる。戦国末期から江戸初期の住持である十世宥円にかかる「宥円附属状抜書」には、「雨引山延命寺地蔵院、小瓦山楽法寺阿弥陀、元ハ雖為別山、各別自中比一山となり雨引山楽法寺と名乗」と記されている。史料1において、本願聖徳賢が近江坂本の住人であることや、日光山三仏・山王権現を記すことから、当時の延命寺は天台宗であったか、その影響が強く及んでいたものと考えられる。

内容は延命寺の仁王(木造金剛力士立像)の修理落慶で、近江国坂本の徳賢が本願となり、同じく近江から蒲生の妙性が小聖、坂田の道玉が助衆、武蔵国の妙祐が助伴となって、十方旦那から五〇貫を調達したと記されている。裏面には「持主」として真壁家当主の真壁治幹の名が記され、衆徒の助力にも付言している。徳賢と妙性は七年後の史料5の大永二年(一五二六)の観音堂葺替にも大願主として連名で見られ、長期滞在していた可能性もあるが、比叡山とどういう関係にあったのかはわからない。妙性には「東西卅三度」、武蔵の妙祐には「坂東卅三度」の注記があり、観音霊場の巡礼が普及していたことが窺える。現在、雨引山は坂東三十三所霊場の二十四番札所となっている。

「塔本尊　綵色本願」は妙性にかかる注記と見られ、現在は多宝塔に祀られる五智如来の修理彩色を指している可能性がある。史料7の木造五智如来坐像底部墨書は読み取れない文字が多いが、彩色に関する記録があり、小聖徳賢とともに妙性の名を確認できる。

また、日光山三仏(本尊)の新造仏書の法眼の弟子として二名が記され、中世日光山の仏師がこの木造金剛力士立像の修理に参加していることがわかる。

裏面では、雨引山が用明天皇の勅願所であること、法輪独子(守)の開山であること、行基菩薩の再興であることを主張した後、厳しい環境の下で木造金剛力士立像の修理が行われたことを伝えている。「文明第四壬辰暮春、都鄙兵乱不窮間、彼寺家軍勢寄来、御堂炎生」は史料6とほぼ同文であり、引き写された記述と言える。雨引山楽法寺は、現在も継承される「マダラ鬼神祭」の由緒として、文明四年(一四七二)二月に足利成氏が古河城を奪還した後、長尾景信の軍勢を雨引山に追って火を放ち、一山は炎上したが、夜な夜な鬼神たちが現れて十七日で仮本堂を建てた、と説明している。真偽は定かでないが、享徳の乱の中で兵火にかかったことは確かであろう。記録が焼失したことで二王（木造金剛力士立像）を制作した仏師もわからない、としている。

続いて永正元年（一五〇四）四月五月の天候不順で五穀が実らず三年の飢饉となったことに加え、二王を再興することになった永正十六年も飢饉であることを籾の相場とともに述べている。それでも仏力に支えられて本願の徳賢が奔走し、五月中旬の長雨の中、寝る間も惜しんで修理を終えた旨を記している。

〔史料2〕巡礼札　種字はサ

上州和田住人太郎三郎

（種字）坂東卅三処順礼同道二人

永正十年七月四日

〔史料3〕巡礼札

永正十年五月廿八日　三人

坂東卅三所順礼同行

濃州山懸郷賀野住人

高さ一五㎝及び一一㎝、厚さ一㎜ほどの杉材に墨書されている。上野国和田郷の住人二名、美濃国山県郷加野の住人三名が坂東三十三所順礼で雨引山を訪れた際に納めたものと思われるが、木造金剛力士立像が修理された永正十六年を十年も遡ることから、修理の際か後年に像内に入れられたものと推測される。中世における坂東札所の巡礼札は鑁阿寺の暦応二年（一三三九）を最古とするも残存数は多くない。茨城県内では常陸大宮市高部の諏訪神社に残る棟札大の坂東三十三度結願巡礼札[6]に次ぐ古い発見例になるとみられる。雨引山楽法寺の二十四番札所が、中世以来の延命寺の札所を継承するものであることを示している。

〔史料4〕妙法蓮華経（抜粋）

（巻第一）
（端裏）
一　旦那川嶋□郎［　　　　］
（表）
（前欠）
奉［　　　　　　］
野州［　　　　］野州
妙法蓮［　］経序品第一［　　］宮等蔵
如是我聞一時佛往王舎城耆闍崛山中與
（後略）
（巻第二）
（端裏）
二　旦那川嶋八郎［　　　　］
（表）
奉納大乗妙典六十六部内一巻下野
［　　　］郷［　　　］本願野州
［　　　］品第三［　　　］
（中略）
太永貳年壬午七月十六日畢也
（巻第三）
（端裏）
三　旦那川嶋八郎四郎同藤三□
（表）
大永三年癸未［　］月六日

本願野州等蔵
奉納大乗妙典六十六部内□巻
〔　〕足利庄椛〔　〕四郎〔　　〕
（中欠）
（後略）

（巻第四）
〔　〕旦那川嶋八郎四郎〔　〕藤三郎
（表）
大永三年癸未三月六日
奉納大乗〔　　〕十六部内一巻
足利荘まるき〔　〕とう二郎太郎
本願野州宇□宮住等蔵
妙法蓮華経五百弟子受記品第八
（後略）

（巻第五）
（端裏）
五　旦那川嶋八郎四郎同藤三郎
（表）
本願野州等蔵
田中まこ四郎　大永三年癸未三月四日
奉納大乗妙典六十六部内一巻
妙法蓮華経提婆達〔　〕第十〔　〕
（後略）

（巻第六）
（端裏）
六　旦那川嶋八郎四郎同藤三郎
（表）
奉納大乗妙典一巻敬白
旦那菅田郷椛島村田中ノ
彦七　大永三年癸未□月二〔　〕
本願野州等蔵　〔　　〕
妙法蓮華経如来寿量品第十〔　〕
（中略）

太永貳年壬午八月六日辰時書畢也其時大水入也
下野國小山荘寒川郷住僧
大法師宥秀

（巻第七）
（端裏）
七　旦那川嶋八郎四郎同藤三郎
（表）
奉納大乗妙典六十六部内三巻
旦那足利荘菅田郷椛嶋村
□郎太郎本願下野宇都宮住等蔵
妙法蓮華経常不軽菩薩品第二十
（後略）

（巻第八）
（端裏）
八　旦那川嶋八［　　　］郎
（表）
大永三年癸未三月六日
奉納大乗妙［　　］
旦足利荘［　　］
妙法蓮華経観［　　］第二十五
（中略）
下野国小山荘寒川郷迫田住僧金蔵坊
書之
太永貳年壬午八月八日申時書畢也

縦九・三cmから一〇・五cm、横約二七cmの紙を一〇枚から一四枚継いで小ぶりな巻子に仕立てている。妙法蓮華経の全二十八章を八分割し、巻第一から巻第八に二章から五章ずつを書写している。端裏書には巻数と「旦那川嶋八郎四郎同藤三郎」の記載が全巻にあり、巻頭には「奉納大乗妙典六十六部内一巻」の他、本願や旦那の居住地と名前、奉納の年月日が書かれている。巻末は巻第二・第六・第八にのみ書き込みがあり、書写を終えた日時や書写した人物の居住地と名前等が記されている。

本願はいずれも下野国宇都宮住の等蔵で、巻第二の書写完了は大永二年（一五二二）七月十六日、巻第六は下野国小山荘寒川郷の住僧であった大法師宥秀が八月六日辰時に完了したが、その時に大水が入ってきたと記している。巻第八は同じく寒川郷の迫田の住僧であった金蔵坊が八月八日申時に完了した。各巻の旦那となったのは足利荘菅田郷椛嶋村（栃木県足利市樺崎ヵ）や足利荘丸木郷の住人であり、全体をまとめて実際に雨引山に来訪したのは旦那と記される川嶋八郎四郎と藤三郎と見られるが、彼らの居住地は明らかでない。いずれにしても納入は木造金剛力士立像の修理完了後であるので、どこかの段階で髻など穴の開いている部分から裂に包んで投入されたものと考えられる。

## 二　観音堂棟札

〔史料5〕観音堂葺替棟札銘文写（大永六年〈一五二六〉）　種字はキリーク・サ・ユ　「ゴシック体」は文昭による注記

封　聖主天中天　天下和順日月清明　大行事帝釋天王　**「大永六丙戌年三月五日葺替之節**
迦陵頻伽聲　八貳種　風雨以時災厲不起　今日戒師弥勒菩薩　**棟札之写也**
碑文師文殊師利菩薩　**于時宝永七庚寅年十月十八日」**
「表」卍　碑文啓參　（種字　種字　種字）　惣戒師釋迦牟尼如来
證誠師大梵天王　**「雨引山楽法寺第十七世**
封　哀愍衆生者　天之中　國豊民安兵戈无用　諸行事普賢菩薩　**権大僧都法印文昭写置之者也」**
我等今敬礼　崇徳興仁務修礼讓　戒行事観世音菩薩

勧請神　山王権現并五所権現　弁財天やしろ立　上葺大工助五郎并後側ノ大工五郎左衛門　万匠手間三十人葺事一人シテ十三日畢

已上代三十貫　人足五千人

奉上葺南無帰命頂礼大慈悲観世音菩薩　小旦那高久大炊助万　かめ太郎百一塚百　金泉坊五十　大泉せいさへもん二百

大永六年丙戌三月五日　大檀那平治幹　家幹　小幡七郎三郎馬一斤同夫妻　田口豊後守三万　同大炊助百　佐竹高春六百

海老澤しやうけん百　大貳

「裏」

雨引山　願以此功徳普及於一切我等與衆生皆共成佛道　本國近江之住 大願主　徳賢

妙性　小聖宗圓三十三度人数ニテ五貫　右筆東榮

延命寺　常陸國真壁郡本木郷内　彼願者當山ニテ観音コウシ籠所上ふき　人馬平定同心與力貴賤諸男女二世安穏所也

塔ノ五佛　二　二王同堂立千部経三度

これは、宝永七年(一七一〇)の本堂造営棟札(7)に「大永六丙戌年　宥海阿闍梨与真壁公同力修補」と見えることから存在が推測されてきたが、発見に至らなかったものである。近年、改めて調査を行ったところ、『真壁町史料　中世編Ⅲ』に所収した文明六年の棟札よりも原本に近いと思われる棟札(後掲の史料6)とともに、上段に文明六年の棟札、下段に大永六年の棟札を書き写した棟札状の板が確認されたため、紹介することとしたものである。

この棟札状の板の裏面に、「文明六甲午年十二月十三日本堂再興砌之棟札　并大永六丙戌年三月五日葺替之棟札年久文字難見故写之者也、宝永七庚寅年十月十八日　権大僧都法印文昭(花押)」とあり、近世中期に楽法寺十七世を務めた文昭により、本堂再建の入仏供養が完了した宝永七年十月十八日付で写し置かれていることから、宝永の棟札を作成するために参照した二本の棟札を、セットで書き写したものとみられる。

大檀那である真壁治幹、その下に嫡子の家幹を記し、小旦那には家中の高久大炊助・田口豊後守らが並び、大願主には徳賢と妙性がいる。小聖宗圓には「三十三度人数ニテ五貫」と注記がある。坂東札所巡りを三十三度結願した人々で五貫文を寄進したと考えると、高久氏や田口氏に付記される「万」や「百」の数字の単位は「文」になると考えられる。屋根葺きと番匠で三十貫、人足は五千人とあるので、かなり大規模な作事と思われる。

また、「塔ノ五仏」「二王同堂立」「弁才天やしろ立」など、周囲の建物に関する記述もなされている。

〔史料6〕観音堂造立棟札墨書銘文（文明六年〈一四七四〉）

（表）

聖主天中天　碑文文殊師利廾
大梵天王　惣式（ママ）師釋迦牟尼如来
迦陵頻伽聲
卍　帝釋天王　證誠三世十方諸佛
哀愍衆生者
四大天王　惣行式（ママ）観世音廾
我等今敬礼　式（ママ）和尚弥勒廾

敬白十方三世一切三宝而言偏為天長地久御願圓満
奉造立御堂一宇　夫以観世音者此三世化導之
覺母衆生開悟非願也爰用明天皇御宇
法輪獨子自開山已来修造度々也然間
積星霜季久故文明第四天壬辰暮春都鄙
兵乱不窮問彼寺家軍勢寄来御堂炎上
嗚呼世界悉旦還無上者我等生死者如朝露以彼
思是前已後滅涙銘肝倩以本願聖人権大僧都快吽

鳴太鼓打鐘十方助力勵勧進　奉再興處也庶幾
貴賤男女過現當来抽懇志一々願望令成就圓満給

（裏　第一～三段目）

本願聖権大僧都快吽（花押）
大檀那平朝臣真壁掃部助久幹（花押）
同御舎弟高幹（花押）

大工藤原末孫粉山太郎左衛門重隣　小工与四郎
寺奉行高久筑後入道道明　三郎左衛門
政所高濱圖書亮幹秀　太郎四良　八郎太良
坂本信濃入道家本　与三良　左衛門三良
高濱周防守幹義　左衛門四良　右馬五良宗次
小聖祐仙阿闍梨　衛門太良　彦太良
吽永法印　左衛門三良　宮五郎
木曜　杣取　次郎三良
于時文明六年甲午十二月十三日御入佛　鍛治浄阿弥　山阿弥
鬼宿

（裏　第四～六段目）

別當坊快吽　坐禅坊祐範　月蔵坊慈榮　木取文明五年癸巳六月十八日
大覺坊亮珎　普賢坊吽祐　大蔵祐鏤　并釿銘立霜月十二日
能樂坊榮範　普門坊祐文　駿河光春　次甲午十月十三日柱立
妙浄坊祐範　般若坊幸吽　道光　十日一万部法花讀誦

瀧本坊秀憲　圓實坊祐光　同猿樂有之　町弥七大夫　妙仙七世父母
寶樹坊幸海　圓乗坊亮吽　道円　道本
道樹坊祐順　祐弥　寶蔵坊民部律師榮賀　吽栄　道善　道音
乗光坊弁永　妙祐尼　威徳坊幸弥　能登殿　松子　春女
正持坊吽祐　式部卿　衛門太郎家吉
安樂坊良吽　承仕空圓　太鼓打　了願
左京朝範　愛傳乗吽理頓朝栄
執筆権律師誠海(花押)

この棟札は『真壁町史料 中世編Ⅲ』に「雨引山楽法寺本堂棟札墨書銘文」として収載されているが、ほぼ同文のものが他に二点あり、一点は史料5の上段に筆写されているものであり省略する。もう一点がこの棟札である。

史料5の書体を見た上で「雨引山楽法寺本堂棟札墨書銘文」の書体を見ると、よく似た文字が多いことがわかる。その上で改めて「雨引山楽法寺本堂棟札墨書銘文」の実物をよく確認すると、右肩の墨で汚れた部分の文字が認識できる。当時は後筆とみて数文字を当てていたが、「宝永七庚寅年十月十八日　権大僧都法印文昭(花押)」と書かれているとみられ、「七」「寅年十」「昭」の文字と、文昭の花押と酷似した花押を、確認することができた。つまり、文昭によって複写された棟札であったと考えられる。

史料6に戻ると、高さ九三㎝、幅一七・九㎝、厚さ一・五㎝の杉板である。他の二点との違いは、表面については、「菩薩」が異体字であることで、「敬白」以降の文章の改行位置も異なるが、これは三点とも異なる。板面の欠損は少ないので、判読可能な文字が増えている。裏面では、真壁久幹や快吽の花押に太い線と細い線のメリハリがあり、特に快吽の花押については自筆と見ても違和感がない。他の二点が「小工」で改行して「与四郎」以下を記すのに対して、「小工与四郎」としている。「別當坊快吽」以下の僧侶については、三点とも段替えの位置が異なるほか、他の二点は般若坊を「祐吽」とするのに対して「幸吽」としている。全体として史料6が最も原本に近い印象はあるものの、板面の中央に節があり文字がかぶせて書かれていること、三点いずれも小工に「左衛門三郎」が重複していること、僧侶に「吽祐」が重複していること、仏名を記す部分に誤記があることなどから、三点とも写しである可能性を否定できない。

## 三　木造五智如来坐像

〔史料7〕木造五智如来坐像底部墨書

（大日如来坐像像底）

為□□

大檀那平久幹　同國□

□　□山道瑚　小聖徳賢

⌜　⌟旦那徳賢　法眼秀海

⌜　⌟別當憲□　佛所

文明□□中迎来世治幹御代

---

于□明應八□□□六月吉日

（阿閦如来坐像像底）

采色

□旦那治幹

⌜　⌟　願⌜　⌟

⌜　⌟養　丁⌜　⌟

⌈　⌋　自他同證
⌈　⌋　無上⌈　⌋
⌈　⌋　⌈　⌋
⌈　⌋月日　⌈　⌋
⌈　⌋為□□　佛所

（宝生如来坐像像底）
奉釆色
大旦那
平治幹
旦那同本□
妙性比丘尼

⌈　⌋小聖徳賢
⌈　⌋

（不空如来坐像像底）
治幹御代
旦那ヱヒ澤
入道◯　自他同證
五佛供養事　無上菩提
三日百□讀　小旦那又⌈　⌋
法善⌈　⌋　又三郎
七日⌈　⌋
□日⌈　⌋楽

県指定文化財である楽法寺多宝塔の初層に安置されている木造五智如来坐像で、平成二十一年に桜川市指定文化財となっている。五智如来は五体の仏像であるが、阿弥陀如来坐像の像底には墨書を確認できない。史料5にある「塔ノ五佛」に相当するものとも考えられるが、現在安置されている多宝塔は、貞享元年（一六八四）に三重塔として完成したものが、嘉永六年（一八五三）年に多宝塔に改築されたものと伝え、どのような経緯でこれらの仏像が現在の多宝塔に安置されたのかはわからない。

墨書は判読困難な部分が多く判然としないが、年紀としては「文明」「明応八」があり、大檀那は平久幹、彩色の大旦那として平治幹が見える。他に徳賢と妙性の名も見える。この時期の関係する人物名を墨書等にあてると、文明六年(一四七四)に久幹・高幹、長享二年(一四八八)[8]に久幹・高幹・治幹・康幹、明応八年(一四九九)[9]に久幹、永正十六年(一五一九)に治幹・徳賢・妙性、大永六年(一五二六)に治幹・家幹・徳賢・妙性となる。文明年間の当主は久幹、明応年間は治幹へ移行する前後とみられるが[10]、「前立観世音古蓮花座裏書写」の「別当坊僧都憲済、大檀越平久幹道瑚入道」を勘案すると、文明六年の観音堂再建や明応八年の本尊修復の頃に仏像の造立が行われ、その後、治幹の代になって彩色が行われたもの考えられる。墨書にも年代差があり、「治幹御代」とそれに関わる文言は、明応の墨書よりも後に書き加えられたものではなかろうか。

なお、真壁久幹の法名は樹山道瑚である。

以上、まとまらない史料紹介を行ってきたが、本来であれば桜川市史編纂事業として史料集を作成し、公表する機会を持つべき内容であるが、諸般の事情でなかなか実現できないため、この場を借りて紹介することとした。

**註**

(1)『古典彫刻技法大全』(藪内佐斗司監修、求龍堂、二〇二一年)に所収の、小島久典「楽法寺と納入品について」、鈴木篤「楽法寺金剛力士立像構造技法—阿形像を例に—」、益田芳樹「楽法寺仁王像の修復」を参照。

(2)『茨城の文化財』第61集(茨城県教育委員会、二〇二三年)に、仏像については浅見龍介氏、像内納入品については小森正明氏による解説が付されている。

（3）寺史の概略は拙稿「雨引山楽法寺について」（『雨引山楽法寺の絵画 楽法寺絵画資料調査報告書』雨引山楽法寺、二〇〇七年）を参照。

（4）木造観世音菩薩立像（平安時代・国指定重要文化財）。

（5）天明六年（一七八六）の「真言宗新義本末御改帳」（楽法寺蔵）によると、寺領一五〇石のうち半分の七五石はいずれも本木村の一寺七院七坊の衆徒に五石ずつ分配されている。神宮寺・長寿院・安養院・宝寿院・不動院・寂光院・東光院・西福院・般若坊・道樹坊・円乗坊・普賢坊・能楽坊・宝樹坊・定純坊の全一五ケ寺。このうち般若坊・道樹坊・普賢坊・能楽坊・宝樹坊の五坊は、史料6の本堂再興にも名が見られる。

（6）高村恵美「常陸大宮市域の新出中世棟札・巡礼札」（『常総中世史研究』六、二〇一八年）、『常陸大宮の棟札』2（常陸大宮市文書館、二〇一八年）。

（7）「雨引山楽法寺本堂棟札墨書銘文」（『真壁町史料 中世編Ⅲ』真壁町史編さん委員会、一九九四年）。

（8）「法円寺薬師如来厨子銘文」（『真壁町史料 中世編Ⅳ』真壁町史編さん委員会、二〇〇三年）。長享元年と記し、翌年の干支を記しているが、長享二年のものとしておく。中根正人「室町～戦国初期常陸真壁氏の基礎的考察」（『戦国期政治史論集 東国編』戦国史研究会編、岩田書院、二〇一八年）註（60）参照。

（9）「前立観世音古蓮花座裏書写」（楽法寺蔵）に明応八年（一四九九）のものとして「本願鏡忍権律師五十一歳、別当坊僧都憲済、大檀越平久幹道瑚入道并息女宇都宮芳賀太方」と記されている。

（10）中根正人「十六世紀前半の常陸真壁氏」（同『常陸大掾氏と中世後期の東国』岩田書院、二〇一九年）。

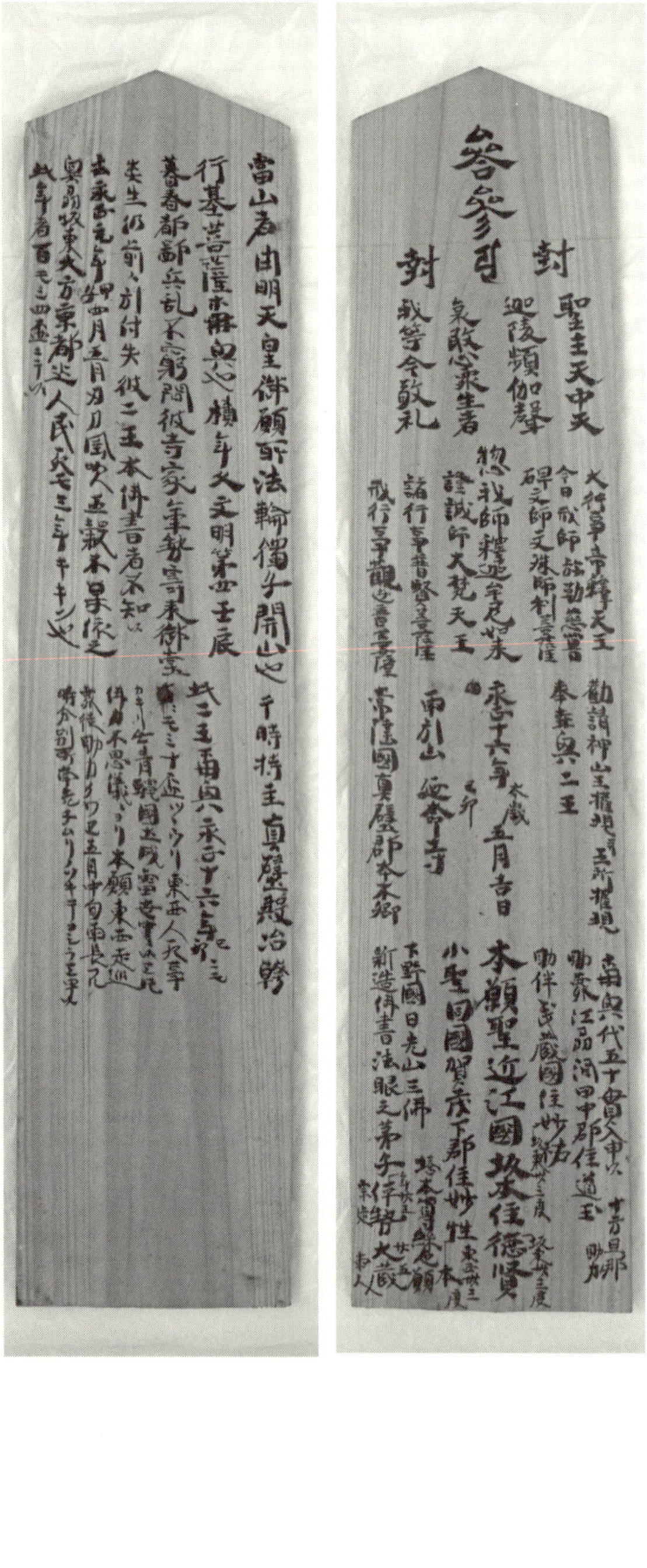

史料1　木造金剛力士立像修理銘札墨書銘文（右表／左裏）

史料2　巡礼札

史料3　巡礼札

## 史料4　妙法蓮華経

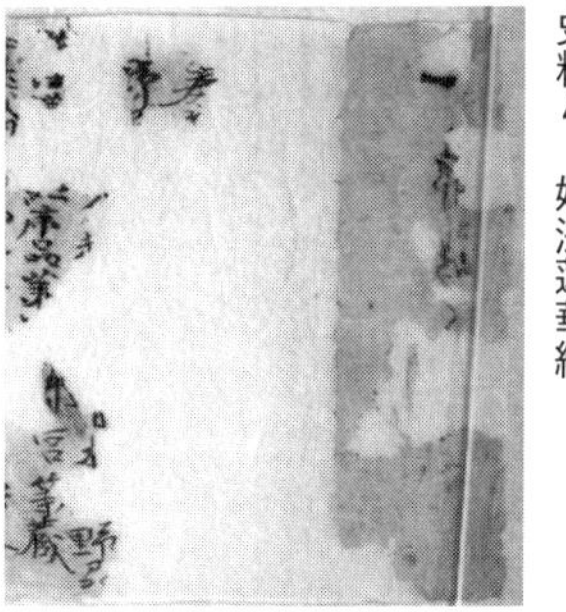

巻第一　巻頭

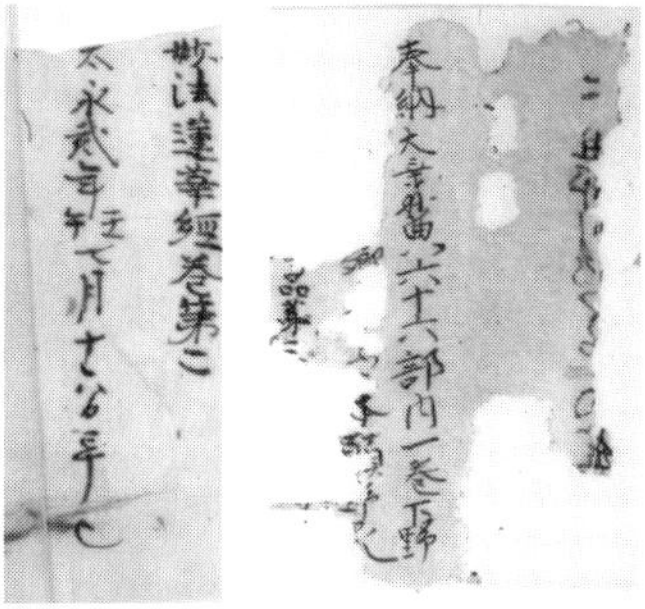

巻第二　巻末　巻頭

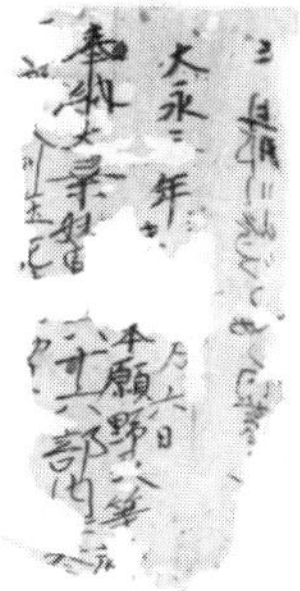

巻第三　巻頭

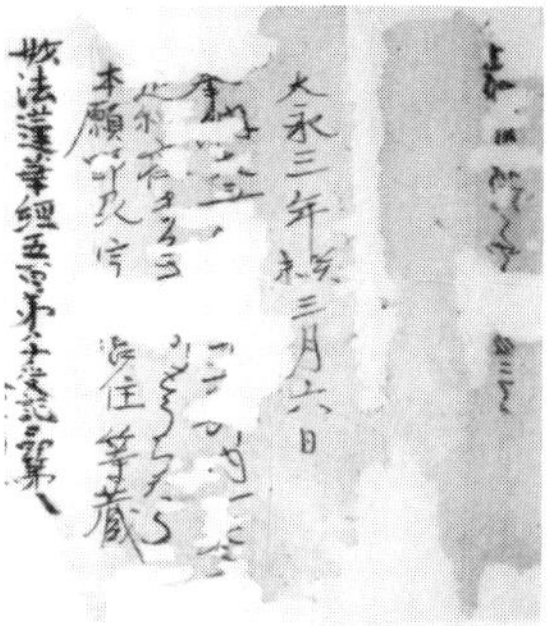

巻第四　巻頭

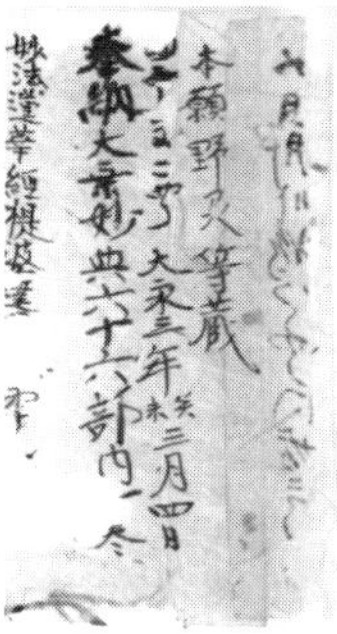

巻第五　巻頭

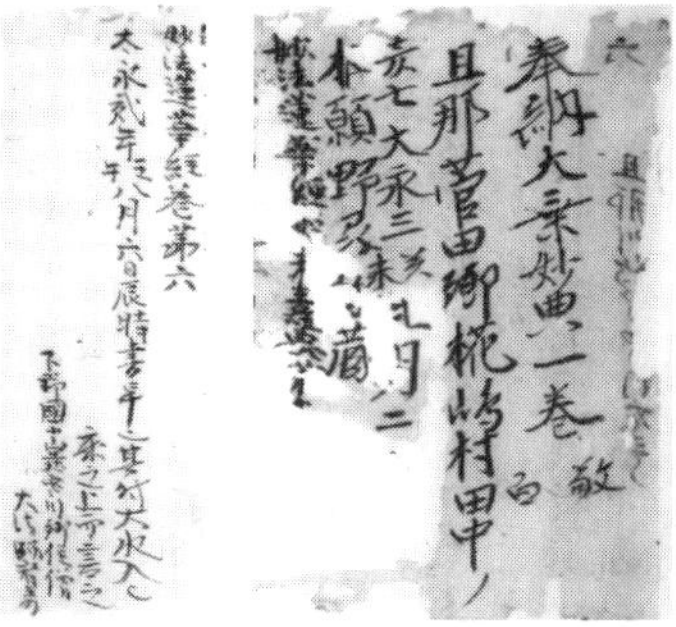

巻第六　巻末　巻頭

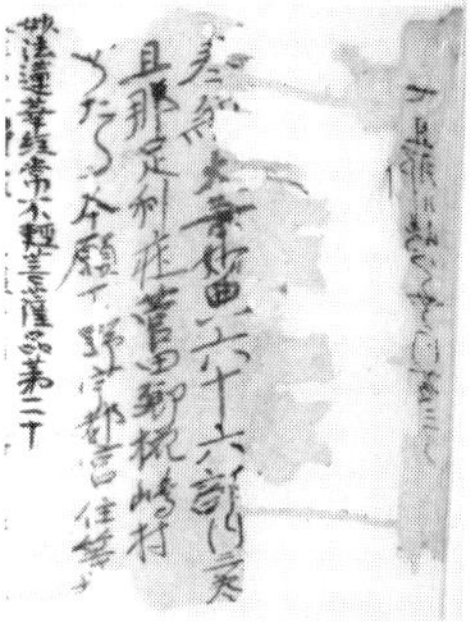

巻第七　巻頭

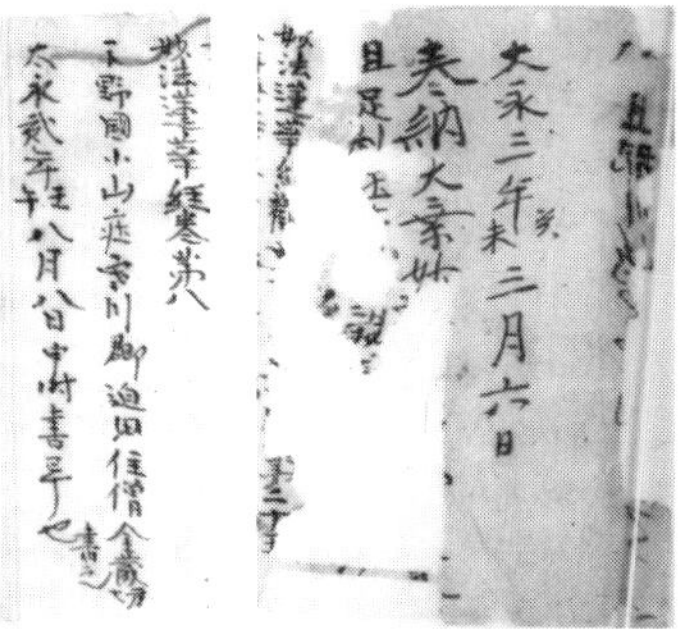

巻第八　巻末　巻頭

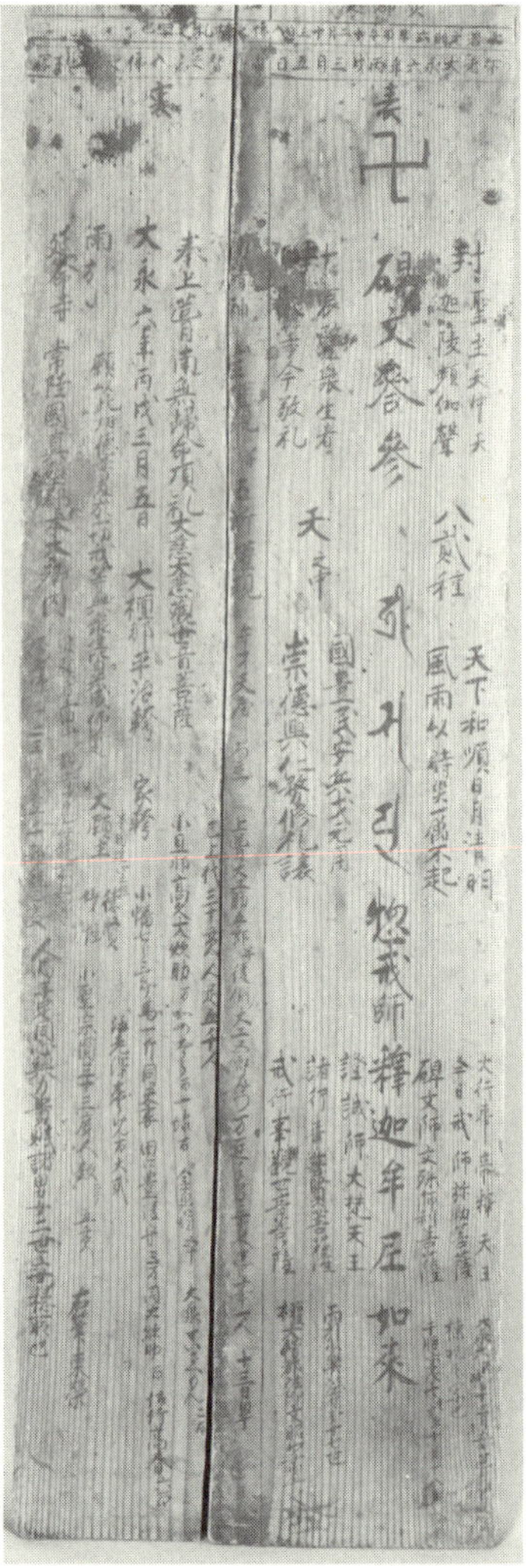

史料5　観音堂葺替棟札銘文写

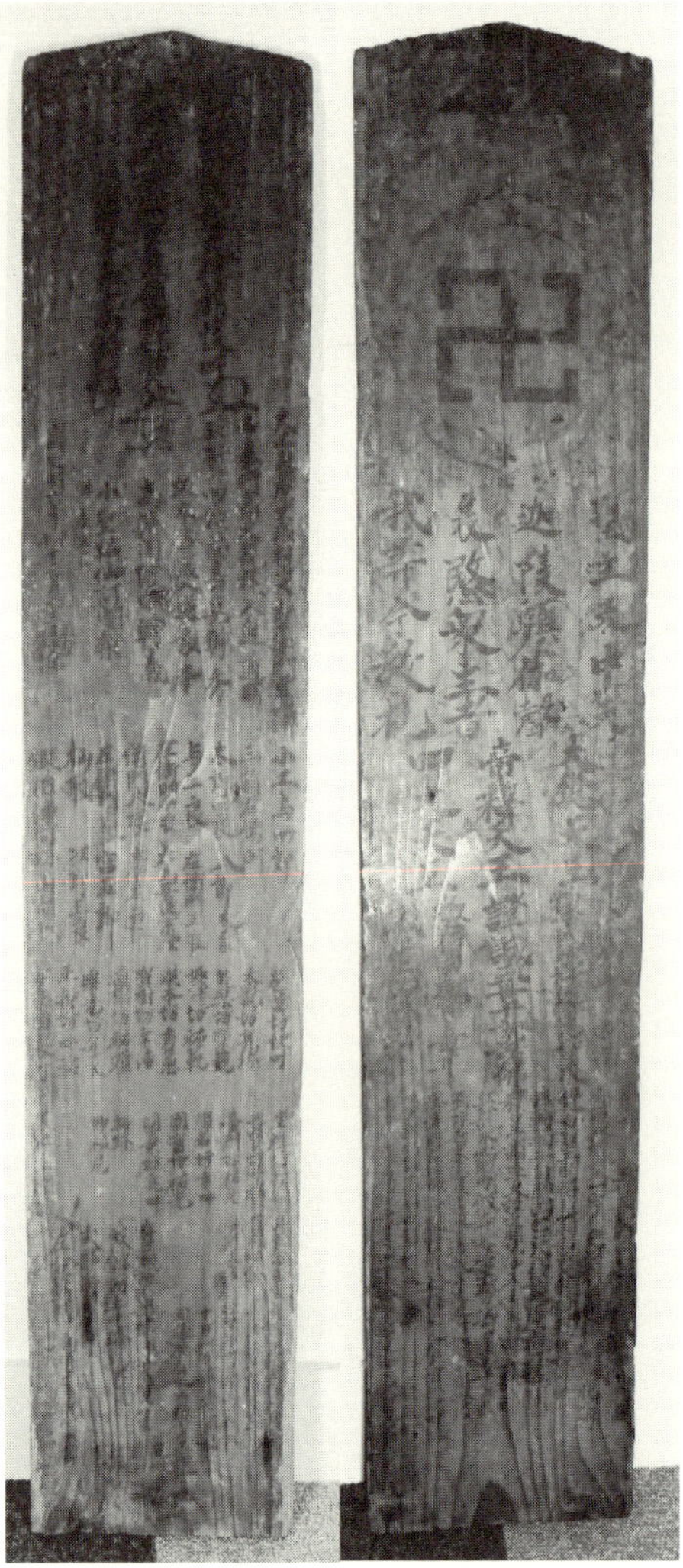

史料6　観音堂造立棟札墨書銘文（右表／左裏）

史料7　木造五智如来坐像底部墨書

雨引山楽法寺多宝塔内の五智如来像

阿閦如来

大日如来

不空如来

宝生如来

# 常陸の中世花崗岩製五輪塔編年と地域的特徴

荒井美香
比毛君男

## はじめに―本稿の目的・方法―

本稿は、中世常陸国内の花崗岩製石造物のうち、五輪塔の時代的変遷と地域的特徴の考察を目的とする。五輪塔は国内の中世石造物の中で最も普遍的な形式の一つである。その中でも常陸における花崗岩製五輪塔は、中世後半に大型品が制作される一方、小型品が大量に普及する点で当時の人々に支持された石塔といえる。

そこで本稿は、常陸国内の石造五輪塔の様相を、関東地方におけるそれとの比較の中でまず明確にし、更に常陸国内の石造五輪塔の時代の変化を辿るために、⑴紀年銘資料、⑵中世墓地遺跡出土資料、⑶発掘調査事例で一括性の高い出土事例、の三点から検討を加える。併せて、銘文等から地域的な特徴や歴史的性格を明確にすることとしたい。

執筆分担は、第一・二節が荒井、第三・四節が比毛である。

# 一　研究史

　中世石造五輪塔への学問的検討は、石造美術研究に伴う論考が嚆矢である。常陸の花崗岩製五輪塔に関しては、『史跡と美術』誌上における野村隆氏のつくば市三村山極楽寺跡五輪塔（野村1976）や、高井悌三郎氏による土浦市般若寺五輪塔（高井1961）への論が知られる。ここでは既に、筑波南麓に同時期同材質他形式の石造物と共に五輪塔が確認される事実から、鎌倉期に常陸守護を務めた在地領主小田氏を檀越とし、忍性ら西大寺系律宗僧の布教活動に伴い招来された南都系石工集団（大蔵派）の存在が想定されていた。

　ほぼ同じ頃、一九六〇年代以降には自治体史編纂事業が活発化し、歴史・民俗資料研究の一環として石造物の悉皆調査も一部で行われた。昭和五十年代（一九七五〜）には、茨城県史編纂事業に伴い県南・県西全体を対象とした調査も行われている。自治体史編纂は現在に至るまで各地で行われ、調査研究成果の多くは論考や報告書の形で公刊され、県内の石造物研究の基礎をなしている。更に自治体による石造物の把握は、工芸品や考古資料の文化財認識の基礎になり、特に重要なものは指定を受け、行政による保護の対象となっている。

　一九八〇年代以降における特に重要な研究成果として、筑波大学の『筑波古代地域史の研究』（筑波古代地域史研究グループ1981）を挙げる。ここでは、古代末の浄土寺院日向遺跡の発掘調査を踏まえて、つくば市北条の多気太郎五輪塔や三村山極楽寺五輪塔を図化報告し、古代末から中世における筑波地域の考古資料の基礎を提示した。

　平成に入る（一九九〇年代〜）と資料館・博物館活動の一環として、石造物の展示や石造物を介して中世世界を考察する展示が見られる。中でも真壁町立歴史民俗資料館の『筑波山麓の仏教』展（1993）は、古代末期から中世末までの筑波山麓の地域史を、文献資料・考古資料を基に政治史・仏教史の点から構築した点で注目すべきである。続く土浦市立博物館の『中世の霞ヶ浦と律宗』展(1997)と合わせ、この時期の代表的な展示成果と言えるだろう。

また平成には、中世石造物資料紹介の増加と共に歴史的・地域的特徴を考察した論考も現れた。桃崎祐輔氏は土浦市宍塚般若寺五輪塔をもとに、関東における中世西大寺系律宗寺院の五輪塔群を構造的に位置づけた(桃崎1995)。飛田英世氏は、行方郡内における石造物の石材に着目し、筑波山塊由来の花崗岩と銚子砂岩・安山岩製の三種の混在から、戦国期から近世前期の内海世界における物資流通や宗教を考察した(飛田2003)。近年では鶴見貞雄氏の筑西市灰塚西墓地の五輪塔報告が重要で、近年、全国的に出現期の五輪塔研究が進展する中で、同資料が石材や形態の点から古式の様相を示し、県内最古級の資料となることを明らかにした(鶴見2021)。

最後に、一九八〇年代以降現在まで看過できない事実として、埋蔵文化財発掘調査による中世石造物出土事例の急増がある。開発に伴う記録保存目的の行政発掘調査がほとんどであるが、古墳を利用した墓地・城館・集落などさまざまな種類の中世遺跡から、石造物部材の出土が頻出している。毎年相当数の発掘調査報告書が刊行される中で、これら出土資料の情報の集積化が今後の課題といえるだろう。

## 二　関東地方における常陸国内中世五輪塔の地域的特徴〔表1〕

本節では、中世常陸における石造物の地域性を考えたい。方法としては、関東地方の紀年銘資料をもとに中世五輪塔を整理し、都県間で比較検討することにより、年代や地域ごとの相違点等を浮き彫りにしたい。

具体的な手段としては、先学の研究成果のうち、秋池武『中世の石材流通』(2005)と磯部淳一『東国の中世石塔』

（2020）に依拠し、関東地方の紀年銘を持つ五輪塔を都県別に集計する。次いで四半世紀ごとに整理を行い、出土数の傾向を比較の上、石材等を基に考察を加えることとする。

前者の研究は、中世関東地方における石材産出地と石造物の分布の関連を追った労作で、巻末の「有紀年銘五輪塔・宝篋印塔等石材一覧」には、年号をもつ五輪塔と所在地・法量・石材等の記載がある。後者には、東北地方と関東甲信越静地区の主要な中世石造物が掲載され、各論と共に法量や部材・部位ごとの編年が提示されている。巻末には、紀年銘及び年代が推定可能な中世石造物の一覧が表化されている。

両者を合わせた資料操作の結果、[2]表1のとおり関東地方の中世紀年銘五輪塔は五〇八基を数えることができた。表1で四半世紀ごとに区分した結果を示し、都県各々の分布の傾向を以下に指摘したい。

(1)全体を通じて、石材産出地を複数持つ群馬（上野）が四割以上と数的優位に立ち、次いで埼玉（北武蔵）が次ぐ。両者は鎌倉街道上道や中道により交通や物資流通の結び付きが強い[3]。

(2)数的ピークは十五世紀から十六世紀第1四半期で、以後中世末まで一定数の造営が確認できる。最古は正応六年（一二九三）群馬県安中市松岸寺の二例、次いで永仁三年（一二九五）神奈川県元箱根精進池例である。

(3)鎌倉後半から南北朝にかけては、中世都市鎌倉を要する神奈川（相模）にやや数的優位性が看取されるが、十五世紀以降は激減する。石材はすべて安山岩である。

(4)群馬は、鎌倉・南北朝期では砂岩や凝灰岩が主体をなすが、十五世紀以降は安山岩が中心となり、十五世紀後半には牛伏砂岩も増加傾向にある。埼玉は安山岩主体で牛伏砂岩が十六世紀以降割合を増加させ、伊奈石も頻出する。東京（南武蔵）は五日市町の事例[4]がほとんどで、材質は伊奈石が大部分を占める。

(5)栃木（下野）の事例数は足利市内が圧倒的である。古い石塔には凝灰岩が見られるが、十五世紀第4四半期以降は

**表１　関東地方 中世石造五輪塔出土数一覧**

| 時期及び<br>都県名 | 13 c<br>Ⅳ | 14 c<br>Ⅰ | 14 c<br>Ⅱ | 14 c<br>Ⅲ | 14 c<br>Ⅳ | 15 c<br>Ⅰ | 15 c<br>Ⅱ | 15 c<br>Ⅲ | 15 c<br>Ⅳ | 16 c<br>Ⅰ | 16 c<br>Ⅱ | 16 c<br>Ⅲ | 16 c<br>Ⅳ | 都県別<br>総計 |
|---|---|---|---|---|---|---|---|---|---|---|---|---|---|---|
| 茨城（常陸） | | | | | | | | | | 1 | 5 | 1 | 2 | 9 |
| 栃木（下野） | | | 1 | 6 | 9 | 3 | 2 | 3 | 3 | 1 | 1 | | 2 | 31 |
| 群馬（上野） | 2 | 2 | 13 | 16 | 11 | 25 | 24 | 24 | 26 | 29 | 17 | 21 | 25 | 235 |
| 千葉（房総） | | | | | | 5 | 4 | 1 | | | 1 | 1 | 4 | 16 |
| 埼玉（北武蔵） | | | 4 | 2 | 3 | 9 | 15 | 20 | 30 | 21 | 15 | 17 | 18 | 154 |
| 東京（南武蔵） | | | 1 | | 3 | 7 | 5 | 10 | 11 | 4 | | | | 41 |
| 神奈川（相模） | 1 | 4 | 5 | 2 | 2 | 1 | 2 | | | 1 | | 2 | 2 | 22 |
| 時期別総計 | 3 | 6 | 24 | 26 | 28 | 50 | 52 | 58 | 70 | 57 | 39 | 42 | 53 | 508 |

註　時期は、13世紀第４四半期（13cⅣ）から、16世紀第４四半期（16cⅣ）までを表す。

安山岩が中心となる。

⑹千葉（下総・上総・安房）の事例は下総が多数を占める。特に十五世紀前半は千葉市内、十六世紀は佐倉市内に目立ち、両者共に守護千葉氏に関する供養塔である。前者は安山岩、後者は銚子砂岩である。

このような中で、他地域と様相を異にするのが茨城（常陸）である。大きな特徴として、

①紀年銘資料は、十六世紀まで確認されていない。そのため、事例としては関東地方で最も少数である。

②材質は花崗岩製で、五輪塔に限れば他の石材は確認されていない。

上記二点を挙げることができる。このことは、必ずしも十六世紀以前の石塔が存在しないことを意味するのではなく、年号を刻字した事例が少ないという傾向と理解すべきであろう。刻字の無い事例が多い事実には何らかの歴史的意義が反映されているのかもしれないが、墨書のため資料に痕跡が残らなかった点や、石材搬出から造立地点までの石材加工過程等を考慮する必要もあるため、現段階でその評価を詳らかにすることは難しい。

花崗岩製であることは、県央から県南にかけての筑波山塊一帯がその産出地であることから、常陸国内で供給可能な石材が中世後半に寡占的な流通を呈していたと考えたい。紀年銘に拘らなければ、花崗岩製五輪塔は茨城県南部を中

心に県北・県西にも分布し、更に下野南東部(益子町~茂木町)から下総北西部(柏市)にかけても確認することができる。[5]本来は茨城県内に留まらず、より広範に流通した可能性がある。

問題点としては、研究史上、鎌倉時代後半に西大寺系律宗によって南都の影響を受けた石造物が県南部に多数確認できるのに対し、十五世紀代の紀年銘資料が無く、十六世紀代までの間に断絶が見られる点がある。この事実は、結果として、常陸における中世石造物研究の基礎となる編年、時代・時期ごとの変遷過程を追う研究に大きな資料的制約を課した。上野や北武蔵など関東地方の他地域では紀年銘資料に基づく編年研究が既に着手され、更に石材ごとの地域差等、一歩進んだ研究段階にいることを考慮すると、この断絶する期間をどのように埋めてゆくかが、常陸における中世花崗岩製五輪塔研究の今後の課題といえるだろう。

## 三　常陸における中世石造五輪塔の編年

本節では、中世常陸国内の石造五輪塔について、各部位の形態・法量・製作技法上の変化に着目して、時代・時期ごとの変遷を体系化する。考古学的な編年作業は、紀年銘資料を集成し比較検討するのが基本だが、前節のとおり対象事例が十六世紀に限られる資料的制約を踏まえ、中世墓における蔵骨器(土器・陶磁器)と石塔のセット関係と、発掘調査出土事例の中で年代比定が可能な事例で補完することにより、中世全体を通観することとする。[6]なおこの資料集成には、花崗岩以外の材質の五輪塔でも年代検討に良好な事例は対象とした。

## 1　紀年銘資料（写真1・2、表2）

管見の限り県内最古の紀年銘石造五輪塔は、土浦市小高の永正十二年（一五一五）銘である(7)。次いで天文七年（一五三八）つくば市小田延寿院(8)、同九年かすみがうら市中佐谷十王堂(9)、同十四年かすみがうら市山本、及び同市志筑須賀神社前と、天文年間（一五三二〜五五）が続く。天正年間（一五七三〜九二）では、天正二年（一五七四）つくば市君島鹿島神社隣接墓地と、「天正」銘の土浦市高岡法雲寺例を挙げる。なお下妻市赤須薬師堂境内五輪塔には「天」字があり、天文または天正年間作の可能性がある。

安土桃山期には、文禄二年（一五九三）かすみがうら市上佐谷堂前墓地、同三年牛久市城中町得月院例があり、江戸期に入ると慶長十六年（一六一一）かすみがうら市上佐谷太子堂、寛永二年（一六二五）つくば市筑波山神社境内、同四年取手市岡野彦五郎墓（本多重次墓に隣接）等が知られ、以後十八世紀代まで茨城県内には紀年銘石造五輪塔を確認することができる。

なお紀年銘資料ではないが、天正十九年（一五九一）没の石岡市根小屋所在片野城主太田三楽斎墓と、文禄五年（一五九六）没の取手市本多重次墓を挙げる。両者とも後世に否定的な手が加えられた可能性は乏しく、旧状を良く残すため、没後間もなくの建立を筆者は想定する。上記の大部分は高さ150㎝以上の大型品で占められる。

紀年銘資料を通観すると、十六〜十七世紀初頭の五輪塔の変遷を一定程度追うことが可能である。これら資料群は年代毎に一基ずつ変化を遂げるというよりも、共通する要素が資料群をまたいで看取されることから、複数の系統が同時期に存在し、各々が変化を遂げたと考えるのが自然である。最も変化が確認しやすいのは空風輪と火輪で、水輪と地輪には明確な形態変化を看取できなかった。以下、大型品が中心の紀年銘資料を概観する。

まず空風輪に関しては、十六〜十七世紀初頭までは空輪と風輪の境界が施溝され、大きな凹みを生じていることが

写真１　茨城県内中世石造五輪塔（紀年銘資料他）①

永正12年（1515）
土浦市小高

天文７年（1538）
つくば市小田
延寿院

天文９年（1540）
かすみがうら市中佐谷
十王堂墓地

天文14年（1545）
かすみがうら市山本

天文14年（1545）
かすみがうら市志筑
須賀神社

天正２年（1574）
つくば市君島
鹿島神社隣接墓地

天正年間（1573～1592）
土浦市高岡
法雲寺

天正19年（1591）没
伝片野城主太田三楽斎墓

天文または天正年間
下妻市赤須
薬師堂

**写真２　茨城県内中世石造五輪塔(紀年銘資料他)②**

文禄２年(1593)
かすみがうら市上佐谷
堂前墓地

文禄３年(1594)
牛久市城中町
得月院

文禄５年(1596)没
取手市台宿二丁目
本多重次の墓

慶長16年(1611)
かすみがうら市上佐谷
太子堂

寛永２年(1625)
つくば市筑波
筑波山神社

寛永４年(1627)
取手市台宿二丁目
本多重次の墓内
岡野彦五郎墓

## 表2　茨城県内紀年銘中世石造五輪塔一覧【参考事例を含む】

| No. | 年代・時代 | 名称【指定有無】 | 所在地 | 法量【cm】 | 銘文、年代観の根拠 | 石材 | 備考 | 出典 |
|---|---|---|---|---|---|---|---|---|
| 県北地区【北茨城市・高萩市・日立市〔旧多賀郡市〕・久慈郡大子町・常陸大宮市・常陸太田市〔久慈郡市〕・那珂市・ひたちなか市〔旧那珂郡市〕】 | | | | | | | | |
| 1 | 15世紀 | 五輪塔(大) | 常陸大宮市字五林堂 | 84×46×46 | 無 | 花崗岩 | 県の下村田遺跡発掘で周辺から蔵骨器(常滑鳶口壺)、市調査で埋没した凝灰岩五輪塔を発見。雪村周継に所縁と伝い、玉川縁辺部に立地。江戸時代には堂内に安置 | ・大宮町歴史民俗資料館編集1995『大宮町石仏・石塔調査報告書おおみやの野仏とその祈り』 |
| 2 | | 五輪塔(小) | 常陸大宮市<br>歴史民俗資料館 | 63×21×21 | 無 | 凝灰岩 | | |
| 県央(水戸)地区【水戸市・東茨城郡城里町・茨城町・大洗町・笠間市・小美玉市】 | | | | | | | | |
| 3 | 16世紀 | 五輪塔(2基)【市指定名称：五輪石塔】 | 笠間市平町418-1/新善光寺跡内個人墓地 | 高約160 | 【正面向かい右側塔 地輪】<br>「宍戸四良知家之墓」<br>【正面向かい左側塔 地輪】<br>「當山開基完戸四良家政之墓」 | 花崗岩 | 明和6年(1769)一木理兵衛が先祖供養に紀年銘建立。寺は暦仁2(1239)年観鏡により宍戸城内に建立、明治初期に廃寺 | ・笠間市史編さん専門委員会2011『新笠間市の歴史』<br>・笠間市HP<br>・笠間市教委2021『笠間市の文化財』 |
| 鹿行地区【鉾田市・鹿嶋市・神栖市〔旧鹿島郡〕・行方市〔旧行方郡〕・潮来市】 | | | | | | | | |
| 4 | 15〜16世紀 | 烟田氏の墓碑【市指定】 | 鉾田市烟田/寿徳禅寺墓地内 | 高150 | 【空輪】佛性<br>【風輪】寺殿<br>【火輪】一円大<br>【水輪】居士<br>【地輪側面】文治五年巳酉二月十一日示寂 | 砂岩 | 伝烟田太郎(徳宿)親幹供養塔。寺は天台宗・文治2年建立で天文年間に曹洞宗改宗。烟田城築城時に現在地に移る | ・鉾田町史編さん委員会1995『図説ほこたの歴史』<br>・鉾田市HP<br>・鉾田市教委2017『鉾田市の文化財』 |
| 5 | 天文9年(1540) | 五輪塔 | 行方市西蓮寺/西蓮寺境内 | — | 【地輪】<br>権大僧都<br>法印亮信<br>天文九年庚子正月 | 砂岩 | 水輪に穴か？ | ・麻生町史編さん委員会1998『あそうの石仏石塔』<br>・飛田英世2002「第2編中世第4章中世麻生地方の社会と経済」『麻生町史』<br>・飛田英世2003「行方郡域における石塔用石材の搬入とその背景」『領域の研究』 |
| 6 | 天文9年(1540) | 五輪塔 | 行方市西蓮寺/西蓮寺歴代住持墓所 | 高140.5 | 【地輪】<br>権大僧都<br>法印亮信<br>天文九年庚子正月 | 砂岩 | 水輪上面に直径約10cmの穿孔があり，納骨用と推定。『西蓮寺旧記』には亮信の記述無 | |
| 7 | 寛文3年(1663) | 五輪塔 | 行方市小幡/観音寺 | 高200×48×42 | 【地輪】<br>権大僧都竪者法印<br>大阿闍梨定傳<br>于時寛文三癸卯天四月廿三日 | 安山岩 | 歴代住持墓所西側。各輪には発心門を表す種子。基礎蓮弁は単弁で先端が反り返るが大雑把な作り。火輪は軒の両端上部が極めて鋭角、空輪先端も角状に誇張表現 | ・飛田英世2003「行方郡域における石塔用石材の搬入とその背景」『領域の研究』<br>・北浦村文化財保護審議会1995『北浦村の石仏・石塔−目でみる石仏−』 |
| 8 | 慶安4年(1651) | 五輪塔 | | 高170 | 【地輪】胎蔵界大日種子<br>権大和尚位<br>法印什迎<br>(慶)安四年辛卯三月日 | 花崗岩 | 歴代住持墓所西側。空風輪は全体に比して大きい。 | |
| 9 | 正保3年(1646) | 五輪塔 | | 高135×50×50 | 【地輪】胎蔵界大日種子<br>尊弁/囗大僧都/為菩提<br>正保三季今月日<br>※ 秀念は北浦村の石仏・石塔に掲載 | 砂岩 | 歴代住持墓所西側。全体に比して空風輪が大きく、地輪が小さい | |

| | | | | | | | | |
|---|---|---|---|---|---|---|---|---|
| 県南地区【石岡市・かすみがうら市・土浦市〔旧新治郡〕・つくば市・つくばみらい市〔旧筑波郡〕・牛久市・稲敷郡阿見町・美浦村・稲敷市・龍ケ崎市・北相馬郡利根町・取手市・守谷市】 | | | | | | | | |
| 10 | 16世紀末～17世紀初 | 伝片野城主太田三楽斉の墓 | 石岡市根古屋字台 | 高148 | 無 | 花崗岩 | 片野城主太田三楽斎は天正19年(1591)没。 | 西宮一男・鈴木幹男1984『八郷町の石造物第1集』八郷町教育委員会発行 |
| 11 | 天文14年(1545) | 五輪塔【市指定】 | かすみがうら市志筑/須賀神社前 | 210×79 | 【地輪】<br>天文十四年<br>松延<br>※ 別側面にも銘文有 | 花崗岩 | 神社鳥居前に位置 | ・かすみがうら市郷土資料館2006『かすみがうら市の石造物企画展展示解説書』<br>・磯部淳一2020『東国の中世石塔』吉川弘文館<br>・千代田町史編さん委員会1970『千代田町史』 |
| 12 | 天文9年(1540) | 五輪塔【市指定】 | かすみがうら市中佐谷/十王堂・下佐谷区管理 | 高174 | 【地輪南面　右側】<br>大掾地経院<br>【地輪東面】<br>天道立石□<br>□左衛門尉<br>天文九年二月□□ | 花崗岩 | 明治初期に中佐谷普門寺(廃寺)から移動。伝佐谷郷地頭佐谷次郎左衛門尉平実幹の供養塔 | |
| 13 | 天文14年(1545) | 五輪塔【山本、県指定】 | かすみがうら市山本191/市管理 | 高241 | 【地輪】<br>奉造逆修<br>大旦那道志<br>天文十四年 | 花崗岩 | 飯島家祖先のものと伝 | |
| 14 | 文禄2年(1593) | 五輪塔【堂前、県指定】 | かすみがうら市上佐谷719/堂前墓地(個人墓地) | 高202 | 【地輪】<br>文禄二年癸巳<br>※ 他銘文多数有 | 花崗岩 | 佐谷山内家関連という。山内家は掛川から土佐移封時にこの地に移住という。 | |
| 15 | 慶長16年(1611) | 五輪塔【太子堂、県指定2基】 | かすみがうら市上佐谷/太子堂・個人 | 【大】高220<br>【小】高210 | 【大型五輪塔 地輪】<br>為山内常満敬白<br>慶長拾六稔拾月<br>【小型五輪塔 地輪】<br>為妙深逆修□敬白<br>慶長拾六稔拾月 | 花崗岩 | 山内家祖先のもの | |
| 16 | 天正年間(1573～92) | 石造五輪塔【市指定】 | 土浦市高岡/法雲寺 | 高160 | 【地輪】<br>奉造立也　開(雲)<br>□□□<br>干(時)□　天正□<br>正(三)月廿三日 | 花崗岩 | 2基有。左小田朝久、右小田政治供養塔と伝う。紀年銘は右側のみ | ・土浦市教委編2009『土浦の文化財』<br>・雨谷昭2011『土浦市史資料集 土浦の文化財関係史料集』土浦市立博物館<br>・土浦の石仏編集委員会1985『土浦の石仏』土浦市教委・土浦市文化財愛護の会<br>・土浦市教育委員会2014『土浦の石仏 新治地区編』<br>・高井悌三郎1961「常陸東城寺・般若寺結界石」『史跡と美術』31-7<br>・桃崎祐輔1995「宍塚般若寺と律僧の往来」『常総の歴史』15<br>・土浦市立博物館1997『中世の霞ヶ浦と律宗』<br>・榎本實2003「頭白上人伝説再考-新治村小高の五輪塔を中心に」『茨城の民俗』42<br>・比毛君男2014「4.法雲寺学術調査について」『上高津貝塚ふるさと歴史の広場年報』19 |
| 17 | 永正12年(1515) | 石造五輪塔【県指定、小高】 | 土浦市小高202 | 高364 | 【地輪正面】<br>功徳主頭白上人<br>大工本郷<br>永正十二天<br>二月三日<br>【地輪向かって左側面】<br>逆修　性(清)　性(之)　法然<br>性(道)　性□　性全　性久 | 花崗岩 | 正面の頭白上人銘は彫り方が深く溝状を呈し、後刻か後世に手を加えられた可能性が指摘される。左側面の字の彫りの深さは浅い。地元では、頭白上人は小田氏に殺害された後に佐竹義宣に生まれ変わり、小田氏へ復仇する伝承有 | |
| 18 | 14世紀前半 | 石造五輪塔【県指定】 | 土浦市宍塚1461/般若寺 | 180×70×70 | 無 | 花崗岩 | 反花座と基礎は半ば埋没。寺復興の律僧源海の墓塔説有。周辺に複数五輪塔があったが、昭和後半に境内に移設され、近年旧状に復す | |

| | | | | | | | | |
|---|---|---|---|---|---|---|---|---|
| 19 | 天文7年<br>(1538) | 石造五輪塔【県指定】 | つくば市小田/延寿院 | 高241 | 【地輪】<br>敬白<br>廿三回也<br>為妙西禅尼等<br>梵字ア　施主<br>□□<br>□□如浄照<br>天文七年□戌　七月日 | 花崗岩 | 三十三回忌での石塔造立から、妙西禅尼に小田氏所縁の女性の説有。延寿院境内には石製灯籠等石造物多数有。 | ・筑波町史編纂委員会1983『筑波町石造物資料集上巻』<br>・筑波町史編纂委員会1987『筑波町石造物資料集下巻』<br>・つくば市教委1989『筑波の文化財工芸篇』<br>・つくば市教育委員会1991『筑波の文化財 板碑篇・補遺篇』<br>・高井悌三郎1977「常陸筑波地方の板碑」『史迹と美術』478号<br>・野村隆1976「常陸三村寺跡五輪塔」『史跡と美術46-4』<br>・小瀬康行1982「二基の五輪塔」『筑波古代地域史の研究』<br>・つくば市教委1994『三村山極楽寺跡遺跡群所在石造五輪塔解体修理報告書』<br>・つくば市教委2009『つくば市の文化財』<br>・磯部淳一2020『東国の中世石塔』吉川弘文館 |
| 20 | 14世紀初頭 | 石造五輪塔【市指定、三村山極楽寺跡】 | つくば市小田/極楽寺跡 | 高276.5<br>『筑波町資料集』では367、台座含めて320.9 | 無 | 花崗岩 | 平成5(1993)年に解体修理が行われ、古記録と出土陶磁器の年代観から14世紀初頭と推定。三村寺は鎌倉中期以後に西大寺系律宗の鎌倉に次ぐ東国の根拠地の一つとなる。忍性以後の長老頼玄の墓塔と推定。近世古絵図には「頼朝公墓」、伝承では「八田知家墓」「小田氏治墓」と伝 | |
| 21 | 天文6年<br>(1537)以後<br>(推定) | 石造五輪塔【県指定】 | つくば市北条/八坂神社 | 高201cm<br>『筑波町資料集』では180 | 銘文無<br>【以下は埋納された経筒銘】<br>十羅刹女　常州北条住人<br>(バク)奉納大乗妙典六十六部聖道慶<br>三十番神　天文六年今月日 | 花崗岩 | 昭和末期の解体時に地輪上部の円孔内に青銅製経筒発見。筑波町史によると、水輪から天文の年号を記した書付が出たというが詳細不明 | |
| 22 | 鎌倉時代前～中期 | 伝多気太郎義幹五輪塔 | つくば市北条字多気太郎287 | 高190 | 無<br>※ 水輪の四方に、書体が微妙に異なる金剛界大日如来種字が陰刻される | 花崗岩 | 通称「不老台」に所在。『筑波の文化財 工芸篇』では13世紀前半の作 | |
| 23 | 寛永2年<br>(1625) | 石造五輪塔 | つくば市筑波/筑波山神社境内 | 高485 | 【地輪】<br>寛永二年<br>※ 他銘文多数有 | 安山岩 | 寛永二年三月二九日建立の光誉法印僧正の供養塔。寛永二年四月二八日に法印号を得て弟子栄増が建立 | |
| 24 | 天正2年<br>(1574) | 石造五輪塔 | つくば市君島889/鹿島神社隣接墓地 | 高124 | 【地輪】<br>□<br>(願)主　五十<br>(種子ア)　一人<br>天正二年<br>(十?)月日 | 花崗岩 | 天台宗真如院歴代墓地内に有。震災以後、空風輪転落・地輪半分は埋没 | |
| 25 | 文禄3年<br>(1594) | 得月院五輪塔【市指定】 | 牛久市城中町257-2/得月院 | 135×45×45 | 【空輪】祖　【火輪】西　【水輪】来<br>【地輪】<br>得月院殿月海妙印大姉<br>意<br>時文禄三□霜月六日 | 凝灰岩? | 牛久城主由良国繁の母で得月院開基「妙印尼」の墓碑(文禄3年11月6日卒)。法名得月院殿月海妙印大姉 | 現地説明看板より。空風輪のうち風輪部は無い。<br>空輪の臍は火輪の孔にはまる |

| | | | | | | | | |
|---|---|---|---|---|---|---|---|---|
| 26 | 寛永4年（1627） | 五輪塔【県指定史跡 本多重次の墓】 | 取手市台宿2丁目13番8号/史跡本多重次の墓 | 高119（＋台座9） | 【空輪】南無<br>【風輪】阿弥<br>【火輪】陀仏<br>【水輪】（キリーク）<br>【地輪】<br>寛永四丁卯暦<br>坂休院　体誉一源浄本居士<br>九月十二日 | 安山岩 | 北西向き、向かって右。この塔は取手市青柳の本願寺（本多重次菩提寺）過去帳法名から、重次客人の岡野彦五郎墓 | 取手市史編さん委員会1987『取手市史石造遺物編』 |
| 27 | 文禄5年（1596）以降 | 五輪塔【県指定史跡 本多重次の墓】 | | 高131（＋台座12） | （梵字　キャ・カ・ラ・バ・ア） | 花崗岩 | 北西向き、中心にあり本多重次の墓。向って左は本多九蔵重玄（弟）の後世墓。文禄5年（1596）7月16日68歳没 | |
| 県西地区【桜川市〔旧真壁郡〕・筑西市・結城市・下妻市・常総市・結城郡八千代町・坂東市・古河市・猿島郡境町・五霞町】 | | | | | | | | |
| 28 | 中世末 | 五輪塔（伝真壁道無供養塔） | 桜川市真壁町/参翁寺跡 | 高138 | 無 | 花崗岩 | かつては他に数基の五輪塔有 | 真壁町歴史民俗資料館編集発行1993『真壁町の石造物-寺社編-』 |
| 29 | 平安末～鎌倉前期 | 五輪塔 | 筑西市（旧下館市）灰塚/灰塚西墓地内 | 131 | 無<br>※ 空・風・火・水・地の各輪にデザイン化した刷毛書体で薬研彫の五輪塔梵字【東方発心門 南方修行門 西方菩提門 北方涅槃門】を刻む | 凝灰岩（大谷石） | 空風輪東面、水輪南面から北面下半部、地輪は南北に割れコンクリート充填接合され、東面左側を欠損。青磁碗や常滑片も表採される。 | 鶴見貞雄2021「筑西市灰塚西墓地の古式な五輪塔とその背景」『茨城県考古学協会誌』33 |
| 30 | 14世紀後半～15世紀 | 五輪塔【市指定】 | 筑西市関本中町/弥陀堂墓地 | 高175、火輪最大幅73.6 | 無 | 花崗岩 | 近接して一回り小さい五輪塔部材1～2基有。墓地北側の泉蔵院が廃寺となり移設される | ・関城町史編さん委員会編集1987『関城町史通史編上巻』<br>・筑西市HP |
| 31 | 14世紀後半～15世紀 | 石造五輪塔【県指定】 | 筑西市村田三所宮1736-1/お大日の墓 | 216 | 無 | 花崗岩 | 元は三所神社裏の神宮寺にあり明治初年に現在の共同墓地に移設 | ・関城町史編さん委員会編集1987『関城町史通史編上巻』、筑西市HP<br>・茨城県教委2007『茨城の文化財』45 |
| 32 | 天文（1532～55）又は天正（1573～92） | 五輪塔 | 下妻市赤須/薬師堂境内 | 73×33×30 | 【地輪】<br>（梵字）天口<br>権大<br>二 | 花崗岩 | 火輪を欠く。空風輪・水輪・地輪の各1面に梵字を刻む。震災後に転倒 | ・下妻市史編さん委員会1993『下妻市史上』1993<br>・下妻市石仏調査委員会・下妻市教委1991『しもつまの野仏』 |
| 33 | 14世紀後半～15世紀 | 五輪塔【市指定】 | 下妻市下栗407/法光寺 | 120×43×43 | 無 | 花崗岩 | 地元の豪族常楽寺氏の菩提寺であることから同氏供養塔の説有 | ・千代川村石仏石塔調査会1993『千代川の石仏』千代川村教委発行<br>・千代川村史編さん委員会2001『村史千代川村生活史 第3巻前近代史』 |
| 34 | 16世紀 | 五輪塔【市指定】 | 八千代町若/和歌城跡・古堂墓地内 | 高104 | 無 | 花崗岩 | 和歌（島）城主赤松祐弁の供養塔と伝。残存状況は良好で、他の部材が周囲に有 | ・八千代町史編さん委員会編集1987『八千代町史 通史編』<br>・八千代町教委・日本考古学研究所1999『熊野堂古墳』 |

共通する。他方、紀年銘をもつ経筒が出土したつくば市北条八坂神社例からは、空風輪の境界を線で簡易に区画するものも存在したことが確認できる。空輪頂部に関すると、永正～天文年間（一五〇四～五五）には丸みをもつ一群があり、天文～慶長年間（一五三二～一六一五）には円錐状を呈するものが継続している。火輪は、軒反が外側に傾斜し側面観が算盤玉状を呈するものが多く、これとは別に棟の高さと比べて軒厚が厚い一群も天文年間に見られる。寛永以後（一六二四～）は、軒反が外方に更に開き、厚みをもって上方を向く近世的な要素が強まる。地輪は側面観が正方形に近く、立方体を呈するものが多い。

以後江戸時代には、空風輪の頂部が角状に突出し、火輪の軒上端の反りが上方に突き出す等の形態変化を辿る。紀年銘資料では筑波山神社境内塔や本多重次墓脇の岡野彦五郎墓が寛永期に当ることから、角状化は十七世紀第2四半期以降進行すると目される。

材質に関しては、慶長までは花崗岩製が優位だが、寛永以後は群馬または伊豆からの安山岩が流入し、主流化する。また付言すると、紀年銘資料の部材の一部に、時期の異なる部材が混入した可能性を否定できない事例もあるが、本稿ではすべてセットとして扱った。

## 2　中世墓地遺跡出土資料（石造五輪塔と蔵骨器の共伴事例）（図1）

中世墓地遺跡の表採資料または発掘調査で、石塔と蔵骨器利用された陶磁器が共伴して発見される事例がある。両者が単一同士の出土の場合、陶磁器の生産年代を石塔造立の年代に援用が可能と考える。ただしながら陶磁器には伝世され一世紀以上後出する事例がみられる(10)ほか、複数の蔵骨器が出土し後世の攪乱等の影響を受けた事例では陶磁器の年代に幅が生じることもあるため、石塔の年代も幅広くかつ相対的に把握する必要がある。

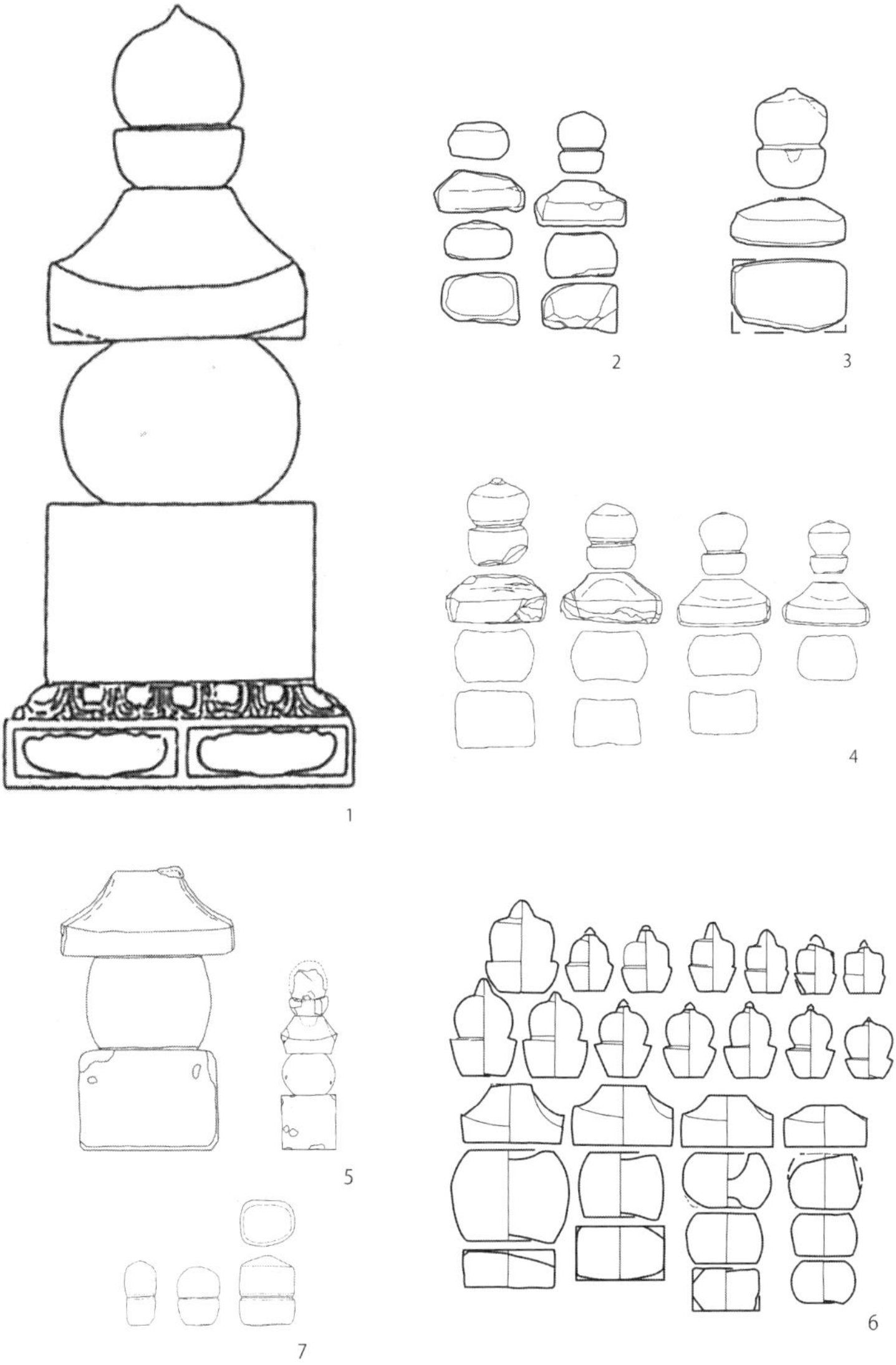


**図１　中世墓地遺跡出土資料**

図は各報告書等より引用（以下、図２、３、５も同じ）

以下、中世墓の出土事例として7例を挙げる。このうち①を除いて、紀年銘資料とは異なり、五輪塔の総高は150㎝以下の小型品が多数を占める。

①茨城県内の中世墓発掘調査事例で最も重要な事例は、つくば市三村山極楽寺跡五輪塔である。一九九三年の解体修理に伴う調査で、地輪以下の基礎中央に古瀬戸前期灰釉四耳壺と中国龍泉窯系青磁皿を蓋にした火葬蔵骨器が出土し、忍性以後の三村寺長老頼玄の墓塔と推定されている。陶磁器年代と頼玄の没年から十四世紀初頭と考えられている。(11)

②龍ヶ崎市桜山古墳の発掘調査では古墳を利用した中世墓が発見され、常滑片口鉢1類(6a〜6b形式)を蔵骨器として二基の五輪塔が検出された。片口鉢は十三世紀後半の産で器形的に長期間伝世する可能性は乏しいため、石造五輪塔は十三世紀末から十四世紀前半と考える。

③小美玉市天神中世墓は未調査だが、常滑壺(6a・6a〜6b・8形式)が複数個出土している。現地には堂跡と思しき平場と五輪塔部材が残る。これらをセットとして把握し、石塔を十三世紀末から十五世紀初頭の一群と考える。

④かすみがうら市と土浦市にまたがる戸崎中山遺跡では、古墳を利用した中世墓が発掘調査され、五輪塔群と常滑壺甕類(8・9・10形式)が複数個出土した。常滑の生産年代が幅広いため、石塔の年代も全体に幅広く混在するととらえ、十四世紀末から十六世紀初頭の一群と考える。

⑤常陸大宮市下村田遺跡では、市及び県の発掘調査で、茶毘跡と常滑鳶口壺(鎌倉時代後半)や陶製仏花瓶、石造五輪塔二基(花崗岩製と砂岩製)がセットで発見された。中世墓が調査で発見されるのは県北部では珍しく、陶磁器年代と石塔の伴出を総体的に考えて十五世紀の事例と推定する。

⑥筑西市小栗地内遺跡群の発掘調査のうち、寺山古墳群の調査では、古墳時代後期の古墳群の中に中世墓が多数検

出された。調査では集石が二か所報告され、多量の川原石が複数地点に広がりを見せる中、荼毘所と思しき被熱箇所と火葬骨片の分布が確認され、五輪塔の部材も多数出土した。(12) 開発以前の同地には川原石の上に石塔が建っていたとの聞き取りがあり、川原石は石塔基礎または火葬骨納入施設の一部の可能性がある。このうち集石2からは、十三世紀後半から十四世紀代の上野系土製広口壺が火葬骨を納めた状態で発見された。この他にも燈明皿利用のかわらけ（丸底と平底が併存）が複数、古瀬戸縁釉小皿一点が出土している。集石2は、荼毘所と埋葬を兼ねた複数の中世墓が石塔を伴う形で造営されたものと考えられ、出土石塔群はある程度の年代幅をもって捉えざるを得ない。ここでは上限を十三世紀末、下限を古瀬戸縁釉小皿の年代（後Ⅱ期平行）として十五世紀初頭までの幅広いものとして捉えたい。

⑦石岡市片野城跡では、城の外郭部に十六世紀代の複数の火葬墓が道路跡と共に発見された。このうち9号土坑墓から花崗岩製五輪塔空風輪一点、15号土壙墓から花崗岩製五輪塔空風輪と宝篋印塔相輪各一点、19号土壙墓から永楽通宝六枚と扁平化した五輪塔水輪一点出土した。墓群の六道銭は永楽通宝が中心をなし、十六世紀後半〜十七世紀初頭にかけて造営された中世墓群と報告されている。石塔群も同一の時期と考える。

## 3　発掘調査出土事例（図2〜4）

本項では、記録保存目的の発掘調査事例の中で、古記録から年代比定が可能な事例と、一括性が高いと思料される遺構出土事例を挙げる。中世遺跡の調査で石塔の出土は頻出するが、後世の手が加わらず、陶磁器などを伴い年代比定が可能な出土状況は必ずしも多くは無い。そのため本項では、共伴遺物があり、出土状況から年代比定が可能な以下七遺跡を挙げる。当節も紀年銘資料と異なり、五輪塔は総高150㎝以下の小型品が多数を占める。

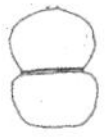

2-1 つくば市島名前野東遺跡

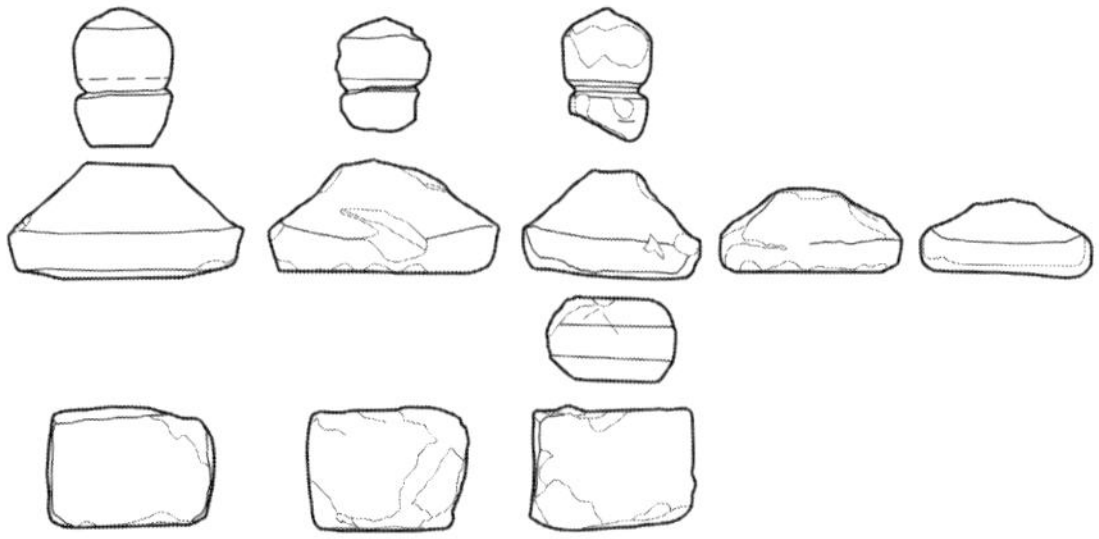

2-2 つくば市西平塚梨ノ木遺跡

2-3 つくば市島名熊の山遺跡

2-4 つくば市島名熊の山遺跡

0 (1/15) 20cm

図2　発掘調査出土事例(1)

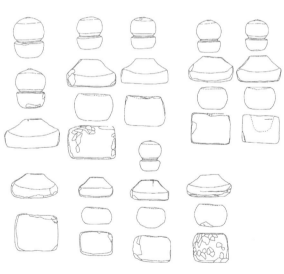

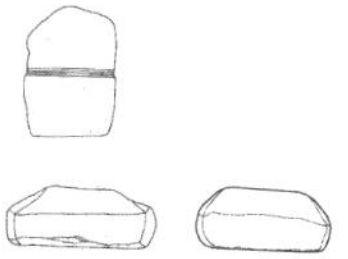

2-5 つくばみらい市前田村遺跡

2-6 桜川市金谷遺跡

凝灰岩製五輪塔

花崗岩製五輪塔

0　(1/15)　20cm

2-7 水戸市河和田城跡

図３　発掘調査出土事例(2)

①つくば市島名前野東遺跡では十三世紀後葉から十四世紀前葉の方形館跡が検出され、中心建物群の位置変遷からA・B二時期の存続が考えられている。この方形区画の堀跡SD3の西部覆土中層から、頂部を欠いた花崗岩製五輪塔空風輪一点が出土している。溝の覆土下層からは手づくね成形の土師質土器皿(かわらけ)が多数出土し、一部は中層以上にも見られる。溝に後世の混入は無く、十四世紀前半の事例と考える。

②つくば市の西平塚梨ノ木遺跡は、室町前半期の小田氏八代当主孝朝が応安七年(一三七四)に小田城の四方に定めた真言宗寺院小田四ケ寺の一つ大聖寺の故地である。古記録によると大聖寺は、建立当初、現在の土浦市永国にあり、孝朝が田中荘平塚に移転させ、大永六年(一五二六)に平塚から再度土浦市永国に寺地を戻したと伝え、平塚に存在した期間は一三七四年から一五二六年に当たる。二〇〇一年に旧寺域周辺部分を発掘調査し、中世の溝、板碑と火葬骨が伴う墓、地下式坑等が検出された。出土遺物のうち、かわらけは手づくね成形で、陶器は最新が古瀬戸後1期である。六道銭は永楽銭を含まない。これら出土遺物の年代は古記録と矛盾が無く、遺構に伴う石塔は少数だが、十四世紀第3四半期から十六世紀第1四半期の一群と考える。

③つくば市島名熊の山遺跡の発掘調査では、226号井戸から南側より一括で投込まれた状態で五輪塔部材が計七四点出土した。出土土器の年代から十五世紀後半~十六世紀前半と報告され、考察では更に年代が下る可能性も指摘されている。瀬戸美濃系灰釉丸皿片を含むため年代を下らせる傾向があるものの、かわらけには古い形状のものも含まれることから、報告通り十五世紀後半から十六世紀前半として扱う。

④また同遺跡95号堀跡からは、近接する位置の覆土下層から花崗岩製五輪塔空風輪一点、中層から土師質土器小皿・甕、瀬戸美濃系天目茶碗(瀬戸美濃大窯編年大窯3並行)が出土している。報告で石塔は十六世紀前半に位置づけられている。層位関係からこの年代を支持したい。

⑤つくばみらい市の前田村遺跡の発掘調査では、84A号土坑から骨片や歯と共にかわらけ一点、花崗岩製宝篋印塔の基礎・塔身、五輪塔空風輪・火輪・地輪等の部材が出土した。隣接する84B号土坑からは永楽通宝を主体とする土壙墓もあり、出土かわらけの年代からも十六世紀と考えられる。

⑥桜川市金谷遺跡の二〇〇二年度から二〇〇三年度実施の発掘調査では、867号土坑の覆土中層から土師質土器小皿・擂鉢・甕・内耳鍋、瓦質土器香炉と共に、先端の尖った凝灰岩製五輪塔空風輪が出土した。報告では十六世紀だが、内耳鍋の器高の高さから十五世紀後半まで遡るものとして本稿では取り扱う。

⑦近年報告の水戸市河和田城跡では、戦国期水戸地域を治めた江戸氏の拠点城郭の縁辺部に残る土塁の下から五輪塔を中心とする大量の中世石塔群が集積された状態で出土した。近在の墓地を整地して城を拡張したものとみられ、下層からは中世墓も確認されている。出土した中国産白磁皿の年代と戦国期の拡張を考慮すると、十五世紀後半代を中心とする資料群とみられる。石塔には墨書も残るものがあり、石塔群の年代を長期間考慮する必要性は乏しいと考える。この報告で重要な点は、花崗岩製と凝灰岩製の両者が見られること、両者の空風輪に空輪頂部が角状に突出する一群が共通することで、従来資料的制約が多い県央地区の中で価値が高い事例と考える。

右記2・3項を通観すると、大部分が小型品で占められている。律宗長老墓として位置付けされる三村山極楽寺跡を除外して、この時期を区分すると以下となる。

・十三世紀末から十四世紀前半：桜山古墳、島名前野東遺跡
・十三世紀末から十五世紀初頭：天神中世墓、小栗地内遺跡群（寺山遺跡）
・十四世紀第3四半期から十六世紀第1四半期：西平塚梨ノ木遺跡
・十四世紀末から十六世紀初頭：戸崎中山遺跡

・十五世紀：下村田遺跡
・十五世紀後半：金谷遺跡、河和田城跡
・十五世紀後半から十六世紀前半：島名熊の山遺跡226号井戸
・十六世紀前半：島名熊の山遺跡95号堀
・十六世紀：前田村遺跡
・十六世紀後半から十七世紀初頭：片野城跡

次に右記の時期区分に従い、事例間における出土五輪塔部材を通観して比較検討を加える。共通する時期に形状も類似する部材は同時期に存在し、時期をまたいで類似する部材はその両時期に存在したと考える。そして、各々の類似する形状の部位ごとに、時期ごとの変遷をとらえ以下に集約する(図4参照)。

十三世紀末から十五世紀は、空風輪のうち空輪の頂部がつまみ出したように僅かに突出するもの(空風輪1類)と、空輪の頂部が丸みをもつもの(空風輪2類)の二種が見られる。前者は三村山極楽寺塔に類似することから律宗五輪塔の系譜と考えられる。後者には、頂部が破損して丸みを持ったため、本来は空風輪1類であるものも含む可能性がある。桜山古墳と島名前野東遺跡、天神中世墓を代表事例とする。

十三世紀末から十四世紀にかけては、火輪に上半部の傾斜した斜面である棟の高さが比較的低く、軒厚と棟部との比率が一対一である一群(火輪1類)がみられる。軒反りは無く、直線的に立ち上がる。

十四世紀末から十六世紀初頭にかけては、空輪頂部が丸みをもち、最大径が空輪中央より上位にあり、風輪と比べやや縦長のもの(空風輪3類)が出現する。他方で同時期の県西・県央地域では、空輪の頂部が突出して角状を呈するもの(空風輪4類)が確認される。空風輪4類は同地域で凝灰岩製が同時並行で存在するため、凝灰岩製の影響を花崗岩製が受けた可能性も想定されるが、県南にはこの時期に凝灰岩製五輪塔の流入は確認されていない。また小栗地内遺跡群の様相からは、十四世紀後半まで遡る可能性が残る。

十四世紀後半から十六世紀前半の火輪では、火輪1類に比べ棟の高さが増し、軒厚と棟との比率は一対二以上となるもの(火輪2類)が見られる。軒反りは、僅かに上端が反るものと直立するものがあり、下村田遺跡のように状態の良いものは、棟の四隅上端が強調されて屋根状に表現されるものもみられる。火輪2類は形状的に均衡がとれて安定感があり、三村山極楽寺塔にも類するため、出現時期が遡及する可能性も想定される。他方、最終的な年代を区切る根拠も乏しい点がある。西平塚梨ノ木遺跡、戸崎中山遺跡、下村田遺跡、島名熊の山遺跡226号井戸、金谷遺跡、河和田城跡を代表例とする。

十六世紀に入ると、空風輪は紀年銘資料と同様に空輪・風輪間の境が深く施溝され、大きく括れるもの(空風輪5類)が確認される。5類の成立が十五世紀末に遡る可能性は否定できず、今後の資料の蓄積を待つ必要がある。空風輪5類の頂部は紀年銘資料と同様に、丸みを帯びるものと頂部をやや摘み出したものの二者が指摘でき、前者は空風輪2類の系譜化として先行し、後者は後出するものと考えることができる。十六世紀中頃から後半には、空風輪の境界が浅い溝を施すのみとなり、上面観が隅丸方形状を呈する一群(空風輪6類)が見られる。紀年銘資料を参照すると、つくば市北条八坂神社例から天文年間には空風輪6類は存在し、十七世紀初頭まで存在したと判じられる。また6類のうち、断面が隅丸方形を呈するものは、球形を意識せずに成形を簡略化させたものと考えることができる。これは施溝の浅さと合わせて解すると、社会的に需要が増大したことに伴う大量生産化の反映と見ることも可能である。火輪は、軒の厚さが増して棟の高さが相対的に低くなり、全体的に鈍重な印象のもの(火輪3類)が出現する。火輪3類は、天文年間銘の紀年銘資料に対応すると考えることができるが、側面観が算盤玉状を呈する一群は確認できない。

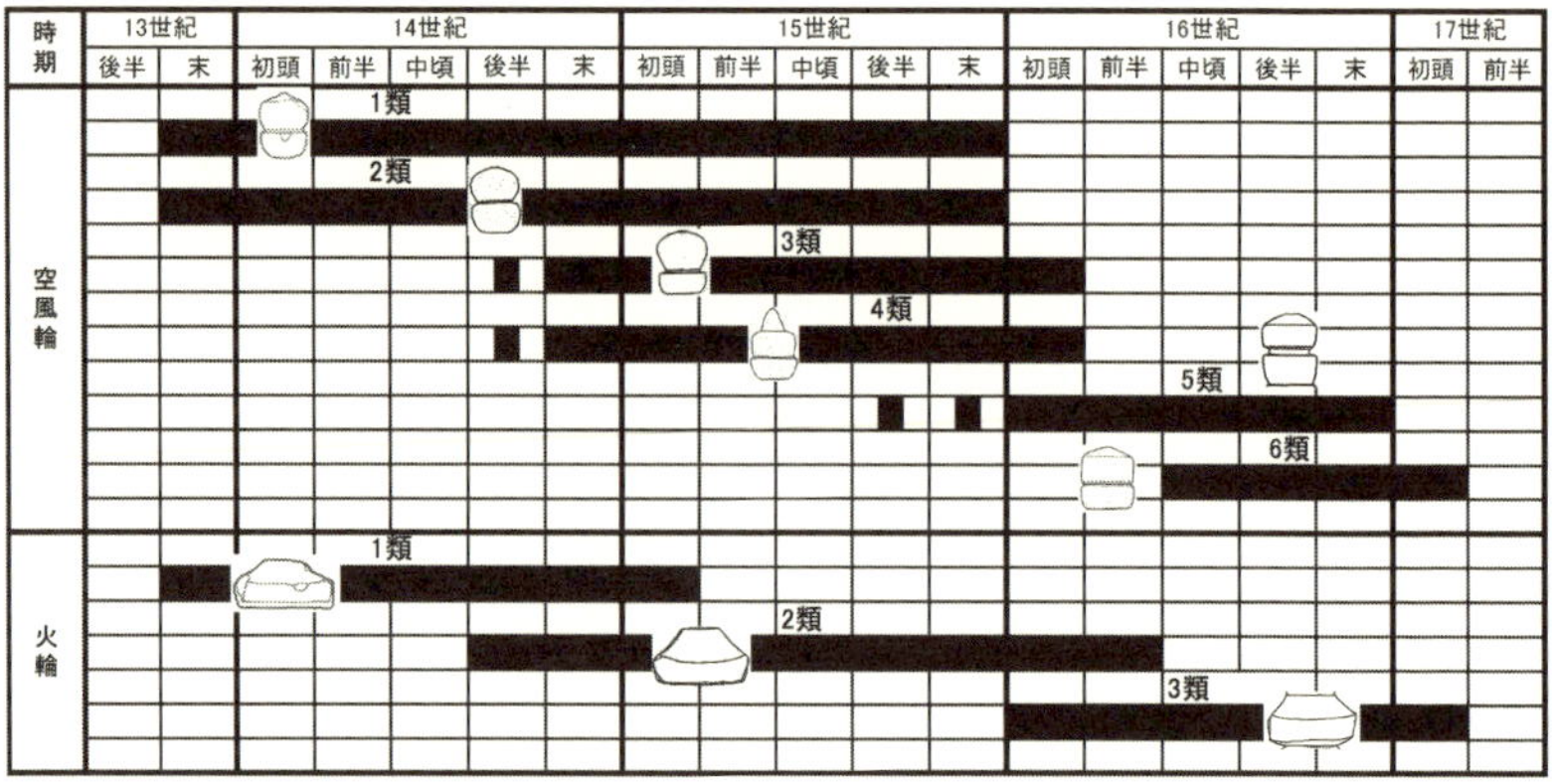


図4　茨城県内中世石造五輪塔編年図（空風輪・火輪）

発掘調査出土資料は風化や破損を受けたものが少なくないため、今後状態が良好な資料の蓄積を踏まえての検討が必要と考える。前田村遺跡、島名熊の山遺跡95号堀、片野城跡を代表事例とし、西平塚梨ノ木遺跡や戸崎中山遺跡、島名熊の山遺跡226号井戸にはこの時期の初頭の様相が反映されている可能性がある。

上記の時期設定は一世紀を単位として設定した。空風輪や火輪の各形式最終段階には、それぞれが重複して存在した可能性も想定されることから、今後の新出資料と研究の進展による検証を要する。

## 4　常陸における中世石造五輪塔の変遷（図5）

一・二節及び本節前項までに触れられた資料を時期的に整理分類し、変遷の全体像として図5を挙げる。(13)

現段階で県内最古は鶴見氏報告の下館市灰塚西（図5－1）、次いでつくば市北条多気太郎塔（図5－2）を挙げる。多気太郎塔は空風輪に後補の可能性があるが、棗形の水輪は灰塚西に似て律宗伝播以前の古式を示す。年代は研究者間で異なるが、筆者は三村山極楽寺に先行するものとして、十三世紀代としておく。

鎌倉時代後期の律宗伝播以後は、十四世紀初頭の三村山極楽寺五輪塔

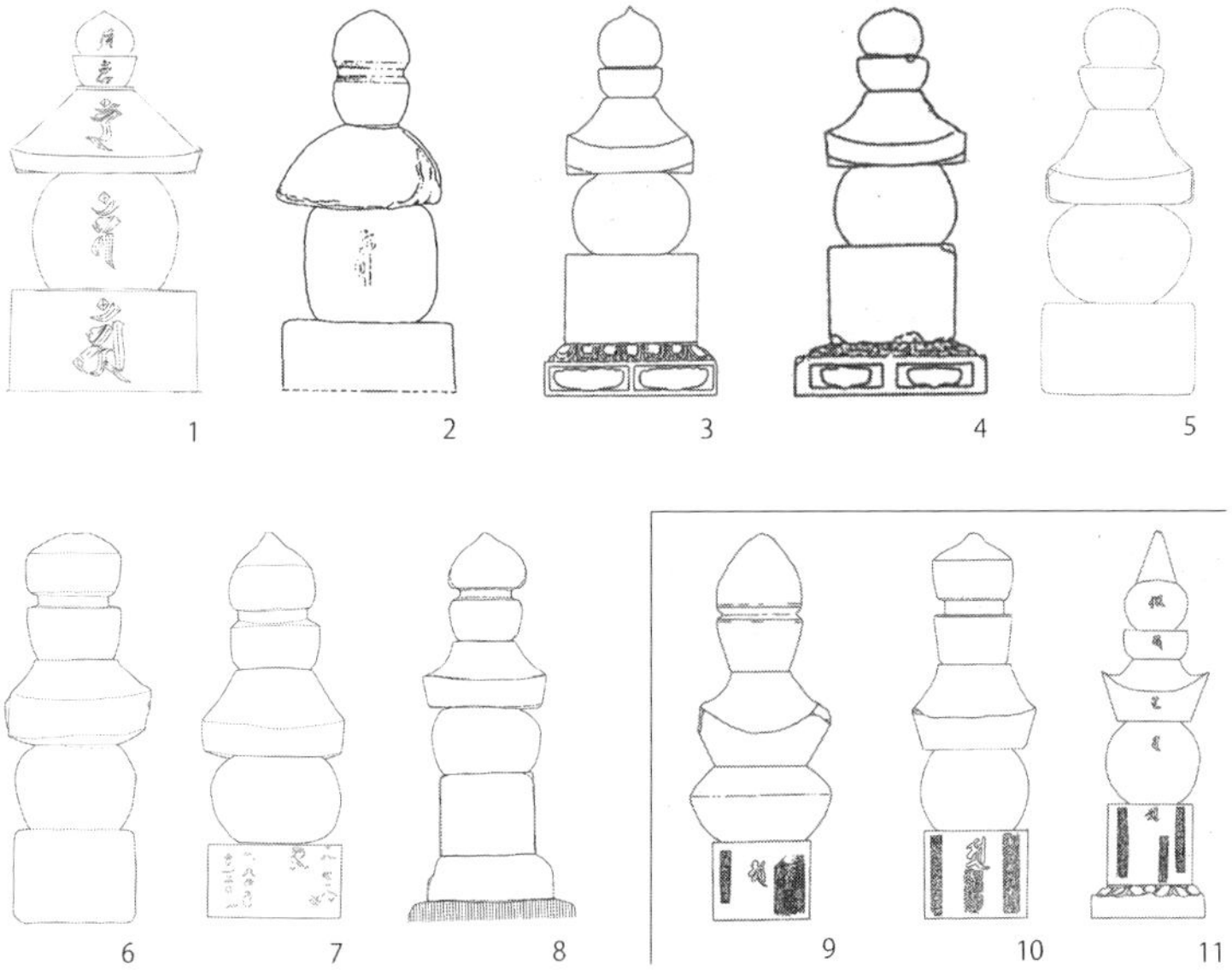


図5　石造五輪塔変遷図（縮尺任意）

（図5－3）を嚆矢に宍塚般若寺（図5－4）が続く。他にも律宗の影響下にある寺院は県内で複数確認されているが、反花座以下を備えた事例は少ない。

以後、永正十二年（一五一五）土浦市小高例まで紀年銘資料は見られないが、律宗系の五輪塔と十六世紀の紀年銘資料をつなぐ事例として、下妻市下栗の法光寺五輪塔（図5－5）を挙げる。当例の空風輪は2類、火輪も2類に相当し、年代的には十四世紀末から十五世紀に相当する。

十六世紀の例として、天文七年（一五三八）銘のつくば市小田延寿院例（図5－6）を挙げる。空風輪間は施溝されて大きく括れ、空輪頂部は球状を呈する。火輪の軒厚が増し、軒厚と棟部の上下幅比はほぼ一対一である。前代に比べて、五輪全体の中で空風輪が占める比率が増し、大型化が進んでいる。

続く「天正」（一五七三～一五九二）銘の土浦市高岡法雲寺例（図5－7）を見ると、空風輪間の施溝は継続し、空輪頂部が円錐状に突出している。火輪は棟部の高さが増し、軒厚と棟部の上下幅比は一対一・五である。

八千代町若の和歌城跡五輪塔(図5－8)は、和歌城主赤松氏が建立した赤松氏祖祐弁の供養塔と伝える。紀年銘は無いが、城主の活動時期を踏まえて十六世紀代の五輪塔と考えられる。空風輪から火輪にかけての様相は法雲寺例に似、地輪は側面が正方形状で立方体を呈している。

右記が常陸における中世までの花崗岩製五輪塔の変遷の様相である。最後に飛田氏の鹿行地区の研究成果を利用して、十七世紀代の五輪塔を辿る。行方市小幡の観音寺には、正保三年(一六四六)年の砂岩製(図5－9)、慶安四年(一六五一)の花崗岩製(図5－10)、寛文三年(一六六三)の安山岩製(図5－11)の紀年銘五輪塔があり、歴代住持の墓塔と考えられる。花崗岩製は、空風輪の括れ、角状でなく空輪頂部が円錐状を呈する点、立方体化した地輪に十六世紀代の影響を看取できる。砂岩製五輪塔は花崗岩製と形状が大きく異なっており、独自の形態変化を予見し得るが、安山岩製の近世五輪塔と共に後稿を期したい。

## 四　常陸における中世石造五輪塔の地域的特徴

前節までを踏まえ、中世を通じた常陸地域の石造五輪塔の様相を以下の七点に集約する。

⑴材質は基本的に花崗岩製が主流をなし、県北の内陸部から県央・鹿行・県南・県西の全域にわたる。鹿行地区には銚子砂岩製、県西から県央にかけては一部凝灰岩製[14]が見られる。

最古の筑西市灰塚西例が凝灰岩製であることは、紀年銘をもつ石造宝塔に桜川市祥光寺の建仁年銘(国指定)や、下野市東根の年銘(県指定)が凝灰岩製であることを踏まえると矛盾が無く、鎌倉前期の石造塔が軟質石材製であることを示している。地理的にも、利根川・霞ヶ浦水系や荒川水系の両者に近く、隣接他国からの物資流通に県西が優位にあることを理解させる。同じ軟質石材が存在する県北に中世石塔が量的に少ない理由については、現段階では説明が困難である。軟質であることの耐久性や在地領主層の消長等、さまざまな要因によるものと思料される。今後の新資料の発見にも期待したい。

(2)形態変化は緩やかで、現状では一世紀間隔で捉えざるを得ない。その中でも十六世紀は、空風輪を見る限り形態に複数の系統が存在し、一部は並存していたことが確認される。これが時期ごとの変化か、生産集団の違いかは現状では明確にできない。十六世紀後半は、大量生産化による省力化の傾向が看取される。

(3)小型品の出現時期は、共伴陶磁器から十三世紀末に設定したが、今後の研究の深化で見直しも有り得る。普及の原因は、鎌倉後期の律宗の流行に伴い、律宗寺院に火葬蔵骨器と石塔(場合によっては荼毘跡も)がセットとして設けられる影響は否定できないと思う。中世以前の古代火葬墓の最終段階は最大限に下っても十一世紀代であり、両者には断絶がみられる。古代末期の経塚に中世墓地が併設される事例や、古墳を中世墓に再利用すること等、中世全体の墓制の変化も合わせて火葬蔵骨器と石塔のセットの成立は検討すべきに思う。

(4)紀年銘資料は十六世紀代に限られる。他方では県南の筑波南麓に大型の石造五輪塔が複数確認される。大型品がこの地に集中する理由は、石材の産出地点に近いという地理的条件に拠ると考えられる(15)。

(5)資料を実見すると、八百年から五百年を経たものの割には資料の状態が良いものと、表面の荒れが目立つものが見られる。前者(三村山・下村田)は、後世に鞘堂等が設けられていたとの所伝があり、何らかの保護措置が加えられていたことが推定される。今後、墳墓堂の系譜等も視野に入れた検討が考えられる。

(6)表2の五輪塔の銘文を通観すると、地輪の一面に刻まれるものがほとんどで、二面に刻まれるのは土浦市小高とかすみがうら市中佐谷と志筑である。内容は、筆者には文意が解読できないものもあるが、総じて造立時を記すと考えられる紀年銘のみの場合と、年代と目的（供養・逆修）を記したものの二者が見られる。特に後者では、①複数の人間により造立されたもの（小高、小田延寿院、君島）と、②一人の人間が造立したものに分かれる。①は供養や記念に大型品を十六世紀でも前半に造立しており、②は個人名の墓塔・供養塔としての有り方を呈している。②の造立主体者は、武士・僧侶または在地社会でも上層の有力者と推定される。笠間市新善光寺例や鉾田市寿徳禅寺例は、銘文の人物の生存期と石塔の年代に差があることから近世以後の後刻の可能性が想定される。

本稿では、常陸における中世石造五輪塔の編年と地域的特徴を考察した。筆者が始めて行った石塔編年の試論であるため、編年観や形式の設定等に課題も少なくないと思われる。今後、後代の研究者が茨城県内の中世石造物研究を深化させてくれることを期待して筆をおく。

## 註

（1）本稿は、茨城県内の中世石造五輪塔を対象とした。厳密には県西は下総国北西部に当たるが、地域及び資料の対象は県西も包括したものとしている。

（2）結果として前者の一覧に後者から二四例を追加した。なお前者はデータ数が膨大なため、一点一点の事例を原典から筆者は検証していない。後者の一覧では、伴出骨蔵器銘・伝承・類似例からの年代比定が含まれる。今回の検討ではこれらは除外し、純粋に石造物に年号が刻まれている事例のみに絞った。また本来は、法量についても比較検討を行うべきだが、両著作間の基準の相違点と筆者側の未準備もあり後稿を期したい。

（3）なお中世の在地土器生産(特に内耳鍋)でも武蔵・上野は共通する文化圏にある。

（4）東京都旧五日市町(現あきる野市)旧役場跡の五輪塔事例は、秋池武氏の論考(2005)にのみ見られる。秋池氏の一覧には五日市町旧役場跡に複数の紀年銘資料の存在が記載されているが、筆者は詳細を詳らかにできなかった。集成ではデータをそのまま利用する。

（5）これら県外の地域では、花崗岩と安山岩製の二種の五輪塔が混在する状況が看取される。

（6）紀年銘をもつ板碑で五輪塔表現のある事例に、稲敷市下君山森戸個人墓地の正安四年(一三〇二)双式五輪塔線刻板碑がある。しかしこれに続く同種の資料は確認されず、碑面上の平面的な絵画表現であることから、今回の検討からは除外した。

（7）この資料には榎本實氏の論考(2003)がある。幕末小田村の農政家長島尉信著『郁子園雑記』の「小田事蹟考」に近世の石工が現在正面の銘文を彫った記述を指摘しつつも、関東地方に残る他の頭白上人銘の資料を踏まえ戦国期の石塔として小高五輪塔を扱っている。頭白上人を施主とし、側面の法名は結衆で逆修のために造立したとする。また峰岸純夫氏は、銘の「本郷」は「大土郷」で、近在の字「大志戸」を示す説を指摘した(2009)。
　上記を踏まえると銘文の頭白上人は、永正年間の存命と活動に矛盾は無く、上野から下総まで主に北関東を中心に漂泊し、民衆に布教を行った僧と考えられる。筆者(比毛)は、当五輪塔の法量は常陸国内最大級であり、合力による記念碑的な意味合いが強く、銘文の解釈は榎本説が自然であると考える。後述する各部材の形態上の類似性から永正年間の作を否定するものではなく、編年には銘文年号を利用して位置付ける。なお永正年間には、近在の日枝神社石造灯籠(県指定、永正八年〈一五一一〉)、盛泉寺六地蔵石幢(市指定、永正十六年〈一五一九〉)等、他形式の紀年銘石造物も存在し、紀年銘資料の出現期であると指摘できる。

(8) つくば市北条の八坂神社境内五輪塔からは、地輪内部に天文六年(一五三七)銘の経筒が出土しており、参考事例として表2中に提示する。

(9) 堂周辺は集落墓地となっており、付近には同規模の五輪塔部材が複数確認できる。火輪は別部材の可能性もあるように感じられる。

(10) 石岡市藤塚古墳(要害山古墳群3号墳)からは、古墳を利用した中世墓が検出され、常滑三筋壺と龍泉窯系青磁蓮弁文碗を蓋とした火葬蔵骨器が出土した。石塔のセット関係は詳らかでないが、陶磁器二者間の生産年代には約一世紀の開きがある。

(11) 西大寺系律宗の影響を受けた五輪塔には、地輪以下に反花座と格狭間の基礎が付属することが多いが、土浦市宍塚般若寺五輪塔も同様の例で、般若寺長老源海の墓塔と推定されている。三村山極楽寺五輪塔に次ぐ時期に当たり、十四世紀前葉と考える。

(12) 調査出土の石塔は凝灰岩とされている。なお調査では他にも、方形に溝を巡らせて石で内側を護岸して中央に石組施設をもつ中世墳墓や、五輪塔を伴い火葬骨片と炭化物が集中して検出された中世墓も発見されている。平安末から十五世紀前葉まで統治を支配した在地領主小栗氏の墓地と考えられる。

(13) 図5では全体の比率や形状変化を比較して見やすくするため、縮尺はそれぞれ任意とした。

(14) 凝灰岩は常陸大宮市に産出が確認され、中世石造宝篋印塔にも凝灰岩製が確認されている。県北の複数の地域で産出していた可能性がある(常陸大宮市市史編さん委員会2023)

(15) 秩父産緑泥片岩製武蔵型板碑の最大のもの(国指定史跡野上下郷石塔婆)は、石材産出地に近い長瀞町野上下郷に所在する。

## 引用・参考文献


秋池　武　2005『中世の石材流通』

石岡市教育委員会　2006『石岡市片野城跡』

磯部　淳一　1992「群馬県における五輪塔の編年」『高崎市史研究』二

磯部　淳一　2020『東国の中世石塔』

茨城県教育財団　1990『文化財調査報告第六一集　桜山古墳』

茨城県教育財団　1994『文化財調査報告第八七集　前田村遺跡』

茨城県教育財団　1996『文化財調査報告第一一〇集　下村田遺跡』

茨城県教育財団　2002『茨城県教育財団文化財調査報告第一九六集　西平塚梨ノ木遺跡』

茨城県教育財団　2004『文化財調査報告第二一八集　戸崎中山遺跡』

茨城県教育財団　2006『文化財調査報告第二五四集　金谷遺跡』

茨城県教育財団　2007『文化財調査報告第二八一集　島名前野東遺跡』

茨城県教育財団　2009『文化財調査報告第三二二集　島名熊の山遺跡』

茨城県教育財団　2014『文化財調査報告第三九〇集　島名熊の山遺跡』

榎本　實　2003「頭白上人伝説再考—新治村小高の五輪塔を中心に—」『茨城の民俗』四二

小栗地内遺跡群発掘調査会　1986『小栗地内遺跡群　発掘調査報告書』協和町教育委員会

小瀬　康行　1982「二基の五輪塔」『筑波古代地域史の研究』

栗岡眞理子　2001「埼玉県の中世五輪塔編年案」『埼玉県立歴史資料館研究紀要』二三

高井悌三郎　1961「常陸東城寺・般若寺結界石」『史跡と美術』三一―七
千代川村史編さん委員会　2001『村史千代川村生活史　第3巻　前近代史』
千代川村石仏石塔調査会　1993『千代川の石仏』千代川村教育委員会
筑波古代地域史研究グループ　1981『筑波大学先史学・考古学研究調査報告3　筑波古代地域史の研究　昭和54年～56年度文部省特定研究経費による調査研究概要』発行筑波大学
つくば市教育委員会　1994『三村山極楽寺跡遺跡群所在石造五輪塔解体修理報告書』
つくば市教育委員会　1989『筑波の文化財工芸篇』
つくば市教育委員会　2009『つくば市の文化財』
筑波町史編纂委員会　1983『筑波町石造物資料集　上巻』一九六一
土浦市立博物館　1997『中世の霞ヶ浦と律宗』展示図録
鶴見　貞雄　2021「筑西市灰塚西墓地の古式な五輪塔とその背景」『茨城県考古学協会誌』三三
飛田　英世　2003「行方郡域における石塔用石材の搬入とその背景」『領域の研究』
野村　　隆　1976「常陸三村寺跡五輪塔」『史跡と美術』四六―四
比毛　君男　2008「天神中世墓の基礎的検討」『小美玉市史料館報』二
比毛　君男　2014「4．法雲寺学術調査について」『上高津貝塚ふるさと歴史の広場年報』一九
常陸大宮市史編さん委員会　2023『常陸大宮市史資料編2　古代・中世』常陸大宮市教育委員会
真壁町立歴史民俗資料館　1993『筑波山麓の仏教　その中世的世界』展示図録
峰岸　純夫　2009「勧進聖頭白上人の探索」『平成21年　村松虚空蔵堂　第2回文化講演会』講演資料

水戸市教育委員会　2024『河和田城跡』
桃崎　祐輔　1995「宍塚般若寺と律層の往来」『常総の歴史』一五
八千代町教育委員会　1999『熊野堂古墳』

本稿の作成に当たっては、つくば市教育委員会文化財課の広瀬季一郎氏、かすみがうら市歴史博物館の千葉隆司氏、取手市文化財センターの本橋弘美氏には多大なるご協力をいただいた。実測図化と一覧表の作成には、万代晴香、河合るな、石田温美、野内智一郎各氏の協力を得た。記して感謝申し上げます。

# つくば市島名前野東遺跡出土の京都系かわらけの編年

川村満博

## はじめに

茨城県における京都産土師器皿（以下、京かわらけと表記する）の系譜を引く非ロクロ成形かわらけの出土状況は、十三世紀第4四半期に始まり、十五世紀中葉まで続く[1]（図1）。その中で、十三世紀後葉から十四世紀の時期は、出土遺跡数や出土点数が多く、県内の非ロクロ成形かわらけの最盛期と言える。出土している地域は、つくば市や土浦市・筑西市・桜川市などの筑波山周辺を中心に、龍ケ崎市やつくばみらい市などの県南部や、古河市などの県西部に見られる（図1）。出土している遺跡の性格は、城館跡と墓域跡・集落遺跡・寺院跡など多岐にわたるが、城館跡からの出土例や点数が多い傾向がある[2]。

それらの中で、つくば市島名《しまな》前野《まえの》東遺跡[3]（以下、前野東遺跡と表記する）は、非ロクロ成形かわらけの最盛期である十三世紀後葉から十四世紀前葉（川村編年Ⅱ期）に位置づけられ、小田城跡や小田氏当主治孝の弟顕家の居館と言われている小泉館と並んで、非ロクロ成形かわらけの出土点数が県内で最も多い。前野東遺跡出土のかわらけを観察すると、一括投棄された第3号溝出土のかわらけとその他の遺構から出土したかわらけでは、法量や器形に若干の相違が確認

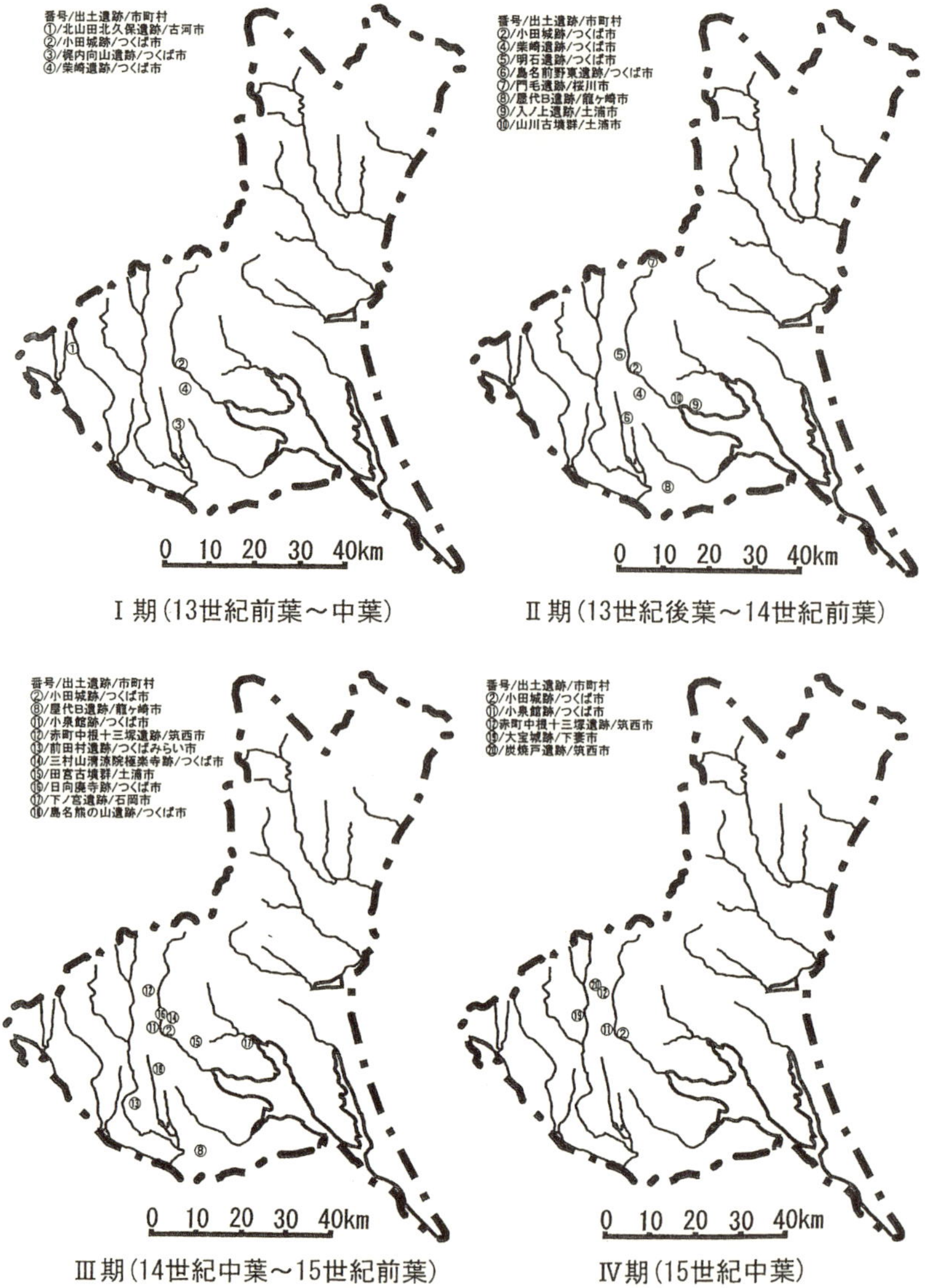


図１　茨城県内の京都系かわらけ編年
額賀大輔「茨城県における中世の交流・交易について」（『茨城県考古学協会シンポジウム 考古学からみる茨城の交易・交流』2016）

できる。そこで、両者の違いについて考察し、編年の細分を試みたい。

## 一　非ロクロ成形かわらけ

「かわらけ」とは、平安時代に出現した土師器の小皿の中世以降の名称である。古代の小皿とかわらけはロクロ成形で作られ形状は同じであるが、かわらけの方が古代の小皿よりも軟質になり、底面の切り離し技法がヘラ切りから回転糸切りに変わる。また、古代の小皿は内底面が無調整だが、かわらけはナデ調整が施されている。

一方、京都では一貫してロクロ成形によらないで製作され、中世になってもそれは変わらず、「土師器皿」と呼称されている。東国では、十二世紀後半から京都の土師器皿の影響を受けた非ロクロ成形のかわらけが出現し、広がりを見せる。この時期は中世の始まりの変革期に相当するため、社会史・文化史の変化、特に武士の儀礼に大きな影響を及ぼした時期と考えられている(4)。

京かわらけの製作技法は、粘土塊を肘打ちにより形を作り、指で口縁部を伸ばす「手捏ね」により成形する技法や、「型作り」で成形する技法、円板状に延ばして切り込みを入れて成形する技法等が考えられている。

前野東遺跡出土のかわらけを観察すると、底部内面に割れ目が確認できるものや、底部の断面に二重に粘土が貼付けられた跡が確認できるものがあり、粘土板に切り込みを入れて成形したものや、型作りによって成形したものがあると思われる。おそらく、かわらけの大きさにより、技法が異なると考えられる。従って、東国で製作した京都系かわらけは、一般的に「手づくねかわらけ」と称されているが、手づくね成形以外の製作技法も考えられるため、筆者は「非ロクロ成形かわらけ」という表現を用いている。

## 二　前野東遺跡出土のかわらけの編年上の位置づけ

前野東遺跡出土のかわらけは、筆者の編年案(図2)ではⅡ期に位置づけられる[5]。Ⅰ期は、京かわらけの伊野分類J類[6](図3)、中井分類皿A[7](図4)の影響を受けていると考えられる。Ⅰ-1期は、古河市北山田北久保遺跡第1号塚出土のかわらけである。器形が扁平で器壁が薄く平底で、法量は口径12・5~13・3㎝、器高2・3~2・8㎝で、口唇部に面取が施されているものがある。時期は、十二世紀第4四半期~十三世紀第1四半期と考えられる[8]。

Ⅰ-2期は、小田城跡W1面土塁下第5面出土のかわらけ[9]がⅠ-1期に続くものと考えられる。法量は、口径が12・4~13・6㎝、器高が2・6㎝でⅠ-1期と似通った法量や器形であるが、口唇部の面取りがなく、口縁部に二段ナデが施され、調整に変化が見られてやや新しい様相を示している。時期は、Ⅰ-1期との連続性から十三世紀前葉と考えられる。つくば市梶内向山遺跡第12号井戸出土のかわらけ[10](小皿タイプ)も、常滑3~4型式[11]の片口鉢と同層で出土していることから、この時期に位置づけていた。梶内向山遺跡では第31号溝で区画された中世の屋敷跡が確認され、第12号井戸は屋敷跡に関連する遺構と考えられる。しかし、かわらけの法量が次期のⅠ-3期の小田城跡W13T溝跡2[12]から出土した小皿タイプのかわらけよりも一回り小さいことや、館跡を区画する第31溝が十三世紀後葉~十四世紀前葉であることから、Ⅱ期に繰り下げたい。

Ⅰ-3期は、小田城跡W13T溝跡2のかわらけが位置づけられる。口径が12・8~13・6㎝でⅠ-2期と変わらないが、器高が3・3㎝・4・0㎝と深くなる。時期は、Ⅱ期が十三世紀後葉~十四世紀前葉と考えられることから、十三世紀中葉に位置づけている。つくば市柴崎遺跡第2号溝出土のかわらけ[13]もこの時期に位置づけていたが、口径が11・

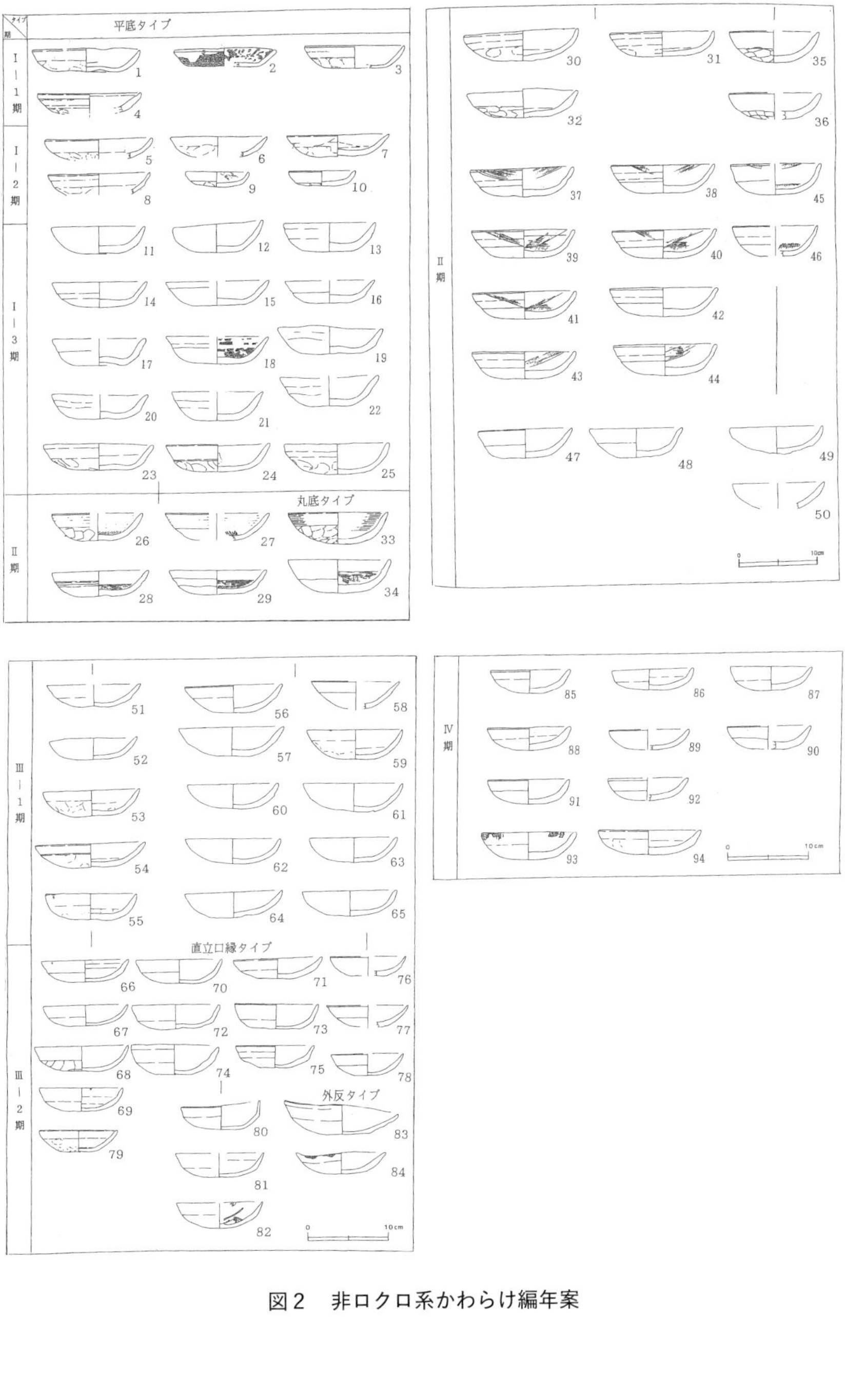


図２　非ロクロ系かわらけ編年案

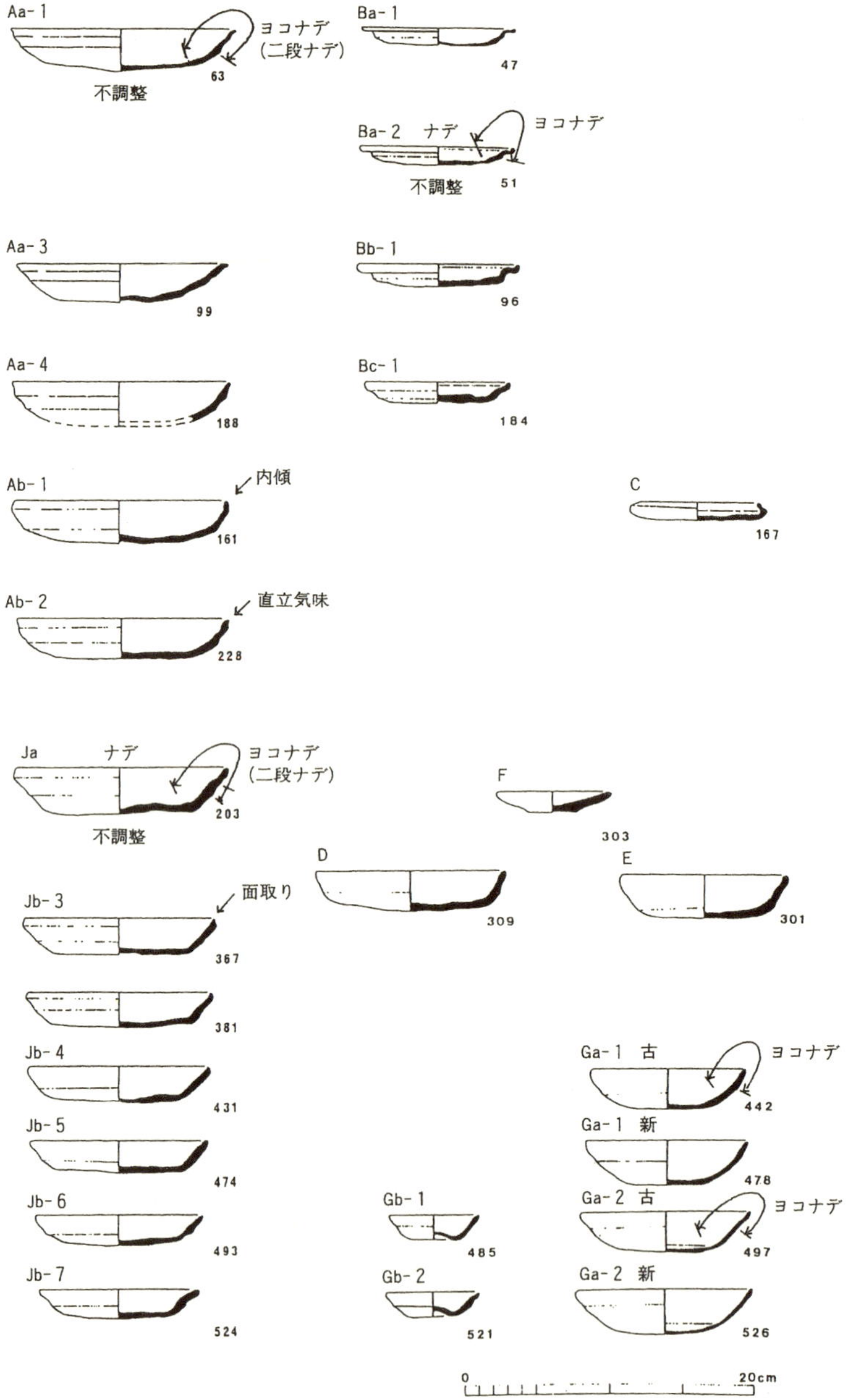


図3　洛外原型土師器の型式分類(伊野編年)

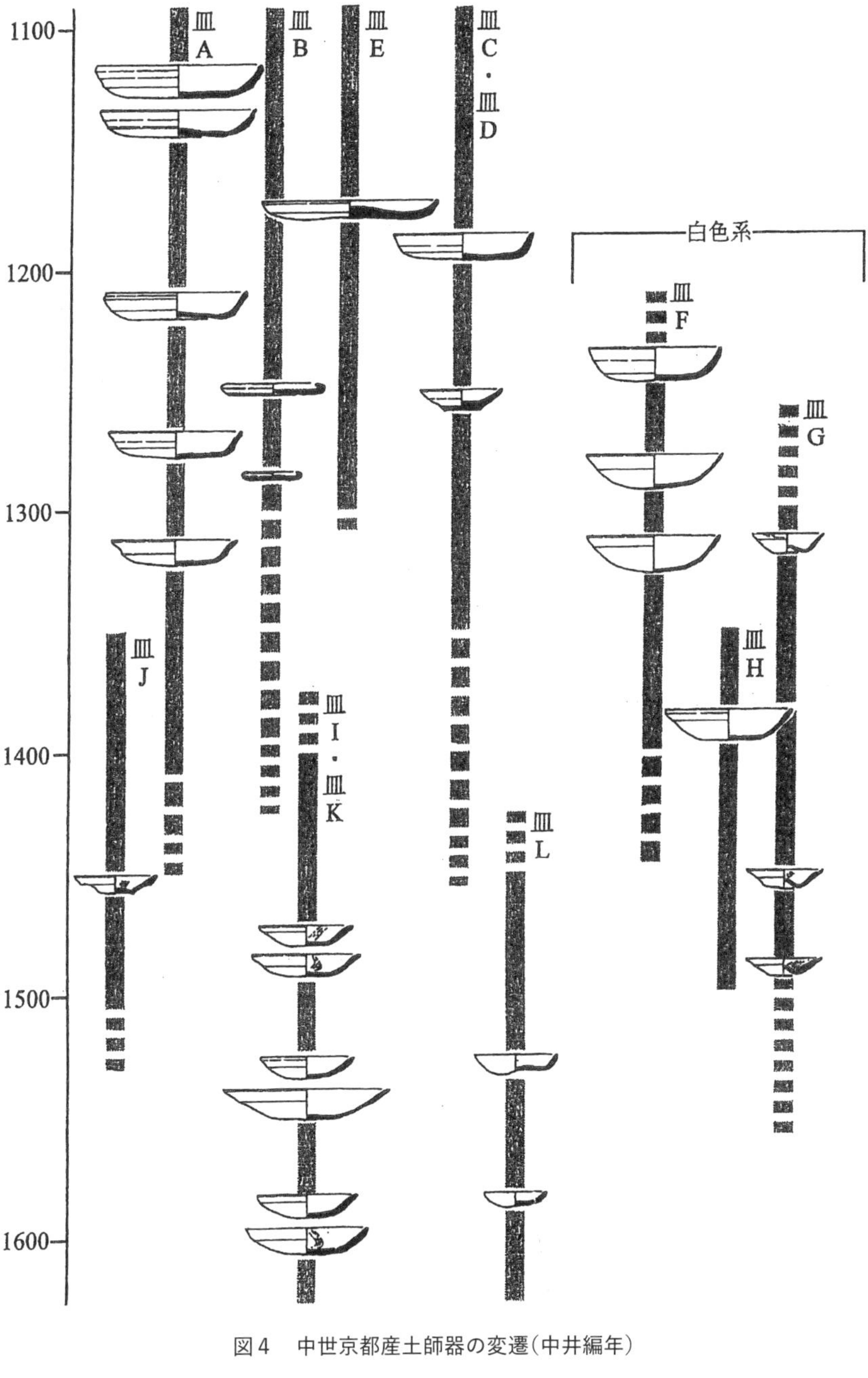


図４　中世京都産土師器の変遷（中井編年）

1～13・1㎝で小田城跡W13T溝跡2出土のかわらけよりも一回り小さく、法量が前野東遺跡出土のかわらけとほぼ同じで器形も似通っているため、II期に繰り下げたい。逆に、II期に位置づけていた小田城跡W13T削平地埋土のかわらけが(14)口径13・0～14・3㎝と大振りなため、これをI－3期に繰り上げたい。

II期は、前野東遺跡以外では柴崎遺跡第1号井戸・第2号溝・第39号溝、(15)明石遺跡第15号土坑、(16)門毛遺跡中世墓地、(17)屋代B遺跡第38号住居跡(18)が位置づけられる。この時期になると底部が丸みを持つ丸底タイプが登場する。平底タイプも底部が小さくなり、丸みをもつようになる。口径が11～13㎝台で二段ナデが多い。器形が京かわらけの伊野分類Ga－1類(十三世紀後葉～十四世紀前葉)に類似し、鎌倉の非ロクロ成形かわらけ消滅後の可能性が考えられることや、共伴遺物が常滑5～6b型式の範疇に収まり、常滑焼の生産地編年から1～2形式分下らせた十三世紀後葉から十四世紀前葉と考えられる。(19)

III期になると、形状は薄手化して丸みが強くなり、平底タイプと丸底タイプの区別が難しくなる。後半には口縁部が直立するタイプが現れる。口径は11㎝台から9～10㎝台と次第に小形化する。底部外面の指オサエ後のナデ調整は、II期よりも丁寧さに欠けるようになる。器形は、伊野分類Ga－2類に類似しており、Ga類はこの時期から薄手化していることから、III期に薄手化するのもその影響を受けていると考えられる。III期は、平底タイプが丸底化して薄手になるIII－1期と、平底タイプがほぼ消滅して直立口縁タイプが現れ、口径が9～10㎝が多くなるIII－2期に分けられる。III－1期の時期を、共伴遺物やII期、III－2期との連続性から、十四世紀中葉～十五世紀第1四半期、III－2期を古瀬戸後III・IV期の遺物と共伴していることから、十五世紀第2四半期に位置づけている。

IV期は、非ロクロ成形かわらけの最終末期で、厚手で調整が雑になり、底面外部の指オサエ後のナデ調整も省略されて凹凸が目立つようになる。口径は9～10㎝となり小形化し、小皿タイプも口径が6㎝台のものが現れ、6㎝台・

7～8㎝台、9～10㎝台の三法量に分化する。時期は、後Ⅳ期の古瀬戸製品や9型式の常滑製品などが共伴していることから、十五世紀中葉に位置づけている。

## 三　前野東遺跡

前野東遺跡は、つくば市大字島名字前野３８３９番地1ほかに所在する（図5）。東谷田川と西谷田川に挟まれた北西及び南東方向に伸びる舌状台地上の東寄り、東谷田川上に向かう緩斜面上に位置し、標高は12～14ｍである。旧石器時代から中世までの複合遺跡で、掘立柱建物跡群等を堀で区画された部分は、中世の在地領主の居館跡と考えられる（図6）。

調査前には館跡の痕跡や伝承等は存在せず、つくばエクスプレス沿線開発に伴う発掘調査によって西館と東館が確認され、西館は館内全域が調査されている。西館は上幅約3・5～5・5ｍ、下幅1・2～1・6ｍ、深さ1・0～1・7ｍの第3号溝によって区画されており、一辺が約114ｍの方形館である。内部には、中門廊的な建物跡が附属し、礎盤石を使用した大型の主屋である第16号掘立柱建物跡（190㎡）があり、数棟の附属屋が確認されている。建物跡群は館内の中央に位置しているが、それら以外は特に遺構が確認されず、空閑地となっている。第3号溝からは大量の非ロクロ成形かわらけが出土し、その大半は館の東側出入口にあたる第1号土橋周辺から出土したものである。また、館内の遺構からも非ロクロ成形かわらけが出土しており、中世前期のかわらけを研究する上で貴重な資料となっている。

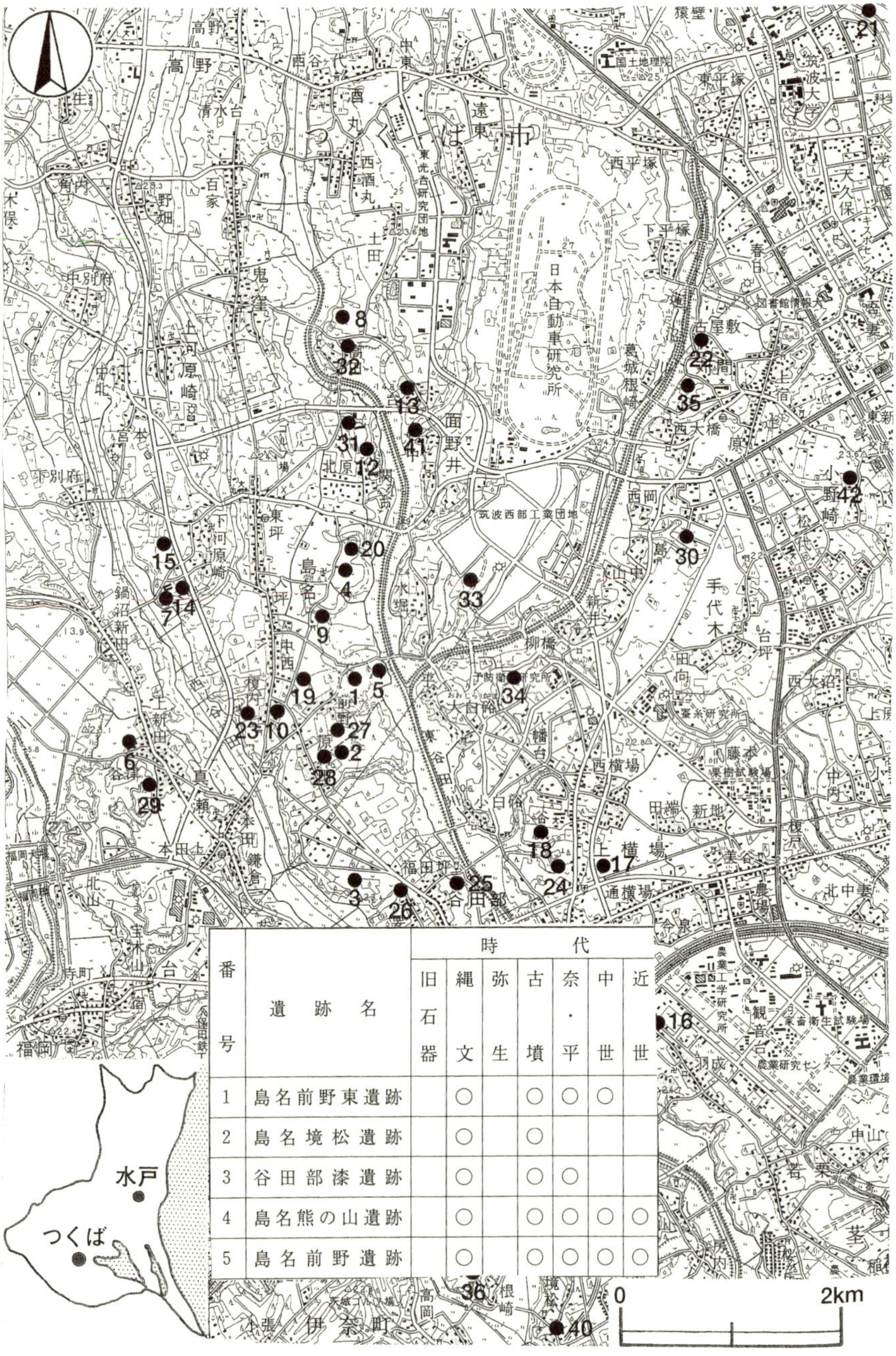


| 番号 | 遺跡名 | 時代 | | | | | | |
|---|---|---|---|---|---|---|---|---|
| | | 旧石器 | 縄文 | 弥生 | 古墳 | 奈・平 | 中世 | 近世 |
| 1 | 島名前野東遺跡 | | ○ | | ○ | ○ | ○ | |
| 2 | 島名境松遺跡 | | ○ | | ○ | | | |
| 3 | 谷田部漆遺跡 | | ○ | | ○ | ○ | | |
| 4 | 島名熊の山遺跡 | | ○ | | ○ | ○ | ○ | ○ |
| 5 | 島名前野遺跡 | | ○ | | ○ | ○ | ○ | ○ |

図5　前野東遺跡位置図

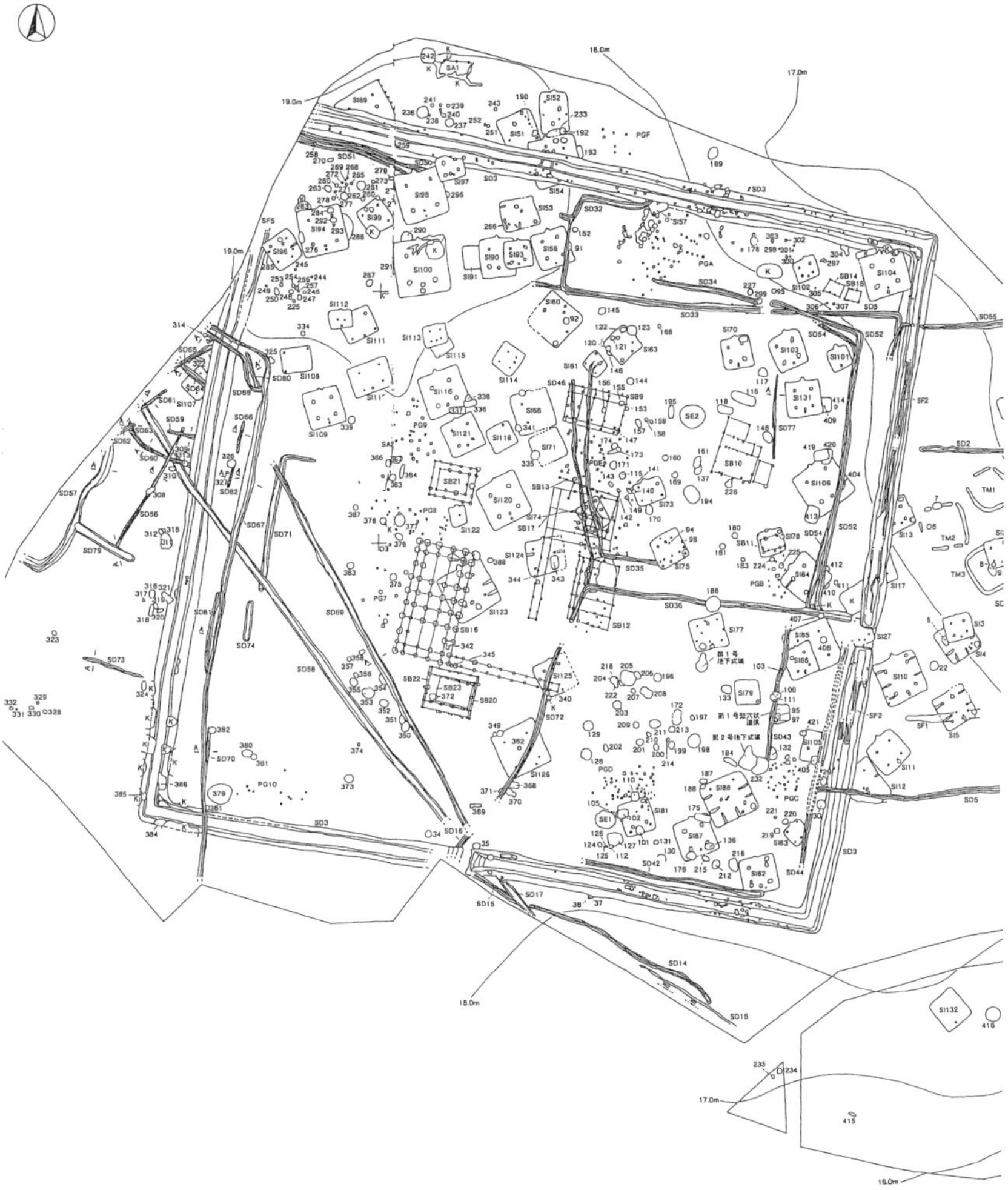

図６　前野東遺跡遺構配置図

## 四　出土したかわらけの考察

第3号溝とそれ以外の遺構から出土したかわらけについて、法量・器形・完形率について比較し、その相違から編年案の細分を検討する。

### 1　大皿タイプ（図7・8）

非ロクロ成形かわらけは、大小の二つのタイプに分かれ、時代を経るにつれて口径が小さくなる傾向がある。[20]前野東遺跡では、大皿タイプの口径は10・6～14・8㎝、小皿タイプは7・2～9・2㎝の範囲内に収まる。ここでは、まずは大皿タイプのかわらけについて述べる。

①口径（図9）

第3号溝とそれ以外の遺構（以下、他遺構と表記する）から出土したかわらけを口径の大きさで比較した。第3号溝は12㎝台が全体の7割を超え、その中でも12・6㎝が20％を占め、他を圧倒して多い。他遺構も、12㎝台が最も多いが、13㎝台も全体の1／3を占める。口径の平均も、第3号溝が12・4㎝に対して12・8㎝と大きい。これにより、第3号溝から出土したかわらけよりも、他遺構から出土したかわらけの方が一回り大きいといえる。

②器高（図10）

器高の平均は、第3号溝が3・3㎝、他遺構は3・4㎝で、第3号溝の方が0・1㎝低い。しかし、第3号溝は3・3～3・6㎝が全体の約7割を占めるのに対し、他遺構は3・2～3・5㎝が全体の約6割を占め、第3号溝よりも他遺

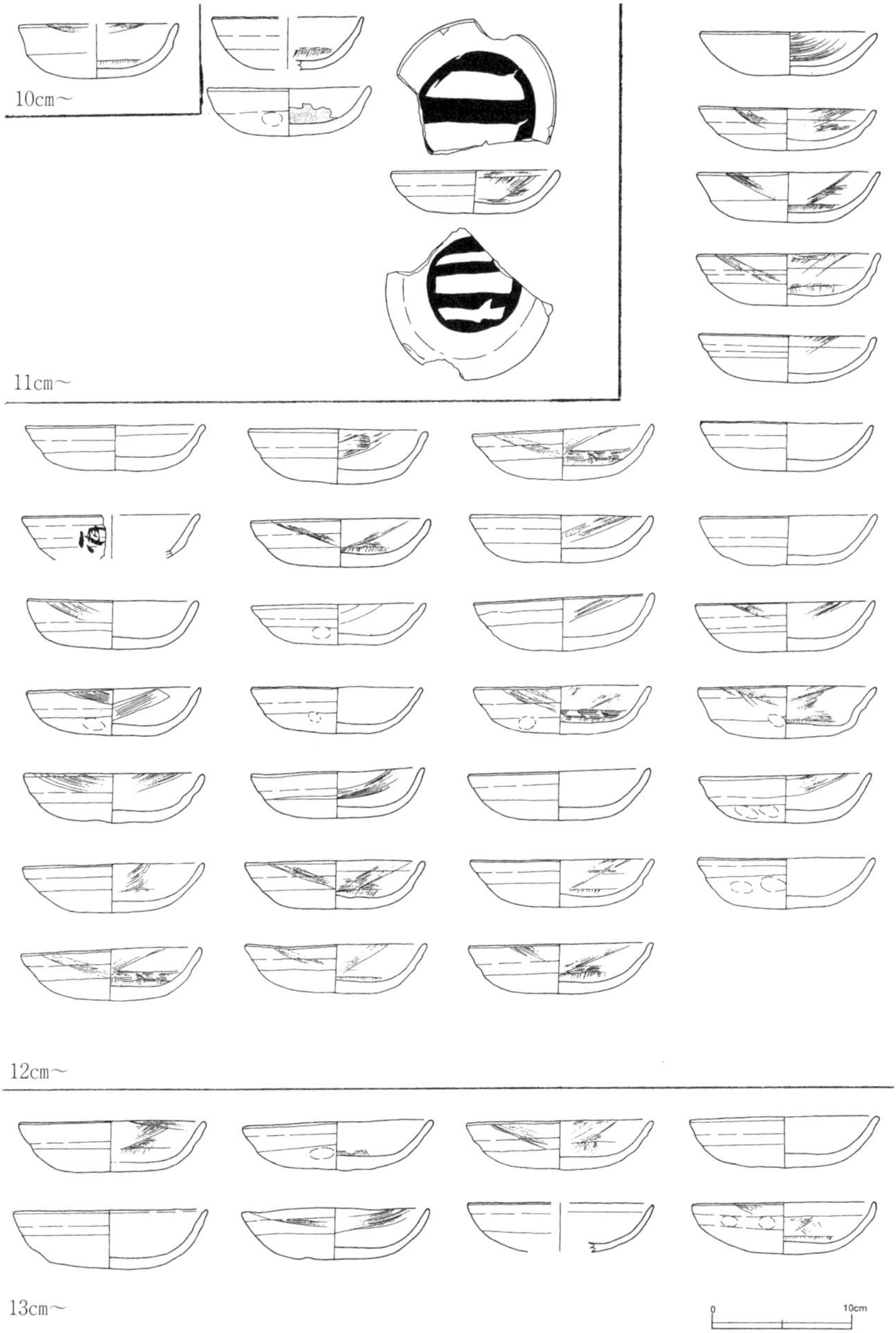


図７　第３号溝出土かわらけ(大皿タイプ)

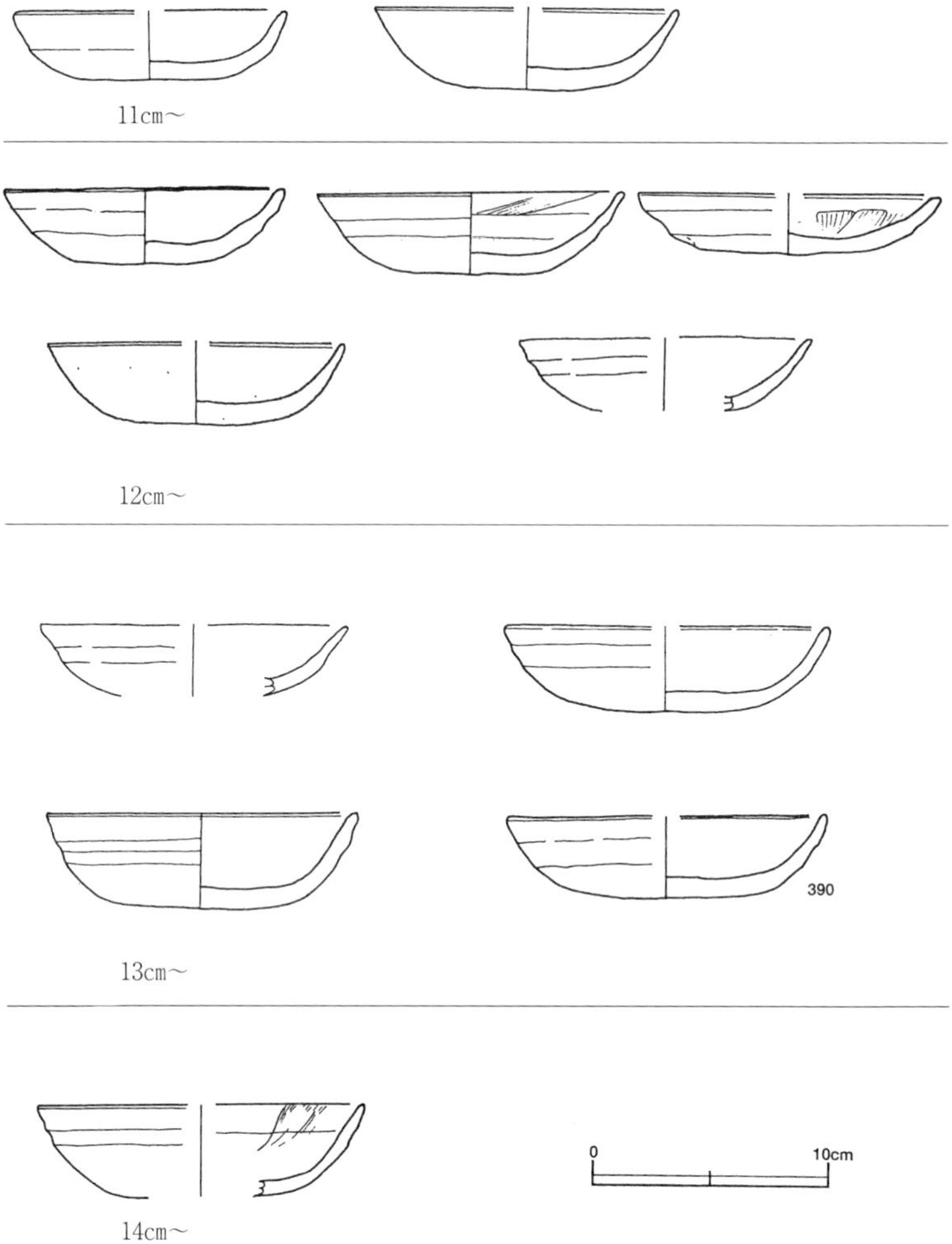


図８　他遺構出土かわらけ(大皿タイプ)

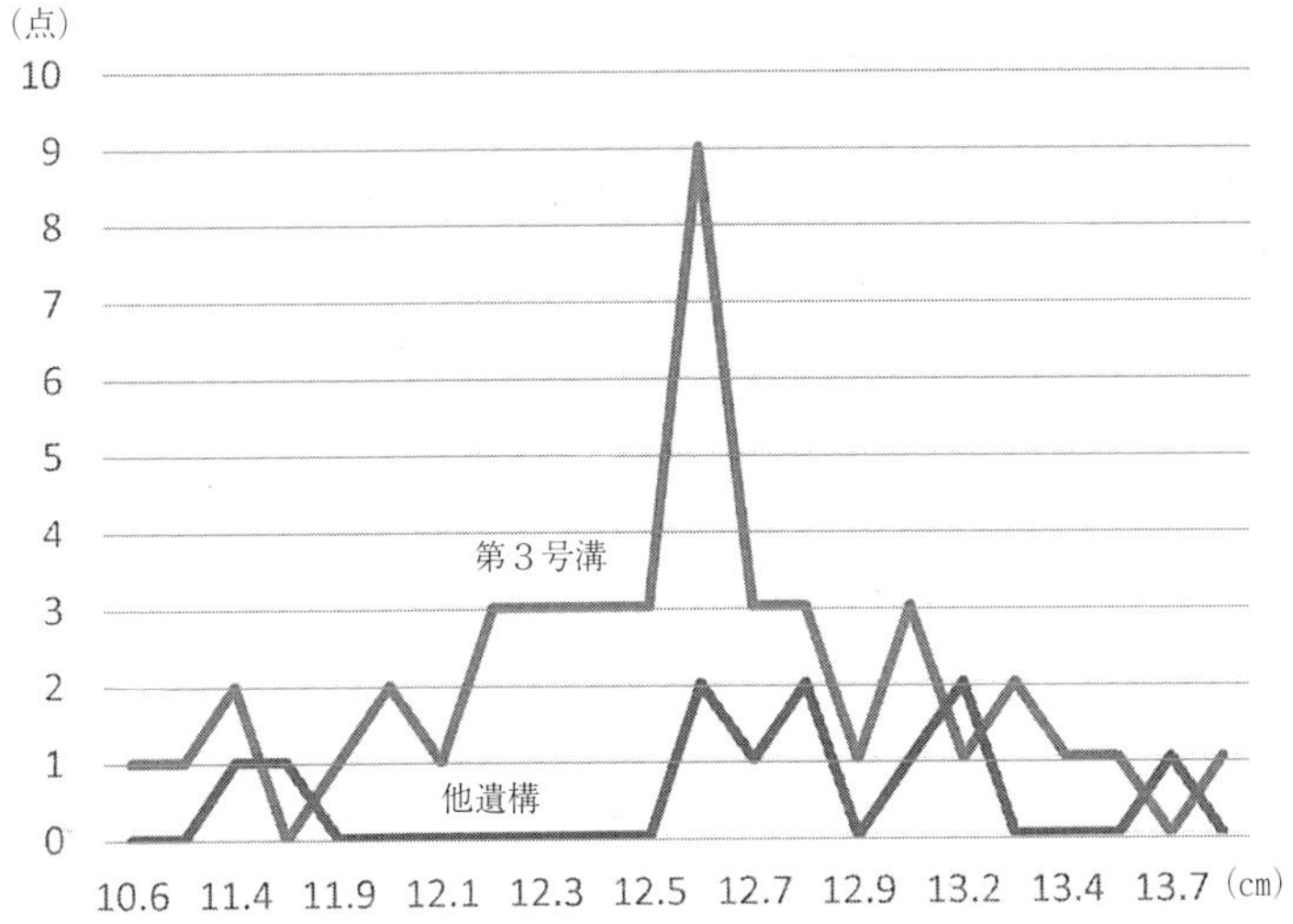


図９　口径の中心(大皿)

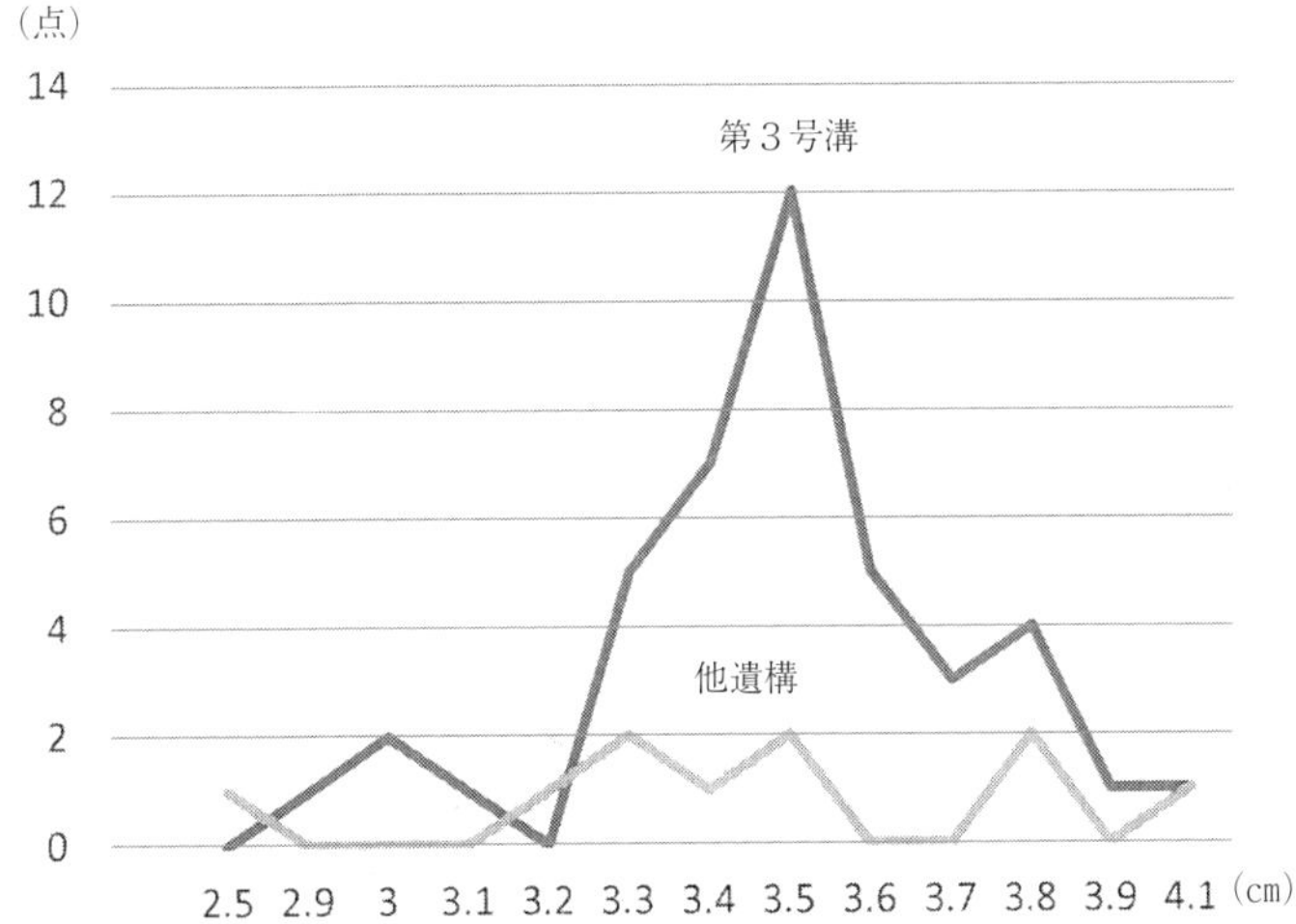


図10　器高の中心(大皿)

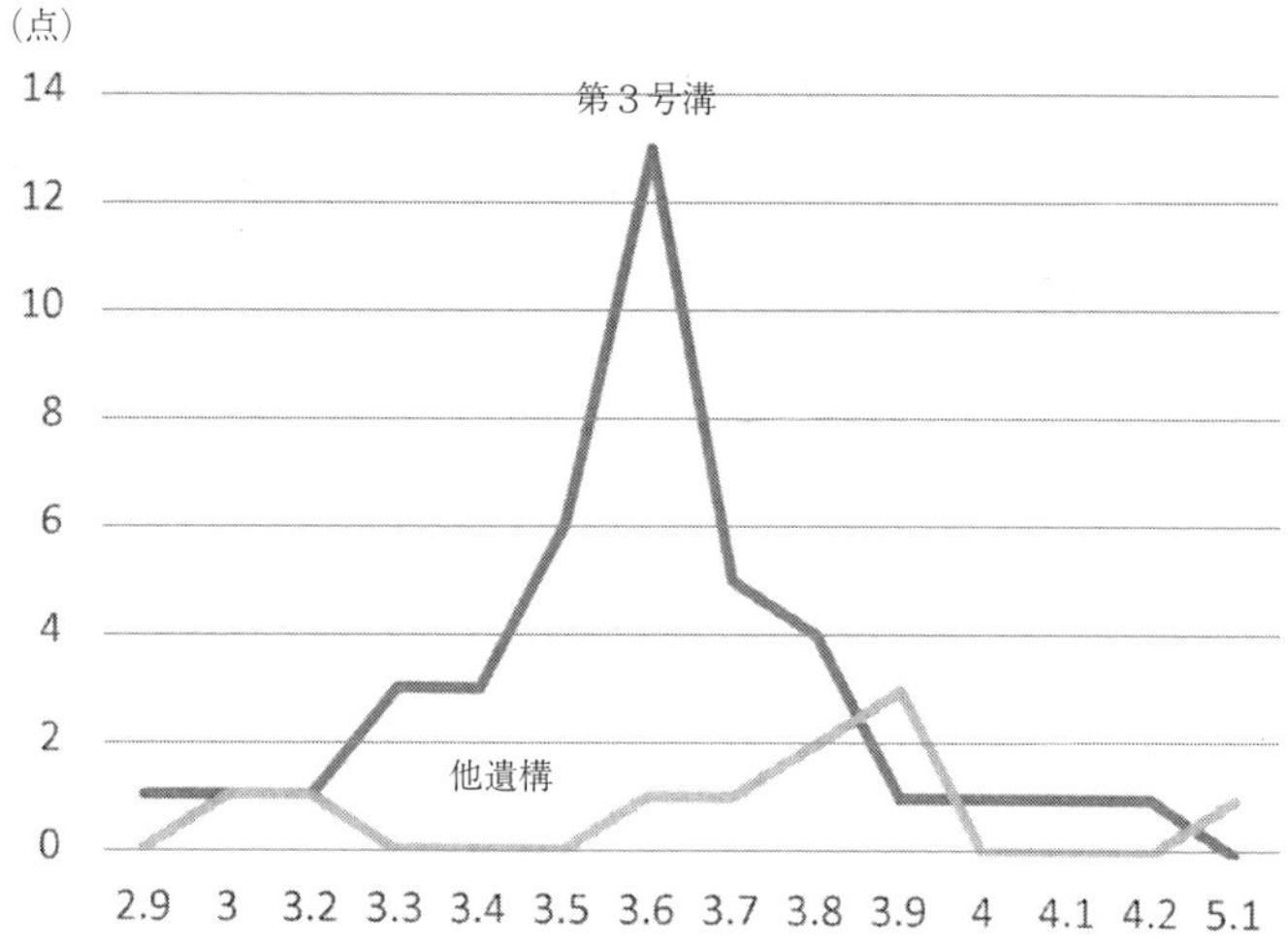


図11　口径÷器高（大皿）

構の方がやや浅い傾向がある。

③口径と器高の比（図11）

第3号溝出土のかわらけよりも他遺構のかわらけの口径が一回り大きく、器高が低いことがわかった。そこで、口径を器高で割り扁平さを比較してみた。数値が大きいほど器形が扁平していることになる。

平均では、第3号溝の3・6に対して他遺構は3・5なので、第3号溝の方がやや扁平に思える。しかし、第3号溝は3・5〜3・7の割合が6割近くてピークなのに対して、他遺構は3・8〜3・9が5割を占め、他遺構の方が扁平なかわらけの割合が多い。

④　完形率（表1）

完形率の平均は、第3号溝が85・5%なのに対し他遺構は54・5%であり、第3号溝の方が完形率が高い。特に、第3号溝の完形率80%以上が72・7%で最も多いが、他遺構は完形率10〜30%が58・3%で最多である。このことから、第3号溝のかわらけは一回限りか数少ない使用で投棄された可能性が高い。それに対して、他遺構は何回も使用された可能性が考えられる。

第3号溝からは、小皿タイプも合わせると、土橋周辺の下層〜

表１　完形率（大皿）

| 完形率(％) | 第３号溝 | 割合(％) | 他遺構 | 割合(％) |
|---|---|---|---|---|
| | 2 | 4.5 | 1 | 8.3 |
| 20 | 1 | 2.3 | 3 | 25 |
| 25 | 0 | 0 | 1 | 8.3 |
| 30 | 0 | 0 | 2 | 16.7 |
| 40 | 3 | 6.8 | 0 | 0 |
| 50 | 0 | 0 | 1 | 8.3 |
| 60 | 2 | 4.5 | 0 | 0 |
| 70 | 3 | 6.8 | 0 | 0 |
| 75 | 1 | 2.3 | 0 | 0 |
| 80 | 4 | 9.1 | 1 | 8.3 |
| 85 | 3 | 6.8 | 1 | 8.3 |
| 90 | 6 | 13.6 | 0 | 0 |
| 95 | 7 | 15.9 | 0 | 0 |
| 98 | 2 | 4.5 | 0 | 0 |
| 100 | 10 | 22.7 | 1 | 8.3 |
| 90％以上 | 25 | 56.8 | 1 | 8.3 |
| 平均(％) | 85.5 | | 54.5 | |

表２　出土層位と堆積状況（大皿）

| 遺構 | 堆積状況 | 出土層位 | | | | |
|---|---|---|---|---|---|---|
| | | 底面 | 下層 | 中層 | 上層 | 覆土中 |
| 第３号溝跡 | 人為堆積 | 9 | 23 | 7 | 1 | 6 |
| 他遺構 | | 1 | 2 | 4 | 3 | 2 |
| 合計 | | 10 | 25 | 11 | 4 | 8 |

底面からかわらけの約62％が出土し、そのうち完形率90％以上のかわらけは80・7％を占める。従って、第3号溝のかわらけは第3号溝の廃絶に伴う遺物と考えられ、居館の最後の時期のかわらけであることが想定できる。そう考えると、他遺構のかわらけは第3号溝のかわらけよりも古い時期になる可能性がある。

⑤　出土状況（表2）

第3号溝のかわらけは覆土下層～底面からの出土が多く、堆積状況は埋め戻しによる人為堆積である。完形率が高いことから、かわらけを短期間使用後、溝の埋め戻しに際して捨てられたことが想定される。出土したかわらけの中に、内面と底面外部に足利氏と新田氏の家紋が書かれた墨書土器(図7上)があり、これは口径が11・9㎝と小振りなことからも、居館の最終期と考えられる。

⑥ 小括

第3号溝と他遺構のかわらけを比べると、第3号溝の方が口径が小さく器高が高いため、他遺構のかわらけの方が扁平な器形になる。出土状況から、第3号溝のかわらけは遺構の廃絶に伴い投棄されたと想定される。かわらけの口径が次第に小さく変化していくこと、器高が低く浅くて扁平な器形から器高が高く深手な器形に変化していくことや、後者が第3号溝に区画された居館廃絶に伴い遺棄された可能性があることから、第3号溝出土のかわらけよりも、他遺構のかわらけの方が古くなると考えられる。

完形率からも違いが見られる。第3号溝のかわらけは完形率が高く短期間の使用後に捨てられたと考えられ、おそらく宴会や儀式等の非日常的な使用を想定できる。他遺構のかわらけは、完形率が低いことから何度も繰り返して使用された可能性があり、日常での使用も考えられる。筆者はかつて、かわらけの使用方法について城館と一般集落との差異を指摘したことがある(21)が、居館内においても使用方法の違いがあったと考えられる。

## 2 小皿タイプ(図12)

①口径について(図13)

第3号溝、他遺構とも7・4～8・2㎝が主体で、平均も7・8㎝・7・9㎝でほぼ同じである。大皿タイプと異なり口径の大きさに差異がない。しかし、第3号溝は7・8～8・2㎝が過半数を占めるのに対して、他遺構は7・4～7・7㎝と7・8～8・2㎝がそれぞれ40％で、他遺構の口径の方が小さい傾向がある。

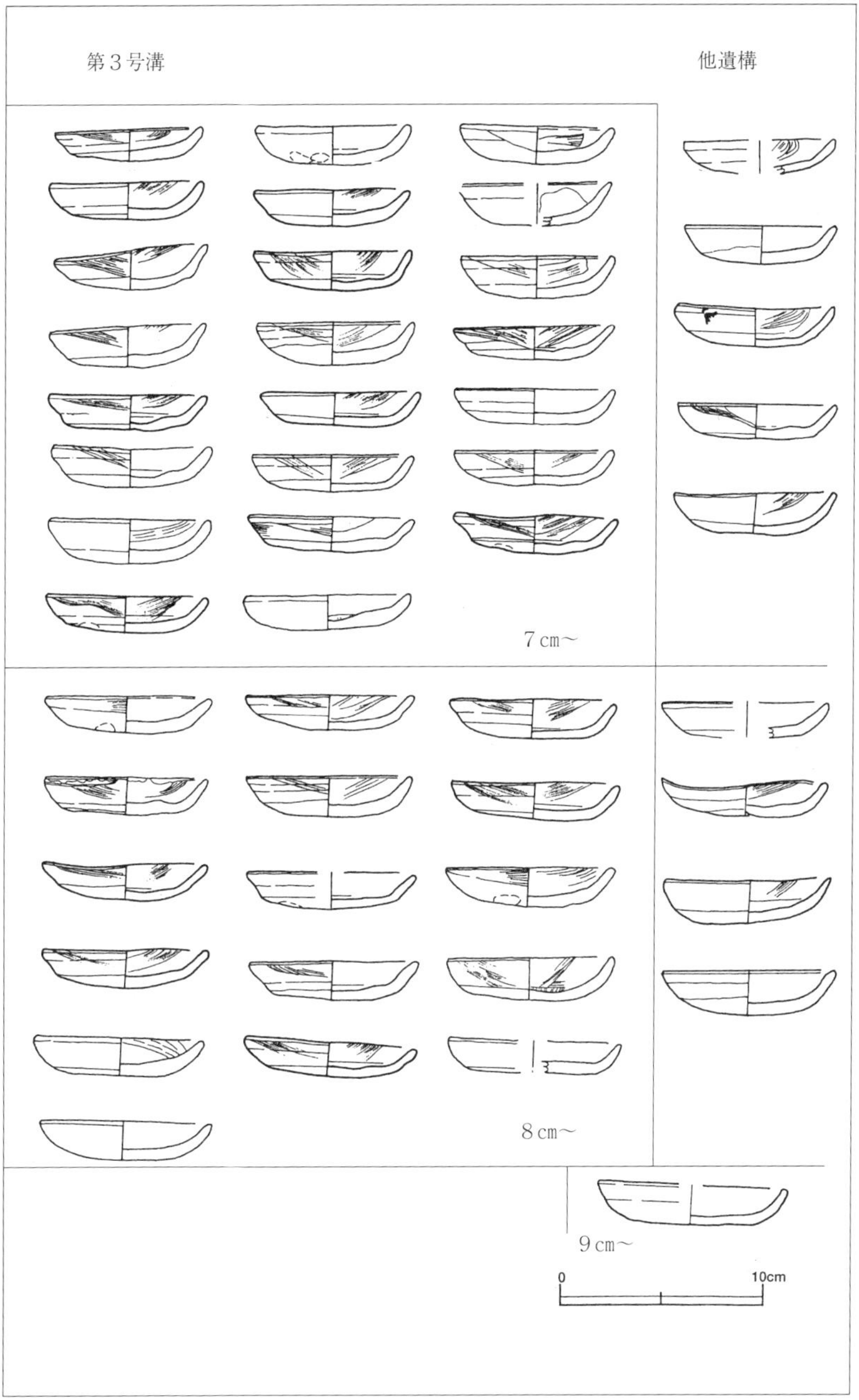


図12　出土かわらけ(小皿タイプ)

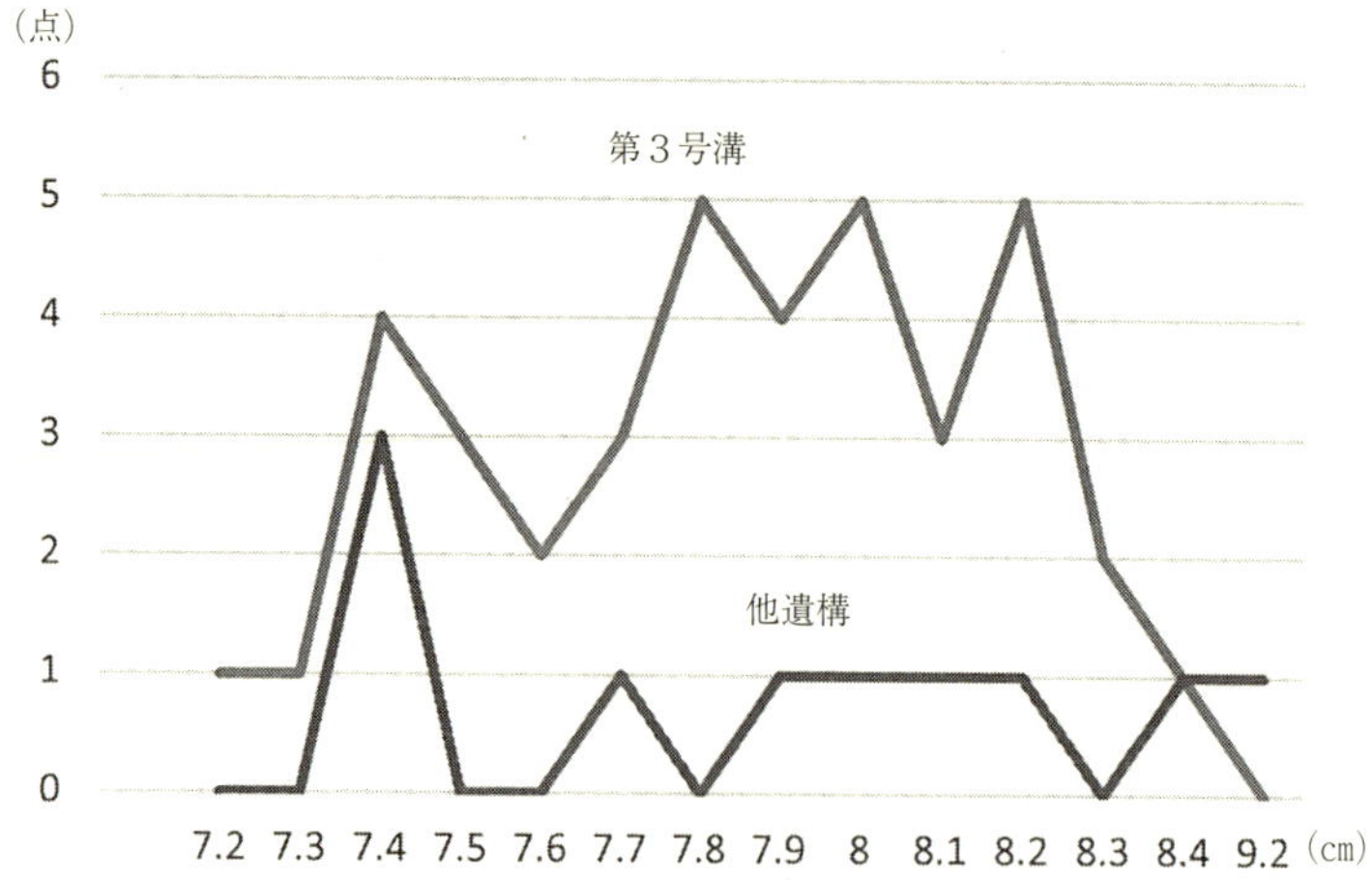


図13　口径の中心(小皿)

②器高(図14)

平均は、第3号溝が1・9㎝、他遺構は1・8㎝と第3号溝の方が若干高い。しかし、第3号溝が1・9～2・0㎝が75%を占めるのに対し、他遺構は1・9～2・3㎝が75%であり、他遺構の方が器高が高い傾向があり、大皿タイプとは逆の様相を呈している。

③口径と器高の比(図15)

第3号溝は、3・7～3・8、4・1～4・3、4・6～4・8の三つのピークがある。特に、4・1～4・3は37・5%を占め、最も多い。他遺構は3・6～3・9が62・5%でピークになる。平均も第3号溝が4・2に対して他遺構が4・0であり、第3号溝の方がやや扁平な傾向が見られ，大皿タイプとは逆になる。

④完形率(表3)

表3からわかるように、第3号溝は全体の90%が完形またはほぼ完形なのに対し、他遺構は完形品が全体の1／3強程度で、大皿と同様の傾向を示している。小皿も大皿と同じく、第3号溝と他遺構とでは使用方法が異なっていたと考えられる。

⑤出土状況(表4)

第3号溝は覆土下層～底面からの出土が大半を占め、大皿と同じ

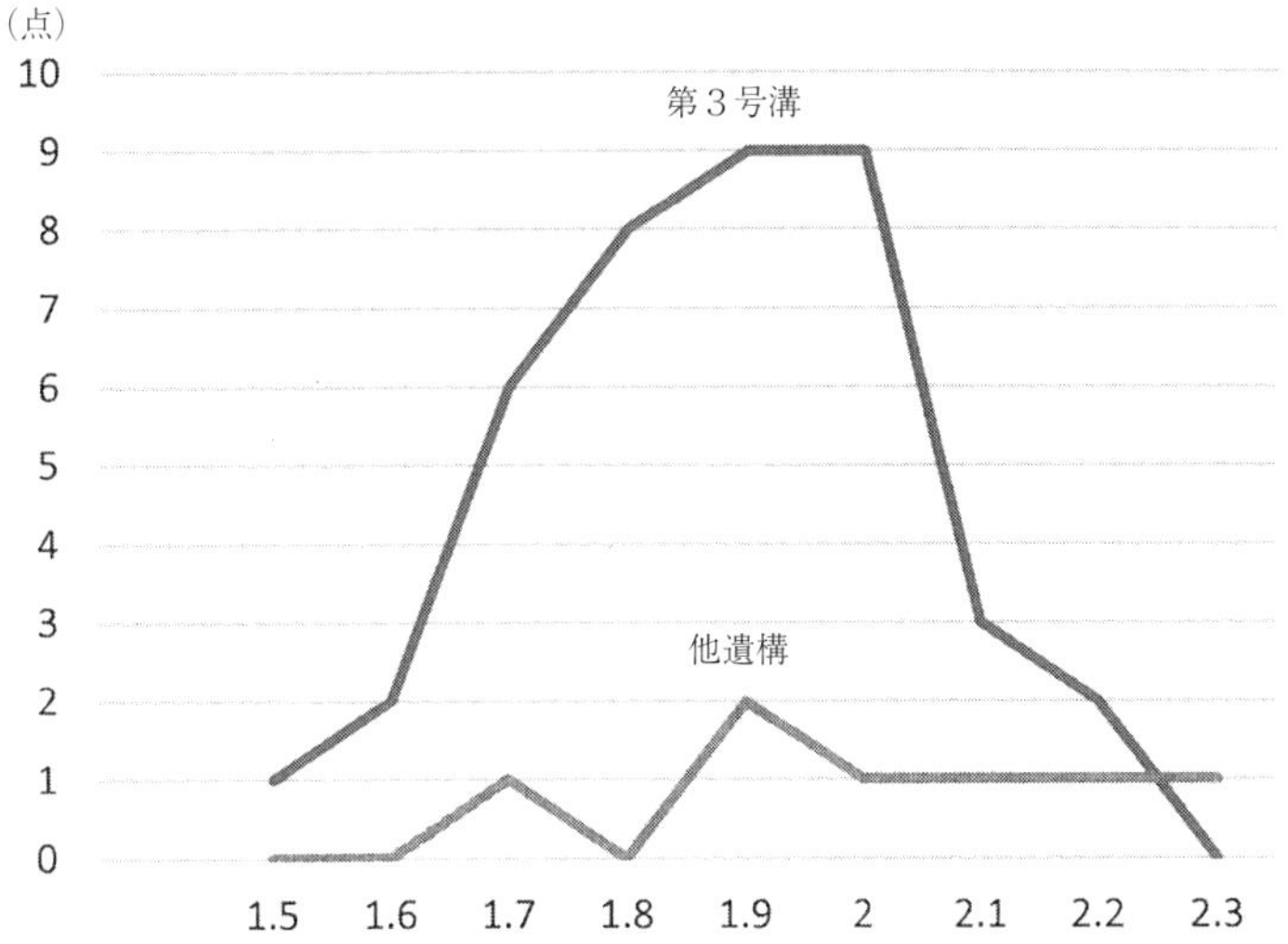


図14　器高の中心(小皿)

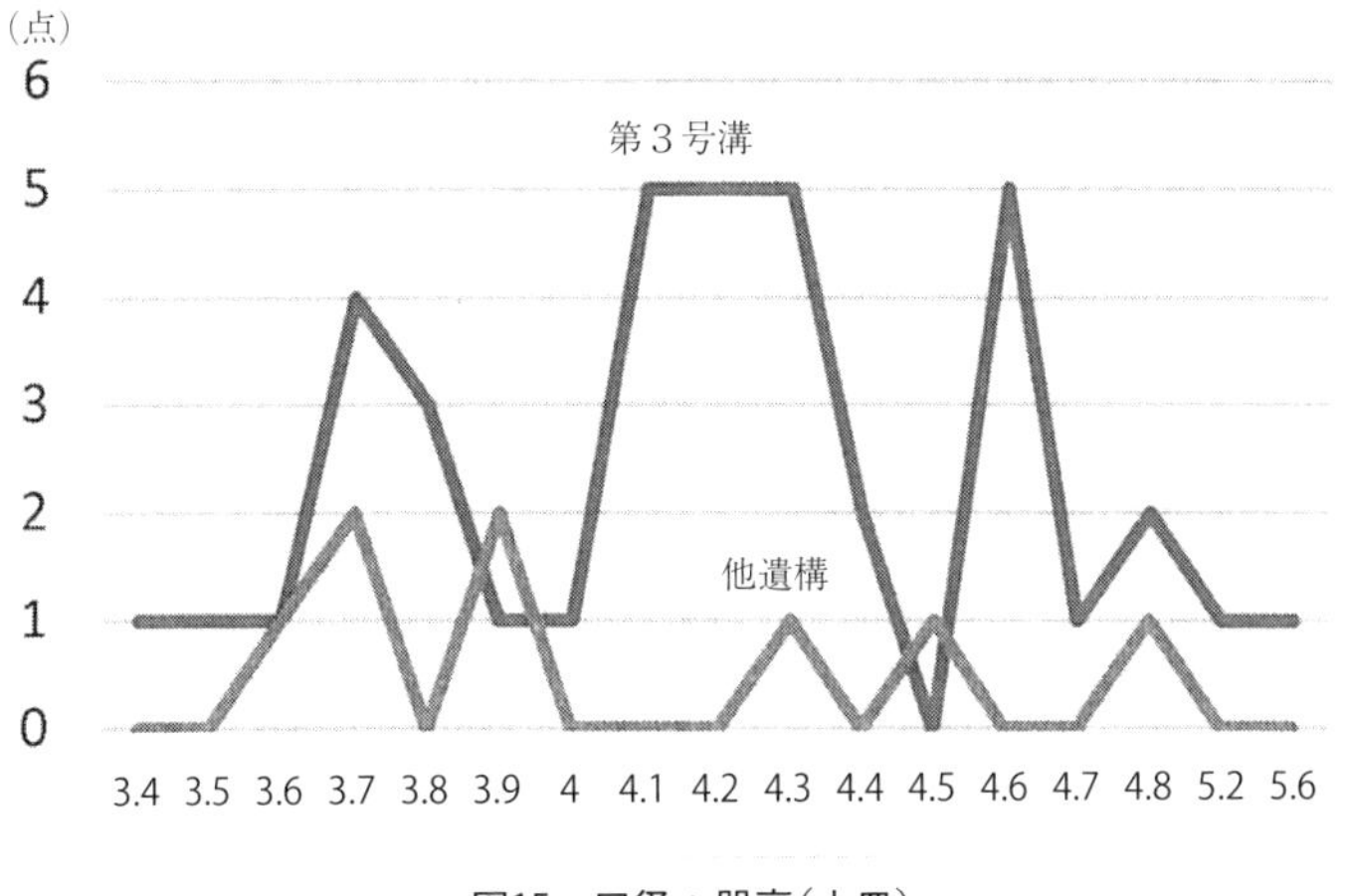


図15　口径÷器高(小皿)

表3　完形率（小皿）

| 完形率(%) | 第3号溝 | 割合(%) | 他遺構 | 割合(%) |
|---|---|---|---|---|
| 10 | 1 | 2.5 | 0 | 0 |
| 20 | 0 | 0 | 1 | 12.5 |
| 30 | 3 | 7.5 | 0 | 0 |
| 60 | 0 | 0 | 1 | 12.5 |
| 70 | 0 | 0 | 1 | 12.5 |
| 80 | 0 | 0 | 2 | 25 |
| 90 | 4 | 10 | 1 | 12.5 |
| 95 | 5 | 12.5 | 0 | 0 |
| 98 | 2 | 5 | 0 | 0 |
| 100 | 25 | 62.5 | 2 | 25 |
| 90%以上 | 36 | 90 | 3 | 37.5 |
| 平均(%) | 90.8 | | 75 | |

表4　出土層位と堆積状況（小皿）

| 遺構 | 堆積状況 | 出土層位 | | | | |
|---|---|---|---|---|---|---|
| | | 底面 | 下層 | 中層 | 上層 | 覆土中 |
| 第3号溝跡 | 人為堆積 | 2 | 22 | 14 | 0 | 0 |
| 他遺構 | | 0 | 6 | 0 | 2 | 1 |
| 合計 | | 2 | 28 | 14 | 2 | 1 |

様相である。小皿も大皿と同じように溝の埋め戻しの際に一括で投棄されたと考えられる。短い使用期間と溝の廃絶に伴う一括投棄であれば、小皿も大皿と同様に同時期のものと考えてよい。

⑥小括

小皿タイプの法量や器形は大皿タイプと逆の傾向がある。口径は第3号溝の方が大きく、器高は他遺構の方が高い。口径÷器高の値が第3号溝の方が他遺構よりも大きいことから、第3号溝の方が扁平な傾向が見られる。完形率や出土状況は大皿タイプと同様であり、小皿タイプも大皿タイプと同様な使われ方をしていたと考えられる。この時期の小皿タイプは大皿タイプとは異なり、口径の縮小化や器高の深手化が進行していなかったと思われる。

## 五　前野東遺跡におけるかわらけ編年の細分案

筆者は前野東遺跡出土のかわらけを、Ⅱ期（十三世紀後葉〜十四世紀前葉）に位置づけている。その中で、第３号溝出土のかわらけと他遺構出土のかわらけは法量に違いが見られ、時期の細分が可能である。

大皿タイプは、他遺構出土のかわらけの方が第３号溝出土のかわらけよりも口径が大きく、器形も扁平な傾向がある。Ⅰ期のかわらけが扁平で器壁が薄く、Ⅱ期になるとやや丸味を持ち深くなる。また、口径がⅢ期・Ⅳ期と時期が下るにつれて小さくなっていく。これらのことから、他遺構出土のかわらけの方が第３号溝出土のかわらけよりも古い時期に位置づけることができる。第３号溝出土のかわらけは、一括投棄で同時性が高いと考えられる。その中でも足利氏と新田氏の家紋を記したかわらけは口径が11㎝で小さいため、鎌倉時代末期から南北朝時代初期の可能性が考えられる。筆者は前野東遺跡出土のかわらけを第３号溝だけで編年に位置付けていたので、他遺構のかわらけはⅠ期に繰り上げられる可能性も考えられ、今後検討する必要がある。

他遺構と第３号溝出土かわらけの口径や口径÷器高のピークから、取り敢えずは口径12・８㎝以上で口径÷器高が３・８以上のものをⅡ－１期として十三世紀後葉、口径11・０〜12・６㎝で口径÷器高が３・７以下のものをⅡ－２期として十四世紀前葉に位置づけておく。但し、法量で明確に時期区分できるわけではないので、大まかな目安として考えたい。

小皿タイプは大皿タイプと異なり、第３号溝出土のかわらけの方が口径が大きく器形が扁平な傾向がある。小皿タイプも、Ⅰ期からⅣ期をとおして口径の縮小化が進んでいるが、前野東遺跡出土のかわらけについては法量での細分が困難である。筆者はこれまで大皿タイプを中心に編年を組み立ててきたが、今後、他の遺跡から出土したかわらけも総覧し、小皿タイプの編年を検討していく必要がある。

前野東遺跡の居館が成立した時期は、他遺構出土のかわらけの新たな年代観を確定させることにより変わる可能性がある。それによる居館の性格や当地域での位置付けについては、今後の課題にしたい。

最後になりましたが、前野東遺跡出土かわらけの実見にご配慮を頂き、ご助言・ご指導を賜ったつくば市教育局文化財課の広瀬季一郎様と久保田昌子様、拙稿の執筆に際して多くのご指導を頂いた茨城中世考古学研究会の仲間に、心から御礼申し上げます。

## 註

（1）川村満博「茨城県の非ロクロ成形かわらけについて」（『城下町の年代観』中近世移行期における守護所・城下町の総合的研究　北関東研究集会シンポジウム資料集、二〇一七年）。

（2）川村満博「茨城県内出土の非ロクロ成形かわらけについて」（『茨城県考古学協会シンポジウム　茨城中世考古学の最前線―編年と基準資料―』二〇一一年）。

（3）田原康司「島名前野東遺跡」（『茨城県教育財団文化財調査報告』一九一、二〇〇二年）、稲田義弘「島名境松遺跡・島名前野東遺跡」（『茨城県教育財団文化財調査報告』一九九、二〇〇七年）。

（4）藤原良章「中世の食器―かわらけノート―」（『中世的思惟とその社会』吉川弘文館、一九九七年）。

（5）川村註（2）論文。

（6）伊野近富「中世前期の京都系土師器皿の伝播と需要」（『中世土器の基礎研究』一三、日本中世土器研究会、一九九八年）。
（7）中井敦史「京都産土師器皿の編年と地方の展開」（『第十九回北陸中世考古学研究会資料集　中世北陸のかわらけと輸入陶磁器・瀬戸美濃製品』北陸中世考古学研究会、二〇〇六年）、同『日本中世土師器の研究』（中央公論美術出版、二〇一一年）。
（8）村山卓「北山田北久保遺跡の手づくねかわらけ」（『古河市埋蔵文化財調査報告』四、二〇一〇年）。
（9）石橋充『史跡小田城跡―第29・31次調査（本丸跡確認調査Ⅰ）―概要報告』（つくば市教育委員会、一九九九年）。
（10）川村満博他「梶内向山遺跡」（『茨城県教育財団文化財調査報告』一九九、二〇〇三年）。
（11）中野晴久「赤羽・中野・生産地における編年について」（『全国シンポジウム「中世常滑焼を追って」資料集』日本福祉大学知多半島総合研究所、一九九四年）。
（12）石橋充・広瀬季一郎『史跡小田城跡―第40次調査（周辺曲輪跡確認調査Ⅰ）―概要報告』（つくば市教育委員会、二〇〇二年）。
（13）高村勇「柴崎遺跡」（『茨城県教育財団文化財調査報告』五四、一九八九年）。
（14）石橋・広瀬註(12)書。
（15）佐藤正好他「柴崎遺跡Ⅱ区・中塚遺跡」（『茨城県教育財団文化財調査報告』六三、一九九一年）。
（16）大関武「明石遺跡」（『茨城県教育財団文化財調査報告』一六四、二〇〇〇年）。
（17）阿久津久「門毛経塚と中世陶器」（『茨城県立歴史館報』一二、一九八五年）。
（18）鈴木義治「屋代B遺跡Ⅱ」（『茨城県教育財団文化財調査報告』四〇、一八八七年）。

（19）川村満博「茨城県内における古瀬戸・常滑製品の消費地編年について」（『茨城県考古学協会誌』二〇、二〇〇八年）。
（20）川村註（1）（2）論文。
（21）川村満博「茨城県の最終期非ロクロ成形かわらけから見えること」（『茨城県考古学協会誌』三〇、二〇一八年）。

# 茨城県中世史文献目録1965-2023.3

山縣 創明 編

## 凡例

(1) 対象範囲は茨城県域の中世史に関する文献とし、1965年(昭和40年)以降、2023年(令和5年)3月までに発表された1760件を採録した。

(2) 文献の配列は刊行年月順とし、通し番号を付した。
文献内は、No.／刊行年.月／著作者／著書名・論文名／出典／発行とした。
「著書名・論文名」内の編著書は『　』でしめした。
「出典」内は掲載雑誌名で、巻号表示は数字のみとした。

(3) 本目録を作成するにあたっては、『茨城県史研究』および、『茨城県立歴史館報』の「県史関係文献目録」を参考にし、石橋一展氏の協力を得た。

(4) この文献目録を本論集に収録すると、ページ数が増えてしまうため、以下のサイトで公開するようにした。公開にご協力いただいた関係機関にお礼申し上げます。

茨城県立歴史館　　真壁伝承館歴史資料館　　岩田書院

# 糸賀茂男さんのあゆみと仕事

糸賀茂男さん(本来であれば、糸賀先生と記すべきですが、ここでは糸賀さんとすることをお許しいただきたいと思います)は、二〇二一年(令和三)、春の叙勲に際し、旭日双光章を受章されました。旭日章は社会のさまざまな分野における顕著な功績を残された方に贈られる勲章で、この受章は特に茨城県の文化財保護行政などに対する長年にわたる貢献によるものかと思われます。二〇一六年には、茨城県教育委員会より、また二〇一九年には、地域文化功労者として文部科学大臣からもそれぞれ表彰をうけています。現在、国指定史跡真壁城の整備委員会会長・土浦市立博物館長などの重責を帯びながら、各所で的確な助言・指導、あるいは講演・啓蒙活動をされていることは、わたくしたち一同の喜びとするところです。

小稿に与えられた課題は、糸賀さんのあゆみと仕事について回顧することですが、長年にわたりご指導をいただいているわたくしなりの視点で述べさせていただきますこと、また一般的な功績を紹介する文章とはやや趣を異にすることを、あらかじめご海容ください。

糸賀茂男さんは、一九四八年(昭和二三)十月二十九日、かつての筑波郡田井村大貫(現、つくば市大貫)にて、教職にあった父 茂様・母 富美様ご夫妻の長男として誕生されました。地元の筑波町立田井小学校・田井中学校を卒業し、茨城県立土浦第一高等学校へと進学。卒業後は、慶應義塾大学文学部へと。慶應義塾大学では、今宮新先生(旧制土浦中学校卒業、出島村〈かすみがうら市〉出身)や高橋正彦先生のもとで日本中世史を専攻。平将門の乱を中心とした古代末期〜中世初期の東国社会や古文書学などを学ばれました。古文書あるいは古文書学への深い関心は、生来の素養もあるかと思われますが、古文書学研究の泰斗伊木寿一先生、高橋先生へとつながる慶應義塾大学の伝統の影響も大きかったと推察されます。

糸賀さんが三十代前半に、大穂(つくば市)出身の江戸後期の儒者根本雄介のもとに残された膨大な書簡類を読み解き、共著ながら『儒者　根本雄介』(崙書房、一九七九年)を出版したことは、いかに古文書解読能力が高かったかを思わせるものです(のち『常陸出身　儒者根本雄介書簡集　—近世旗本教育の実態—』〈茨城新聞社、二〇一九年〉として書簡四〇〇点余の翻刻を行っています。その関係史料は八〇〇点に及び、そのすべてを読み解いたことになります)。

慶應義塾大学では、いわゆる学園紛争も覚めやらぬ環境にあって、先輩である富澤清人氏などとの荘園研究、そして同学の士との古文書研究会の立ち上げや、同大学の古文書室の運営、さらに同人誌『国史研究会年報』を発刊するなど、その中心的な役割を果し積極的に活動されていた由です。こうした慶應義塾大学での学問的な経験が、歴史史料としての古文書への深い造詣へとつながっていったのかと思います。ちなみに糸賀さんは、日本ではじめて古文書を研究対象として創立された日本古文書学会の運営委員や評議委員も歴任されています。著書『常陸中世武士団の史的考察』(岩田書院、二〇一六年)で言及されるところでは、大学入学当初は国文学専攻を希望されていたそうですが、国文学の池田弥三郎先生に諭され国史学へと舵を切られたとのことです。

当時の中世史学界の状況は、その著書でも述べられていますが石母田正氏が著書『中世的世界の形成』で展開された「領主制理論」の影響が強く、糸賀さんの学問的関心にも大きな影響を与えたことは明らかです。また、当時の社会状況の中で、権力や武力の歴史的解明に関心をもたれたことも、想像に難くありません。糸賀さんの卒論・修論が平将門の乱を研究対象とされていることは、やはり東国社会、特に将門ゆかりの茨城県に生まれ育ったということが、研究の原点となったのではないかと考えられます。また、平将門の乱後の東国社会を歴史的視点の端緒として武士の登場を描いた『日本の歴史6　武士の登場』（中央公論社、一九六六年）の著者で、当時早稲田大学に在職されていた竹内理三先生との出会いや、竹内先生が編纂された『平安遺文』の索引（上・下、東京堂出版、一九七八・一九八〇年）作成の中核としての役割を果たしたことも、古代〜中世の東国社会を実証的に研究するという糸賀さんの学問的スタイルを確立させたのではないかと思います。

また、当時慶應義塾大学に出講されていた東京大学の石井進先生との出会いも、忘れてはならないでしょう。特に石井先生が執筆された『日本の歴史12　中世武士団』（小学館、一九七四年）で描かれた中世武士団の姿と、そのなかで中世の常陸の状況を描いた様相は、のちの糸賀さんの学問を方向づけたといっても過言ではないと密かに思っています。この石井先生の著書が刊行されたのち、感激のあまり練馬の石井先生のお宅を訪問し、その著書に先生の揮毫を求めたという一事をもってしても、そのことが窺われます。糸賀さんは、石井先生が同著を執筆する折、筑波町周辺の中世の遺跡などを踏査された際にも案内役をされており、その経験が糸賀さんの研究に影響を与えるところとなったことは間違いないでしょう。このことは、常陸の中世史を研究の課題にすえることへの確信にもつながったのではないかと推測されます。石井先生とのご縁は、のちに一九九五年の真壁城（桜川市）の国史跡の指定と、それを記念したシンポジウムの開催、その成果としての石井進先生監修『真壁氏と真壁城　―中世武家の拠点』（河出書房新社、一九九六年）の刊行へと結実していくことになります。

糸賀さんが一九八〇年以降に発表した「常陸平氏論序説」などの諸論文は、そうした学問的状況を示していると思いますが、この頃から常陸の中世史、特に武士団研究に焦点をあて、研究を進展させていくという姿勢が読み取れます。また、その理由のひとつには、生地の筑波町（当時）が、鎌倉期に常陸守護となった八田氏（のち小田氏）の根拠地であったということや、筑波町の町史編纂専門委員として中世史を担当されたこともそれを後押ししたことでしょう。

こうして糸賀さんの研究は、常陸中世史にシフトしていったと考えられますが、特に常陸平氏や小田氏などの武士団の存在形態やその経済的基盤である所領の問題などに、広がりをみせていきました。常陸国内への視点が移っていったのは、当時比較的盛んであった自治体史研究への関わりもあるかもしれません。こうした研究活動の成果がやがて前掲の『常陸中世武士団の史的考察』に集大成されていくところとなり、またこの著書によって二〇一八年三月、慶應義塾大学より博士(史学)の学位を授与されました。

さて、糸賀さんと自治体史編纂への関与(茨城県・茨城県内〈いずれも当時、筑波町・真壁町・明野町・八千代町・石下町・協和町・友部町・八郷町・岩間町・下妻市・岩井市・日立市〉、栃木県喜連川町)について、ここでは多くを述べませんが、特筆しておきたい事項は、県内真壁町(当時、現桜川市)に関わりのある中世文書『真壁長岡古宇田文書』祖本発見の端緒を作ったことでしょう。真壁町史編纂専門委員であった糸賀さんは、近世に作成された写本の奥書を手掛かりに、従来知られていた『真壁長岡文書』の祖本である当該文書を追究され、劇的な発見を果たされたのでした。当時、同じく専門委員をされていた筑波大学の田沼睦先生とともに、専門委員のひとりとしてわたくしもその発見の場に同席しましたが、史料を目の当たりにした感激と興奮は生涯忘れることはできません。この文書が、のちに所蔵者からゆかりの真壁町に寄贈されるところとなった快挙は糸賀さんのご尽力であり、現在同文書は県指定の文化財となっています。

これら一連の成果の背景は、糸賀さんが以前から中山信名・色川三中・長島尉信・宮本茶村などの近世の国学者や考証学者の著作に関心をもっていたことによるもので、中世史研究にとっても近世史への学問的関心や視点が重要であることを証明しました。これは、同じく慶應義塾大学で師事した近世史研究者の中井信彦先生(土浦の色川三中の研究でも著名）の薫陶の賜物かと思われます。また、こうした自治体史編纂に、学統を超えた多くの若い学徒に研鑽・研究の機会を与えて下さったことも、特筆されるべきことと思っています。このように、糸賀さんの研究関心は、中世にとどまらず近世にも及んでおり、その該博な知識は他の追随を許さないものですが、地域史の研究には、さまざまな視点と史料の活用とが必要であることをわたくしたちに示してくれたことは、大きな功績のひとつでありましょう。

また糸賀さんが、教育者として大学の教壇に立たれたのは、大学院の博士課程在学中からですが、母校慶應義塾大学をはじめとする諸大学（茨城大学人文学部・同教育学部、白鷗大学経営学部）で、非常勤の講師として教育・研究活動に従事されました。一九八九年（平成元）四月、水戸市にある常磐大学人間科学部の専任講師に就任され、やがて助教授・教授と昇進し、県内での活動はより活発化していきます。この間にも、諸大学（茨城大学教育学部・同人文学部、流通経済大学経済学部、慶應義塾大学文学部、図書館情報大学・筑波大学第二学群）での非常勤講師も兼任され、諸大学において研究成果の還元に努められています。

常磐大学着任の頃から、石岡市文化財保護審議会委員をはじめ、真壁城跡専門委員会委員（のち会長）・国指定史跡真壁城跡整備検討委員会委員（のち会長）・茨城県文化財保護審議会委員（のち会長）・土浦市博物館協議会委員・同市文化財保護審議会委員・茨城県教育財団評議員など、県内各自治体の文化財保護行政への関与が多くなります。また、勤務先の常磐大学では生涯学習センター長・常磐大学評議員・常磐大学常任理事など、学園運営の中核を担っていくようになりました。二〇一四年三月、定年退職を迎え、名誉教授の称号を授与されました。

以上のような経歴をみれば、糸賀さんが果たされた、あるいは期待された県内各地での文化財保護活動や大学教育・社会教育の普及活動など幅広い分野での役割は、超人的ともいえるでしょう。そして、こうした活動が評価され、冒頭に述べた叙勲へとつながったと考えられますが、わたくしたちにとっての糸賀さんの功績は、以上に述べたようないわば公的な活動とともに、これまでの長い年月の間に、さまざまな場面で指導・助言をいただき、かつ学統を超えた立場で調査・研究の場をともにすることを許されて、常にさまざまな心遣いを絶やさない糸賀さんの人柄そのものにあろうと確信しています。わたくしたちが糸賀さんを尊敬する最大の理由といえるでしょう。

ここに述べさせていただいたことは、糸賀さんの仕事のごく一部で、ほかに大田文や板碑・棟札の史料論など、多くの成果をもっていますが、紙数の関係で言及できなかったことをお詫び申し上げます。

この論文集は、特に茨城県(旧常陸国、下総国の一部)の古代末期から中世の歴史に深い関心を寄せ、その研究を牽引・主導されてきた糸賀さんを編者として編まれたものです。その執筆者は日ごろより糸賀さんの学恩や知遇をうけてきた方々で、それは学統などを越えたものとなっています。

本来、この論文集の執筆者として参加していただきたかった方や、諸般の事情で執筆できなかった方などがいらっしゃいますが、この論文集がひとつの契機となり、茨城県域を中心とする中世史研究がより進展していくことを期待するとともに、編者 糸賀茂男さんが、今後も健康に留意され研究を牽引していただけますように念願し、糸賀茂男さんのあゆみと仕事の紹介文を擱筆させていただきます。

**【参考文献】**

竹内理三編『平安遺文 索引編下 寺社名索引・件名索引』(東京堂出版、一九八〇年)

竹内理三人と学問編集委員会編『竹内理三　人と学問』（東京堂出版、一九九八年）
石井進先生を偲ぶ会編『であいの風景』（新人物往来社、二〇〇二年）
糸賀茂男著『常陸中世武士団の史的考察』（岩田書院、二〇一六年）
小森正明編『糸賀茂男略歴・業績目録』（私家版、二〇一八年）

（文責　小森正明）

# あとがき

令和三年(二〇二一)春の叙勲で、糸賀茂男先生が旭日双光章を受章されました。本書は、栄えあるご受勲を記念して編まれた論文集です。叙勲の報に接し、各方面の皆さんから祝賀会を開催しようとのご提案がありました。残念ながらコロナ禍で見送らざるを得ませんでしたが、記念論文集の謹呈について多くの賛同がありました。刊行計画を進める中で、糸賀先生より「愚生記念は最小限にとどめ皆様の論陣を張る一書に」とのご意向が示され、関係者で意見交換を重ねた結果、「糸賀茂男編」による中世史関係論集として出版することになりました。

本書では、日ごろより先生から学恩や知遇を頂戴している面々が執筆しています。執筆者一覧をご覧いただければ、出身大学や所属機関等もさまざまであり、先生のご活躍の幅広さが一目瞭然です。ご家庭やお仕事の都合で止む無く執筆を辞退された方もいますが、刊行作業の過程で、コロナ禍で疎遠となっていた研究者相互の音信が復活したことは大きな意義であり、糸賀先生もこうした繋がりが、今後も維持、継続されることを期待されています。

糸賀先生の業績については「糸賀茂男さんのあゆみと仕事」(小森正明)で紹介されています。ご活躍は多岐に及んでおり、全てを語りつくすことは困難ですが、昨年まで約二十四年間にわたる茨城県文化財保護審議会の委員および会長としての文化財保護行政に対する多大なるご貢献について、一言付記しておきたいと思います。

糸賀先生は、文化財指定のための調査および文化財保存・活用ための助言・指導などのために県内全域を奔走されました。自ら現地に足を運ばれ調査を指揮されるだけでなく、所蔵者はじめ現地の関係者の皆様に対しても、資料を用意し平易な解説をされるなど、お気遣いも欠かされませんでした。地域史研究に係るさまざまな視点や史料の活用についてだけでなく、調査時に大切にすべき細やかな配慮についてもご教示をいただきました。

さて、本書の編集にあたって、付録として「茨城県中世史文献目録 1965-2023.3」(山縣創明編)を作成いたしました。当初の見込みより文献数が遙かに多く、紙体で掲載すると一二〇ページにも及ぶことが判明いたしました。文献の取捨選択はしないことを前提に、紙媒体で掲載する、CD-ROM化して付録とする、QRコードを付してデータにリンクさせるなど、さまざまな提示方法を検討いたしましたが、最終的に糸賀先生のご判断をいただき、QRコードによる公開とすることにいたしました。

現在、さまざまな研究分野でペーパーレス化、デジタル化が進展しています。紙媒体の利便性は捨てがたいものがありますが、今後の研究者や学生の皆様は、新たな環境の中で研究手法を身につけ、日々の研究に取り組んでいくことになります。「茨城県中世史文献目録」は、記念論集である本書刊行の大きな成果であり、この目録をより多くの皆様に今後も継続して活用してもらうことが重要であると考えました。この目録のExcelデータは、本書のQRコードから閲覧できます(リンク先は、岩田書院、茨城県立歴史館、真壁伝承館歴史資料館のホームページ)。目録データ公開について、関係者の皆様のご理解、ご協力に深く感謝いたします。なお、本目録は、以後、適宜更新していくことも考えています。

事務局の不手際により、叙勲から刊行までに三年以上の時を経過してしまいました。伏してお詫びする次第です。なお、岩田書院の岩田博氏には、計画から刊行にいたるまで大変お世話になりました。記して謝意を表する次第です。

二〇二四年九月

(「常陸中世史論集」編集事務局)

**執筆者紹介**（掲載順）


中根　正人（なかね・まさと）
筑波技術大学職員

石橋　一展（いしばし・かずひろ）
千葉県教育委員会指導主事

佐々木倫朗（ささき・みちろう）
大正大学文学部教授

小森　正明（こもり・まさあき）
宮内庁書陵部図書課職員

西岡　芳文（にしおか・よしふみ）
上智大学特任教授（元 神奈川県立金沢文庫学芸課長）

宮内　教男（みやうち・のりお）
日立市郷土博物館研究員（元 茨城県立歴史館歴史資料課長）

寺﨑　大貴（てらざき・ひろたか）
桜川市教育委員会

荒井　美香（あらい・みか）
桜川市教育委員会

比毛　君男（ひけ・きみお）
土浦市上高津貝塚ふるさと歴史の広場

川村　満博（かわむら・みつひろ）
稲敷市教育委員会　茨城県考古学協会理事

山縣　創明（やまがた・そうめい）
茨城県立歴史館主任研究員

編者紹介

糸賀 茂男（いとが・しげお）

1948年　茨城県筑波郡田井村大貫（つくば市大貫）に生まれる
1972年　慶應義塾大学文学部（史学科国史学専攻）卒業
1980年　慶應義塾大学大学院文学研究科（国史学専攻）
　　　　博士課程単位取得満期退学
常磐大学人間科学部教授を経て、現在同大学名誉教授（2014～）
2018年　博士（史学）〈慶應義塾大学〉
2019年　地域文化功労者表彰（文部科学大臣表彰）
2021年　叙勲受章（『旭日双光章』）〈茨城県文化財保護審議会会長〉

主要論著
『平安遺文　索引編』（上下、共編、東京堂出版、1978・1980）
『日本歴史地名大系　茨城県』（共著、平凡社、1982）
『図説茨城県の歴史』（共著、河出書房新社、1995）
『常府石岡の歴史』（共著、石岡市、1997）
『茨城県の歴史』（共著、山川出版社、1997・2012〈第2版〉）
『茨城の歴史　県西編』（共著、茨城新聞社、2002）
自治体史編纂（共編・共著、1977～2008、茨城県筑波町・真壁町・八千代町・明野町・石下町・友部町・協和町・岩井市・下妻市・日立市・茎崎町・八郷町・岩間町、栃木県喜連川町）
『常陸中世武士団の史的考察』（岩田書院、2016）
『常陸出身儒者 根本雄介書簡集』（共編、茨城新聞社、2019）

常陸《ひたち》中世史論集

2024年(令和６年)12月　第１刷　400部発行　　**定価［本体6300円＋税］**

編　者　糸賀 茂男

発行所　有限会社岩田書院　代表：岩田　博　　http://www.iwata-shoin.co.jp

〒157-0062 東京都世田谷区南烏山4-25-6-103　電話03-3326-3757 ＦＡＸ03-3326-6788

組版・印刷・製本：亜細亜印刷

ISBN978-4-86602-173-7 C3021　￥6300E

コピーOK